Der geprüfte Zahnarzt

Wirtschaftlichkeitsprüfung in der Zahnarztpraxis

Andreas Heinze

D1877163

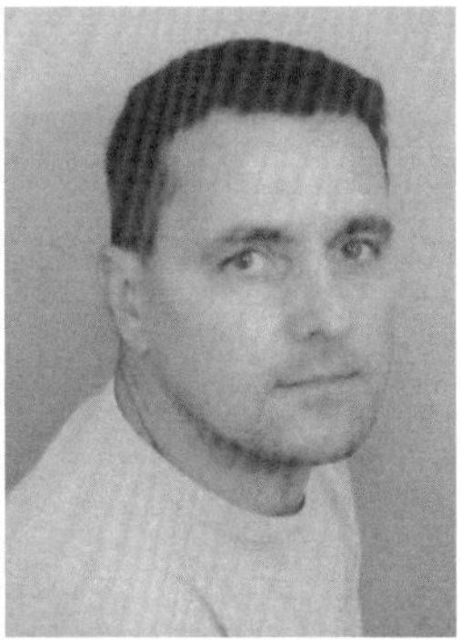

Dipl.-Stomat. Andreas Heinze, Jahrgang 1963, studierte von 1983 bis 1988 Zahnmedizin an der Universität Leipzig. Nach seinem Abschluss zum Diplom-Stomatologen arbeitete er als angestellter Zahnarzt in einer staatlichen Poliklinik. Seit 1991 praktiziert er in eigener Niederlassung im Chemnitzer Raum.

Praxisorientiertes und praxiswirksames Expertenwissen für Zahnärzte

Andreas Heinze

Der geprüfte Zahnarzt

Wirtschaftlichkeitsprüfung in der Zahnarztpraxis

spitta

Fachinformationen

Korrespondenzadresse:
Dipl.-Stomat. Andreas Heinze
Marienstraße 5
08393 Meerane

Hinweis
Der wissenschaftliche Fortschritt in Medizin und Zahnmedizin führt zu immer neuen Erkenntnissen. Autor und Verlag haben große Mühe darauf verwendet, dass das Buch dem Wissensstand bei der Abfassung entspricht. Änderungen sind jedoch grundsätzlich möglich. Der Leser wird daher gebeten, Therapieempfehlungen und Behandlungsverfahren zu prüfen. Die Entscheidung für eine bestimmte Therapie liegt letztendlich in der Verantwortung des behandelnden Arztes und Zahnarztes.

Bibliografische Information der Deutschen Bibliothek
Die Deutsche Bibliothek verzeichnet diese Publikation in der Deutschen Nationalbibliografie;
detaillierte bibliografische Daten sind im Internet über http://dnb.ddb.de abrufbar.

Copyright 2009 by Spitta Verlag GmbH & Co. KG
Ammonitenstraße 1, 72336 Balingen, http://www.spitta.de
Printed in Germany

Das Werk ist urheberrechtlich geschützt. Die dadurch begründeten Rechte, insbesondere die der Übersetzung, der Entnahme von Abbildungen, der Funksendung, der Wiedergabe auf fotomechanischem oder ähnlichem Wege und der Speicherung in Datenverarbeitungsanlagen, bleiben, auch bei nur auszugsweiser Verwendung, vorbehalten. Die Wiedergabe von Gebrauchsnamen, Handelsnamen, Warenbezeichnungen usw. in diesem Werk berechtigt auch ohne besondere Kennzeichnung nicht zu der Annahme, dass solche Namen im Sinne der Warenzeichen- und Markenschutz-Gesetzgebung als frei zu betrachten wären und daher von jedermann benutzt werden dürften.

Covergestaltung: Johannes Kistner
Lektorat: Boris Retzlaff M.A., Albstadt; www.rhetor-retzlaff.de
Satz: Josef Freudenmann, Jungingen
Druck: Kessler Druck + Medien, 86399 Bobingen
ISBN: 978-3-941964-14-3

Inhalt

Vorwort

Viele Kollegen kennen das ungute Gefühl zur Genüge, wenn plötzlich und unvermittelt der Postbote mit einem eingeschriebenen Brief in der Praxis erscheint und sich dessen Übergabe per Unterschrift quittieren lässt. Die unangenehme Vorahnung bestätigt sich sogleich: Wir halten die Information in den Händen, dass wieder einmal ein Prüfverfahren eröffnet wurde. Dabei gehören Wirtschaftlichkeitskontrollen zu den weitaus größten Unannehmlichkeiten der vertragszahnärztlichen Tätigkeit. Schließlich sind diese nicht nur mit vielen Ärgernissen verbunden, sondern haben häufig auch zum Teil horrende Regresse zur Folge, welche für die Betroffenen nicht selten einschneidende betriebswirtschaftliche Gefahren nach sich ziehen können. Um derartiger Unbill nach Möglichkeit zu entgehen, fahren viele Kollegen rein vorsorglich nahezu ihr gesamtes Leistungsvolumen herunter und arbeiten quasi auf Sparflamme weiter. Doch in Wahrheit potenziert sich durch eine solche Reaktion der materielle Schaden oft noch und kann sich zur existenziellen Bedrohung ausweiten.

Ist eine Praxis erst einmal wegen vermuteter unökonomischer Behandlungsweise auffällig geworden, so erwartet diese fortan ein Kampf mit höchst ungleichen Mitteln. Schließlich hat der Gesetzgeber die Prüfgremien mit geradezu unerschöpflichen Rechten ausgestattet, während sich die Position der Leistungsträger mehr und mehr verschlechtert. Das Verfahren der Wirtschaftlichkeitsprüfung greift nachhaltig in die grundlegenden Rechte der Betroffenen ein. Letzten Endes ist hier der belastete Mediziner gezwungen zu belegen, dass er ökonomisch gearbeitet hat und die gegen ihn erhobenen Ansprüche somit nicht gerechtfertigt sind. Gelingt ihm ein solcher Nachweis nicht, sieht er sich nahezu unausweichlich Repressalien ausgesetzt, welche gegebenenfalls beträchtlich ausfallen und unter Umständen seine wirtschaftliche Existenz nachhaltig gefährden oder gar zerstören können.

In der öffentlichen Wahrnehmung gelten Zahnärzte vielfach noch immer als geldgierige Monster, denen um des eigenen Profites willen die Belange ihrer Patienten vollkommen gleichgültig seien. Vor allem die Medien, aber auch manch weniger verantwortungsbewusste Krankenkassenvertreter spielen dabei – wie sich vor allem bei der inhaltlichen Auseinandersetzung mit den viel diskutierten Individuellen Gesundheitsleistungen (IGeL) zeigt – oft eine recht unrühmliche Rolle. Über die Vielzahl der vom Gesetzgeber verhängten restriktiven Maßnahmen wird die Allgemeinheit gezielt im Unwissen gelassen. Von einer Wirtschaftlichkeitsprüfung bei Zahnärzten dürften die wenigsten jemals etwas gehört haben, geschweige denn inhaltliche Zusammenhänge kennen.

Für eine Tätigkeit als Vertragszahnarzt ist dessen Pflichtmitgliedschaft sowohl in einer Kammer als auch in einer KZV unabdingliche Voraussetzung. Für die Abrechnungskontrolle ist vorrangig die letztgenannte Körperschaft relevant, da sie zu diesem Zweck mit den Krankenkassen beziehungsweise deren Verbänden gemeinsame Entscheidungsgremien bilden. Darüber hinaus bieten sich zahlreiche unabhängige Institutionen als Interessenvertretungen des Berufsstandes an. Gerade im Prüfverfahren würden sich viele Kollegen jedoch von eben diesen mehr Hilfe und Unterstützung wünschen.

In der Auseinandersetzung mit dem als oberstes Prinzip jedweden vertragszahnärztlichen Handelns geltenden Wirtschaftlichkeitsgebot werden für den niedergelassenen Zahnarzt zunehmend größere Diskrepanzen zwischen Sozial-, Straf- und bürgerlichem Recht innerhalb ein und derselben Gesetzesordnung deutlich. Dem einerseits verbrieften Anspruch des Patienten auf eine den anerkannten Stand medizinischer Erkenntnisse und den wissenschaftlich-technischen Fortschritt widerspiegelnde Versorgung steht so der Grundsatz einer ausreichenden, zweckmäßigen, das Maß des Notwendigen nicht überschreitenden und somit wirtschaftlichen Behandlung teilweise unvereinbar gegenüber. Gerade hier könnten gezielte Unterweisungen durch die Entscheidungsträger für das Abrechnungsgebaren der geprüften Praxis von großem Nutzen sein. Doch obwohl in einem Prüfverfahren entsprechende Beratungen eigentlich vor Kürzungen gehen sollten, bleiben nur den wenigsten Kollegen – selbst bei Einrede bestehender Praxisbesonderheiten beziehungsweise kompensatorischer Einsparungen – schmerzliche Regresse erspart.

Für den erst einmal ins Visier der Wirtschaftlichkeitsdetektive geratenen Zahnarzt ist daher die Kenntnis grundsätzlicher Prozessabläufe und der im Prüfverfahren relevanten gesetzlichen Bestimmungen geradezu unerlässlich. Um ein solches Verfahren möglichst unbeschadet zu überstehen, sind entsprechende Verhaltensstrategien und Defensivmechanismen vonnöten. Dieser Band soll betroffene beziehungsweise interessierte Kollegen mit den Grundlagen und dem Hergang der Abrechnungskontrolle vertraut machen, ihnen einzelne Gebührenpositionen unter dem Aspekt einer eventuellen nachträglichen Bewertung näherbringen und hilfreiche Tipps geben, um das Risiko einer Wirtschaftlichkeitsprüfung von vornherein minimieren oder gänzlich vermeiden zu können.

für E*88/N*98

1
Der Zahnarzt im Meinungsbild der Öffentlichkeit

Individuelle Gesundheitsleistungen

Einen geradezu entlarvenden Beleg für die allgemein vorherrschende Denkweise über die niedergelassenen Mediziner lieferte vor einiger Zeit ein entsprechender Beitrag in einem populären Wirtschaftsmagazin im öffentlich-rechtlichen Fernsehen („Plusminus", ARD, 20.11.2007). Darin ging es um den so titulierten „Verkauf" individueller Gesundheitsleistungen, kurz IGeL, in Arztpraxen.

Der Bericht beginnt mit der banalen Feststellung, dass rund 90 Prozent aller Deutschen Kassenpatienten seien, sodass für deren Therapierung in der Regel die Gesetzliche Krankenversicherung (GKV) aufzukommen habe. Dennoch gebe es eine ganze Palette ärztlicher Eingriffe, welche vom Leistungsempfänger aus eigener Tasche zu bezahlen seien. Dies wiederum dürfte für die meisten zunächst verständlich sein, wenn man – wie in dem Bericht beispielhaft dargestellt – die Entfernung von Tätowierungen hernimmt. Im zahnärztlichen Bereich wäre in dieser Hinsicht an diverse Maßnahmen zur Farbaufhellung, jedweden Schmuck am oder im Munde beziehungsweise andere, allein ästhetischen Ansprüchen dienende Verrichtungen zu denken.

Sinkende Einnahmen

Aber derartige Vornahmen sind nun mal (im wahrsten Sinne des Wortes) der Zahn der Zeit. Und sie stellen infolge sinkender Einnahmen aus der eigentlichen zahnärztlichen Tätigkeit ein durchaus willkommenes außervertragliches Betätigungsfeld dar, verbunden mit gewissen, ganz sicher jedoch nicht allzu ausufernden Einnahmen. Allerdings verkommt der fachlich gut ausgebildete Akademiker auf diese Weise mehr und mehr zum Anbieter und oft auch *Anbiederer* bestimmter Verrichtungen beziehungsweise Waren. Ob wir es wollen oder nicht: Ein Zahnmediziner ist heutzutage immer weniger Arzt, dafür aber immer mehr Dienstleistender.

Professionelle Zahnreinigung

Der erwähnte Bericht unterscheidet letztlich nicht zwischen Verrichtungen, welche nahezu ausschließlich kosmetischen Zwecken dienen, und solchen, die medizinisch durchaus angezeigt sein können, aber dennoch von den Kassen nicht getragen werden. Natürlich ließe sich über die Sinnhaftigkeit verschiedener durch den Zahnarzt beziehungsweise dessen Fachpersonal vorgenommener Eingriffe ausgiebig streiten. So wird man hinter einer Professionellen Zahnreinigung in aller Regel eine für den Patienten überaus gewinnbringende Vorsorgemaßnahme erkennen können. Nehmen wir hingegen das sogenannte Bleaching (Aufhellen von Zähnen), so lässt sich ein wirklicher hieraus resultierender gesundheitsfördernder Nutzen kaum erschließen. Jedoch ist dies eine aus kosmetischen Gründen häufig gewünschte Leistung. Was spricht aus Sicht des Behandlers also dagegen, einem solchen Ansinnen nachzukommen und sich dann natürlich seine Tätigkeit auch adäquat vergüten zu lassen? Schließlich muss eine Praxis nicht zuletzt auch als liquides Wirtschaftsunternehmen funktionieren, welches entsprechend zu führen und auf angemessene Umsätze angewiesen ist. Das heißt, um erforderliche Ausgaben schultern zu können oder gar Gewinne überzubehalten, sind gewisse geldwerte Einnahmen nun einmal vonnöten.

!

Sobald jedoch die kassenzahnärztlichen Vergütungen zunehmend wegbrechen, sind die niedergelassenen Zahnärzte aus betriebswirtschaftlichen Erwägungen geradezu gezwungen, derartige neue alternative Einnahmequellen zu erschließen.

Allzu gern wird ein solches (eigentlich doch naheliegendes) Bestreben unseres Berufsstands durch weniger gut Gesonnene als pure Ertragssucht dargestellt. Vielmehr ist es aber für viele Praxen mittlerweile der Schlüssel zum Überleben. Das nach wie vor in der Öffentlichkeit weit verbreitete Vorurteil, wonach die Zahnärzte im Geld schwimmen würden, hat sich inzwischen längst überholt. Vielmehr ringen heutzutage viele medizinische Einrichtungen nur noch um ihre nackte Existenz.

Ausweitung der IGel

Darüber hinaus wird in dem erwähnten Beitrag von einer in jüngster Zeit systematischen Ausweitung jeglicher, von den Kassen nicht begünstigter, Gesundheitsleistungen berichtet. Zudem sei eine ausufernde Bewerbung derartiger Offerten, unterstützt durch entsprechende Flyer und Videos, zu beobachten. Ferner würde medizinisches Fachpersonal in speziellen Seminaren bezüglich möglicher Verkaufsstrategien intensiv geschult. Gewiss trifft es zu, dass inzwischen die wenigsten Praxen imstande sind, ohne außervertragliche Einnahmen zu überleben. Demzufolge haben sich auch die Anforderungen an die Mitarbeiter(innen) maßgeblich gewandelt. Ging es bisher überwiegend um die Assistenz bei der zahnmedizinischen Versorgung des Patienten, treten jetzt mehr und mehr individuelle Dienstleistungen am Kunden in den Vordergrund. Selbstverständlich bedarf es damit aber auch entsprechender Schulungen der damit befassten Angestellten.

Vermutung illegaler Methoden

Die streitbaren geistigen Ergüsse der Urheber des erwähnten Fernsehbeitrags gipfeln in der Feststellung, dass ein großer Teil dieser Privatleistungen ohne vorherige schriftliche Vereinbarung vorgenommen und letztlich auch vergütet werde. Somit seien – so die Schlussfolgerung der Autoren – illegalen Methoden, wie zum Beispiel Doppelabrechnungen ein und desselben Eingriffs sowohl über die Kasse als auch mit dem Patienten, praktisch Tür und Tor geöffnet. Dabei sollen die IGeL-Maßnahmen ja gerade den Bereich abdecken, der nicht von den Kassen getragen wird. Gutgläubigen und mit den Mechanismen dieser Branche nicht in Ansätzen vertrauten Personen muss angesichts solch böswilliger Unterstellungen ein ganzer in Wahrheit ehrenwerter Berufsstand geradezu als eine Horde profitsüchtiger Schwerstkrimineller erscheinen.

Jährlich 1 Milliarde Euro

Die in dem Beitrag getroffenen Aussagen waren für mich Anlass, tags darauf noch einmal auf der entsprechenden Internetseite zu diesem Thema zu recherchieren. Und wie konnte es anders sein: In reißerischster Aufmachung in Form einer Fotomontage gleich zu Beginn des Artikels schaut uns ein geldgieriger Zahnarzt in den Rachen, augenscheinlich allein darauf bedacht, seinen ohnehin schon überschäumenden Reichtum noch weiter zu mehren. Und damit auch der Letzte erkennt, welch gnadenlose Abzocker wir Weißkittel doch alle sind, folgt der Hinweis auf die grandiose Einnahme von jährlich sage und schreibe einer satten Milliarde Euro aus dieser Ertragsquelle.

Dabei darf man freilich die Augen nicht davor verschließen, dass sich diese auf den ersten Blick zweifellos imposant anmutende Summe auf die insgesamt etwa 375.000 in der Bundesrepublik behandelnd tätigen Ärzte und Zahnärzte verteilt.

!

Somit entfallen auf den einzelnen Mediziner aus derartigen Privatleistungen resultierende Bruttoeinnahmen von durchschnittlich etwa 2.700 Euro per anno.

Statistisch gesehen wären das also gerade einmal etwas mehr als 200 Euro monatlich. Alle diese Zahlen verstehen sich selbstredend noch *vor* Steuern. Die damit unter dem Strich verbleibenden Mehreinnahmen sind in Wahrheit also nicht der Rede wert. Der gegenständliche Beitrag suggeriert hingegen, dass hier Gewinne wahrhaft gigantischen Ausmaßes erzielt würden. Bereits auf diese Weise findet eine Art Gehirnwäsche in der Öffentlichkeit statt, die zuallererst darauf abzielt, den Ruf der (Zahn-)Ärzteschaft – in der Allgemeinheit ohnehin nicht der beste – zusätzlich zu diskreditieren.

IGeL für besser Verdienende?

Einer Studie des Wissenschaftlichen Instituts der AOK (WIdO) zufolge würden jährlich mindestens 25 Prozent der gesetzlich Versicherten zu derartigen Leistungen genötigt. Doch damit nicht genug: Jetzt will man auch noch mit detektivischem Scharfsinn ermittelt haben, dass bevorzugt gut Verdienende auf derartige, selbst zu vergütende Vornahmen angesprochen werden. Fast möchte man meinen, der Arzt fragt den Patienten nicht zuerst nach dessen Beschwerden, sondern nach seiner Verdienstbescheinigung. In Wahrheit wird jeder verantwortungsbewusste Mediziner diesbezüglich allein schon aus ethisch-moralischen Gründen die richtigen Prioritäten setzen. Es dürfte aber durchaus naheliegen, dass die Empfänglichkeit für kostenpflichtige Zusatzdienste in einem gewissen Zusammenhang zur finanziellen Leistungskraft des Einzelnen steht. Man muss sich hierzu einfach vorstellen, dass die Bemühungen des Praxisteams, einen Patienten zu einer an sich notwendigen, von der Kasse aber nicht übernommenen Verrichtung zu motivieren, ein paarmal fehlgeschlagen sind. Der Grund hierfür ist eigentlich unwichtig; irgendwann wird man zwangsläufig zu der Einsicht gelangen: Der Betreffende wurde genug informiert und beraten. Er wünscht die Maßnahme – und sei sie auch noch so indiziert – einfach nicht, aus welchem Grund auch immer. Sicher könnten wirtschaftliche Erwägungen aufseiten des Agitierten hierfür ausschlaggebend sein; wir wissen es nicht genau und fragen aus Pietätsgründen auch nicht nach. Der Nächste ist hingegen, da finanziell besser gestellt, wesentlich leichter zu motivieren und wird folglich, möglicherweise auch wiederholt, auf außervertragliche Behandlungen eingehen.

Vorwurf der Zweiklassenmedizin

Der Vorwurf einer angeblichen Zweiklassenmedizin dürfte nicht lange auf sich warten lassen; dabei sind derartige Umstände einzig und allein im System der gesetzlichen Krankenversicherung begründet. Es handelt sich ausschließlich um ein (gesundheits)politisch begründetes Problem, während eine Reflexion auf die Leistungserbringer hier völlig fehl am Platze ist. Immerhin haben die Patienten – ungeachtet ihrer eigenen finanziellen Situation – beständig wachsende Ansprüche an die medizinische Versorgung, welche sich aber innerhalb des Spektrums über die gesetzlichen Krankenkassen abrechenbarer Verrichtungen irgendwann nicht mehr befriedigen lassen. Ganz im Gegenteil: Unter dem Vorwand, die Kosten im Gesundheitswesen stabil halten zu wollen, werden Budgets und andere immer wieder neue Restriktionsmechanismen eingeführt. Seit Jahren haben die Zahnärzte derartige Beschneidungen ihrer therapeutischen Freiheiten und viele andere Gängeleien durch den Gesetzgeber mit Anstand und Würde hingenommen und sich dabei wenig larmoyant gezeigt.

Ansprüche der Patienten

!

Ohne derartige Beschneidungen des ärztlichen Handlungsspielraumes gäbe es die IGeL-Maßnahmen vermutlich gar nicht.

Die Verfasser des diskutierten Beitrages übersehen bedauerlicherweise die in den letzten Jahren immer größer gewordene Zahl einstiger Bema-Leistungen, für welche die Versicherten inzwischen selbst zu löhnen haben. Und das, obwohl diese Maßnahmen großteils zweckmäßig, notwendig und in der Gesamtbetrachtung eigentlich auch in höchstem Maße wirtschaftlich wären. Die drei genannten Grundfesten der vertrags(zahn)ärztlichen Versorgung werden auf diese Art vielfach – und zwar von Gesetzes wegen – schlicht und ergreifend ausgehebelt.

Prinzipien der ärztlichen Versorgung

Nehmen wir zur Veranschaulichung dessen nur einmal die im Einheitlichen Bewertungsmaßstab in seiner Fassung von 2004 getroffenen Regelungen zur Entfernung harter Zahnbeläge (Zahnstein), also der Gebührenposition 107/Zst. Mit der Umstrukturierung der diesbezüglichen Abrechnungsbestimmungen wurde nicht nur deren Bewertungszahl von ursprünglich 18 um zwei Punkte herabgesetzt, sondern auch der Anspruch für gesetzlich Versicherte betreffs dieser Leistung auf lediglich einmal pro Kalenderjahr limitiert. Jedem Zahnarzt mit auch nur ein wenig klinischer Erfahrung dürfte klar sein, dass derartige Regelungen in der Mehrheit der Fälle meilenweit am tatsächlichen

Entfernung harter Zahnbeläge

Bedarf vorbeigehen. In Österreich zum Beispiel wird das Entfernen von Zahnstein durch die dortigen Kassen zweimal im Halbjahr erstattet. Hierzulande war es bis zum Inkrafttreten dieser fragwürdigen Neuregelung kein Problem, diese Vornahme bei Erfordernis ein-, in Ausnahmefällen auch mehrmals je Quartal abzurechnen. Eine ausdrückliche quantitative Eingrenzung betreffs der Position 107 sucht man im alten Bema vergeblich.

Verletzung der Sorgfaltspflicht?

Wie aber soll sich ein Zahnarzt auf der Basis der jetzt geltenden Regularien verhalten, wenn bei einem Patienten die erneute Entfernung der harten Beläge vonnöten wäre, diese Leistung jedoch im laufenden Kalenderjahr bereits zulasten der Krankenkasse abgerechnet wurde? Natürlich könnte er einfach die Augen davor verschließen und so tun, als hätte er nichts davon bemerkt. Aber läge in einem solchen Verhalten nicht genau genommen bereits eine Verletzung der ärztlichen Sorgfaltspflicht begründet? Nur einmal angenommen, der Betreffende würde Folgeschäden erleiden, zum Beispiel Erkrankungen des Parodontiums oder entsprechend bedingten Zahnverlust. Allzu abwegig sind derartige Gedankenspiele gewiss nicht. Und ein ursächlicher Zusammenhang zu einer von einem ausgebildeten Zahnarzt unterlassenen Maßnahme zur Verhinderung solcher oder ähnlicher Komplikationen lässt sich leicht herstellen. Zu einer nachfolgenden juristischen Auseinandersetzung mit Schadensersatzforderung ist es nun nicht mehr weit. Die Konsequenz liegt auf der Hand:

!

Wir müssen den Patienten schonungslos auf den Umstand aufmerksam machen, dass eine behandlungsbedürftige Situation vorliegt, welche sich jedoch zulasten seiner Kasse nicht beheben lässt.

IGeL durch Änderung der Kassenleistungen

Mehr noch: Wir sind in der Pflicht, ihn über Risiken und mögliche Folgen einer Unterlassung der entsprechend notwendigen Maßnahmen vollumfänglich aufzuklären. Soll nun aber die erforderliche Therapie auch tatsächlich durchgeführt werden, so könnten wir entweder unser fundiertes fachliches Wissen und Können kostenfrei einbringen, oder aber wir sind gezwungen, den Patienten adäquat zur Kasse zu bitten. Und schon haben wir unweigerlich (nachdem die gesetzliche Versicherung nun einmal nicht mehr zahlt – und in diesem Fall allein deshalb!)

eine IGeL mit deren Fluch und Segen inklusive. Hieraus resultiert für den Behandler allerdings nicht etwa – wie der diskutierte Beitrag vermuten lässt – ein zusätzlicher Ertrag. Vielmehr handelt es sich um eine nunmehr privat zu vergütende ursprüngliche Vertragsleistung, welche bis vor einigen Jahren noch zulasten der Kasse liquidabel war. Da jedoch mit einer ganzen Reihe von Patienten gerechnet werden muss, bei denen die Aufklärung zur nötigen Zahnsteinentfernung – warum auch immer – nicht auf fruchtbaren Boden fällt, brechen frühere Umsätze in Form von KZV-Einnahmen aus dieser Gebührenziffer zwangsläufig ein.

Fissurenversiegelung

Nicht anders verhält es sich bei Fissurenversiegelungen (IP5), sofern diese Zähne und/oder Personenkreise betreffen, für welche die gesetzlichen Kostenträger nicht aufkommen. Diesbezüglich ist an die entsprechende Behandlung von Milchzähnen, Prämolaren sowie Weisheitszähnen, aber auch an die Fortführung derartiger nachgewiesenermaßen hochgradig wirksamer Prophylaxemaßnahmen nach Vollendung des achtzehnten Lebensjahres zu denken. Durch epidemiologische Untersuchungen konnte ein deutlicher Rückgang kariöser Erkrankungen infolge zielstrebig betriebener Vorsorge, insbesondere der IP5, nachgewiesen werden.

!

Fachlich gesehen gibt es überhaupt keinen vernünftigen Grund, die Versiegelung kariesfreier Fissuren auf die bleibenden ersten und zweiten Molaren zu begrenzen beziehungsweise diese erfolgreiche Vorbeugungsstrategie nach dem Erreichen der Volljährigkeit aufzugeben.

Vermeidung von Folgeerkrankungen

Einzig die Einschränkung, dass hierfür die Versicherten selbst aufzukommen haben, steht dieser sinnvollen Schutzmaßnahme oft entgegen. Diesbezüglich haben die Entscheidungsträger freilich, wie so oft, nicht zu Ende gedacht: Eine intakte Fissurenversiegelung minimiert – ganz gleich an welchem Zahn sie vorgenommen wird – nicht nur dessen Risiko bezüglich kariöser und möglicher Folgeerkrankungen, sondern auch die für den jeweiligen Krankenversicherer damit verbundenen Kosten. Gleichzeitig haben aber auch die Leistungserbringer durch ihr eigenes prophylaktisches Engagement infolge des daraus resultierenden verminderten Behandlungsbedarfs über kurz oder lang empfindliche Einnahmeausfälle zu erwarten. Der auf Vorsorge orientierte Praktiker gräbt sich auf diese Weise hinsichtlich eventueller späterer Einnahmen aus Füllungen, Kronen und anderen kostenträchtigen Interventionen eigentlich selbst das Wasser ab.

Abrechnungsbeschränkungen

Allein schon wegen der vorerwähnten Abrechnungsbeschränkungen bei Zahnsteinentfernungen und individualprophylaktischen Maßnahmen lässt sich die von den Verfassern des hier diskutierten Beitrages aufgestellte These, wonach die gesetzlichen Kostenträger für nahezu alle Behandlungen ihrer Versicherten aufkommen würden, nicht aufrechterhalten. Darüber hinaus wirken dem eine ganze Palette bestehender gesetzlicher Verordnungen und budgetierender Regularien, wie zum Beispiel die zwischen Kassenverbänden und KZVen geschlossenen Honorarverteilungsverträge, entgegen. Streng genommen gehört auch das Verfahren der Wirtschaftlichkeitsprüfung zu diesen leistungsminimierenden Mechanismen, denn schließlich werden auch auf diesem Wege (wenn auch erst im Nachhinein) die Ausgaben der Kostenträger reduziert.

Verschiedene Abrechnungstarife

Durch den hier diskutierten Beitrag wird fälschlicherweise impliziert, dass vermeintliche Kassenleistungen, als private Vornahmen getarnt, den mehr als doppelten Erlös (genau genommen durchschnittlich das in den meisten GOZ-Abrechnungen gängige 2,3-fache Honorar) einbringen würden. Aber auch diese mehr als gewagte Hypothese muss kritisch hinterfragt werden. Bekanntermaßen gelten für Kassen- und Privatbehandlungen verschiedene Abrechnungstarife, nämlich hier der Einheitliche Bewertungsmaßstab (Bema) und da die Gebührenordnung für Zahnärzte (GOZ). In beiden Katalogen werden zahnärztliche Tätigkeiten mit spezifischen Bewertungsziffern benotet, welche dann multipliziert mit dem jeweiligen pekuniären Gegenwert das Honorar für diese ergeben. Die privaten Leistungsverzeichnisse (GOZ und GOÄ) bieten zwar Abstufungsmöglichkeiten je nach Schweregrad des vorgenommenen Eingriffs. Allerdings bedarf es bei der GOZ-Abrechnung beispielsweise einer zahnärztlichen Untersuchung des etwa 2,5-fachen – dann jedoch begründungspflichtigen – Steigerungssatzes, um annähernd das für dieselbe Leistung fällige Bema-Honorar zu erzielen. Ferner beinhalten die privaten Gebührentarife zum Teil über den Kassenkatalog hinausgehende erstattungsfähige Verrichtungen. Und allzu ausufernde Restriktionen halten sich im Rahmen; wenngleich, gänzlich grenzenlos geht es auch hier nicht.

!

Privat verrechnete Therapieschritte treten zunehmend *anstelle* früherer Kassenleistungen, da diese aufgrund neuerer Verordnungen – oftmals entgegen gesicherter wissenschaftlicher Erkenntnisse – plötzlich nicht mehr von den gesetzlichen Kostenträgern übernommen werden.

Abrechnungsspektrum der GKV

Sie fallen demnach aus dem Abrechnungsspektrum der GKV heraus, was allerdings nicht automatisch bedeuten muss, dass sie medizinisch nun plötzlich nicht mehr notwendig wären. Ganz im Gegenteil: Zahlreiche Behandlungsmaßnahmen sind sehr wohl fachlich gesehen auch weiterhin erforderlich, der jeweilige Arzt würde diese vermutlich auch künftig gern erbringen. Da aber der gesetzliche Versicherer auf einmal nicht mehr dafür aufkommt, bleibt dem Zahnarzt nichts anderes übrig, als die einstige Kassenleistung nunmehr privat zu offerieren.

!

Einer der wenigen Vorteile für Erbringer von IGeL-Behandlungen besteht allerdings darin, dass diese keiner Deckelung durch irgendwelche Budgets oder ähnliche Restriktionsmechanismen unterliegen.

Wirtschaftlichkeitsprüfung

Auch die Maschinerie der Wirtschaftlichkeitsprüfung kommt hier nicht zum Laufen, sodass nachträgliche Rückforderungen von Honoraren weitestgehend ausgeschlossen sind. Bedenkt man zudem, dass dagegen im Zusammenhang mit Bema-Leistungen noch Jahre nach deren Abrechnung eigentlich redlich verdiente Gelder zurückgefordert werden können, so dürfte ein zunehmender Rückzug auf außervertragliche Tätigkeiten nur allzu verständlich sein. Schließlich lassen die Regularien und gesetzlichen Grundlagen der Abrechnungskontrolle von Kassenleistungen – wie wir später noch genauer erfahren werden – Regresse bereits dann zu, wenn ein fehlerhaftes Verhalten des Therapeuten auch nur vermutet wird. Entgegen jedwedem rechtsstaatlichen Empfinden können einmal ins Visier der Prüfungsinstanzen geratene Praxen also Honorarabzügen ausgesetzt sein, ohne dass ihnen hierzu ein tatsächliches Vergehen nachgewiesen werden muss. Die Annahmen und Unterstellungen, mit denen man die betreffenden Kollegen konfrontiert, werden immer abenteuerlicher, da ein Beweis dafür ja entbehrlich ist. Die Rechte des Geprüften in solchen Verfahren tendieren hingegen nahezu gegen Null.

Bedrohung der wirtschaftlichen Existenz

Einreden und Widersprüche sind häufig mit einem hohen zeitlichen und/oder finanziellen Aufwand verbunden, jedoch oft von allenfalls mäßigem Erfolg. Die im Resultat manch eines Prüfverfahrens geforderten Regress-Summen bewegen sich nicht selten im fünf- oder gar sechsstelligen Eurobereich. Es liegt auf der Hand, dass derart unverhältnismäßige Beträge nicht mehr nur den vermeintlich so luxuriösen Lebensstandard des Betroffenen beeinträchtigen, sondern diesen in seiner beruflichen und wirtschaftlichen Existenz nachhaltig bedrohen können. Allzu schnell wird in diesem Kontext vergessen, dass zahlreiche Praxisinhaber über viele Jahre hinweg hohe Darlehen tilgen müssen und damit verbundene Zinsen zu begleichen haben. Wen wundert es also, wenn der niedergelassene Mediziner nach Auswegen aus der Umklammerung durch Kassen und Prüfgremien sucht und seine Aufmerksamkeit verstärkt auf außervertragliche Einnahmequellen richtet?

Finanzieller Nutzen von Prophylaxe

Auf dem humanmedizinischen Sektor liegen AOK-Angaben zufolge neben Ultraschalldiagnostik und Augendruckmessungen vor allem ergänzende Untersuchungen zur Krebsfrüherkennung an der Spitze der individuellen Gesundheitsleistungen. In diesem Zusammenhang sollte allerdings nicht völlig übersehen werden, dass diese Maßnahmen vielfach der Verhütung oder zumindest rechtzeitigen Verifizierung teilweise schwerwiegender Krankheiten dienen. Eine verspätete Wahrnehmung beispielsweise von Tumoren hat häufig einen ganz erheblichen therapeutischen und folglich auch finanziellen Aufwand für die jeweilige Krankenversicherung zur Folge. Frühdiagnostik hingegen verbessert nicht nur die individuelle Prognose, sondern kann auch deren materielle Belastungen spürbar minimieren. Eine angemessene Vergütung für ihre diesbezüglichen Tätigkeiten durch die gesetzlichen Kostenträger können die Mediziner kaum erwarten, obwohl gerade diese unter dem Strich zumeist die größten Profiteure derartiger Vornahmen sind. Stattdessen wird ein Großteil der Prophylaxe auf Leistungserbringer und Patienten abgewälzt. Die auf Früherkennung basierenden finanziellen Einsparungen werden von den gesetzlichen Versicherern zwar gern angenommen, jedoch nicht etwa den Praktikern entlastend zugeschrieben.

Letztlich wird mit Berichten wie dem diskutierten Fernsehbeitrag vor allem eines erreicht:

!

Es werden Missgunst und Verunsicherung erzeugt und das Vertrauensverhältnis zwischen Arzt und Patienten belastet.

Und offensichtlich hatte er auch meine Praxis betreffend seine Wirkung erst einmal nicht verfehlt: Am Tag nach der Ausstrahlung stornierten gleich zwei meiner Patienten ihre lang zuvor vereinbarten Termine zur Professionellen Zahnreinigung – wirklich purer Zufall?

2
Rechtliche Grundlagen der Wirtschaftlichkeitsprüfung

Relevante Gesetze, Verordnungen und Verträge

Wirtschaftlichkeitsgebot

Das für Vertragsärzte und -zahnärzte verbindliche Wirtschaftlichkeitsgebot regelt sich über *§12 SGB V*.

!

Demnach müssen sämtliche über die Kassen abgerechnete Verrichtungen *ausreichend, zweckmäßig und wirtschaftlich* sein. Das Maß des Notwendigen darf dabei nicht überschritten werden.

Unwirtschaftliche und/oder nicht erforderliche Behandlungen dürfen „Versicherte nicht beanspruchen, [...] Leistungsträger nicht bewirken und die gesetzlichen Kostenträger nicht bewilligen". (SGB V §12)

Erläuterung der Grundsätze

Unter der medizinischen Notwendigkeit eines ärztlichen Eingriffs versteht man, dass der Umfang an diagnostischen beziehungsweise therapeutischen Vornahmen zwingend erforderlich, mithin also unentbehrlich und unvermeidlich sein muss. Ausreichend bedeutet in diesem Zusammenhang nichts anderes, als dass die Maßnahme der Erreichung eines bestimmten medizinischen Anspruchs genügen, mithin also entsprechend effektiv sein sollte. Weiterhin ist eine der jeweiligen Verrichtung innewohnende Zweckmäßigkeit bindend vorgeschrieben. Dies wiederum beinhaltet, dass die Leistungen zur Realisierung des Behandlungsziels geeignet beziehungsweise dienlich und somit keinesfalls sinnlos oder überflüssig sein sollten. „Wirtschaftlich" heißt im Jargon des Gesetzgebers wie auch der Prüfungsgremien schlicht und einfach: Der Eingriff möge weitgehend kostengünstig sein; der hierdurch verursachte finanzielle Aufwand muss in einem angemessenen Verhältnis zu dem angestrebten und erreichbaren therapeutischen Ziel stehen.

Qualitätskriterium

Wichtig ist ferner die Übereinstimmung der erbrachten medizinischen Verrichtungen mit anerkannten Richtlinien für eine sachlich und fachlich korrekte Ausführung, also das Qualitätskriterium. Für kieferorthopädische, prothetische und ähnliche Leistungen steht darüber hinaus auch die Vereinbarkeit mit den hierfür ursprünglich erstellten Heil- und Kostenplänen zur Debatte.

Die rechtlichen Vorschriften für das Prüfverfahren ergeben sich vor allem aus §106 SGB V. Hierin ist unter anderem festgelegt, dass die Krankenkassen im Zusammenwirken mit den KZVen in Form von Beratungen und anderen geeigneten Prüfungen ein ökonomisches Vorgehen in der vertragszahnärztlichen Tätigkeit zu überwachen haben. Wesentliche Grundlage für die Einschätzung der Behandlungs- und Verordnungsweise der betroffenen Praxis bilden die Abrechnungsstatistiken. Diese ergeben sich aus der Gegenüberstellung der individuellen Leistungszahlen des geprüften Zahnarztes mit denen der entsprechenden Vergleichsgruppe. Das Zahlenwerk weist letztlich für jede konservierend-chirurgische Leistungsziffer prozentual den Grad der Abweichung des Einzelnen vom Durchschnittswert des jeweiligen KZV-Bereiches aus. Darüber hinaus lässt sich diesen Übersichten das Verhältnis des persönlichen Fallwertes zu dem der Gesamtheit der zugehörigen Kollegenschaft entnehmen.

Abrechnungsstatistiken als Grundlage

Dabei ist eine gewisse Streuung durchaus unproblematisch. Bis vor einigen Jahren wurde hinsichtlich einzelner Bema-Positionen eine Diskrepanz von 40 bis 50 Prozent als sogenannter Übergangsbereich angesehen und in aller Regel nicht beanstandet. Bei einer Überschreitung dieser Abweichung jedoch sprach man von einem offensichtlichen Missverhältnis. Diese Feststellung allein genügte bereits, um eine unwirtschaftliche Behandlungsweise zu unterstellen und gegebenenfalls zu ahnden. Dem steht allerdings ein Urteil des Sozialgerichtes München aus dem Jahre 1999 entgegen, wonach der kritische Punkt erst dann erreicht sei, wenn die Leistungszahlen der betreffenden Praxis hinsichtlich einzelner oder mehrerer Bema-Positionen um mindestens 100 Prozent gegenüber dem Vergleichsgruppenschnitt liegen. Solange die Abweichungen also in diesem Rahmen bleiben und bezüglich des Gesamtfallwertes 50 vom Hundert nicht übertreffen, können sich trotzdem ins Visier der Wirtschaftlichkeitsfahnder geratene Zahnmediziner auf das vorerwähnte Urteil berufen.

Mögliche Abweichung vom Durchschnitt

Auch wenn ein so gearteter Richterspruch die Position des betroffenen Zahnarztes scheinbar verbessern mag, ist das heutzutage übliche

Verfahren der Wirtschaftlichkeitsprüfung noch lange kein Musterbeispiel grenzenloser Rechtsstaatlichkeit. Ganz im Gegenteil: Nach wie vor wird realitätsfremd unterstellt, dass nahezu alle Mitglieder der maßgeblichen Vergleichsgruppe weitestgehend analoge Klientelen betreuen und somit durchschnittlich annähernd identische Kosten pro Behandlungsfall entstehen würden. Jeder auch nur einigermaßen mit der Materie Vertraute dürfte wissen, dass eine solche vermeintliche Homogenität jedoch oft meilenweit an den tatsächlichen Gegebenheiten vorbeigeht. Außerdem liegt die Beweislast nach wie vor beim Beschuldigten; daran ändert das erwähnte Gerichtsurteil herzlich wenig. Dem Zahnarzt muss auch künftig die angebliche Unwirtschaftlichkeit seines Tuns nicht etwa schlüssig nachgewiesen werden, sondern es reicht eine entsprechende Vermutung. Eine solche ist bereits zulässig, wenn sich größere statistische Differenzen zwischen dem Einzelnen und der zum Abgleich herangezogenen Gesamtheit nach Auffassung der Prüfinstanzen nicht mehr durch signifikante Praxisbesonderheiten begründen lassen. Es wird sodann eine unökonomische Behandlungs- und Verordnungsweise unterstellt, welche durch den Betroffenen zu widerlegen ist. Man spricht in diesem Zusammenhang auch von einem sogenannten Entlastungsbeweis.

Beweislast beim Beschuldigten

!

> Das heißt, der Zahnarzt muss verifizieren, dass gewisse Umstände den erbrachten Mehraufwand rechtfertigen und/oder nachhaltige kompensatorische Einsparungen in anderen Leistungsbereichen diesen ausgleichen.

Prüfung der gesamten Behandlungstätigkeit

Nach geltender Rechtsauffassung sollen die Prüfinstanzen die *gesamte* Behandlungstätigkeit des kujonierten Praktikers in ihre Beurteilung der Wirtschaftlichkeit einbeziehen und dabei eine Zeitspanne von mindestens einem Jahr betrachten. Für die Begründung etwaiger Regressforderungen würde die Überschreitung singulärer Gebührenpositionen allein nicht ausreichen. Eine hiermit einhergehende Limitierung des zulässigen Mengenumfanges bestimmter zahnärztlicher Maßnahmen liefe der Therapiefreiheit und der damit verbundenen zulässigen Bevorzugung einer spezifischen Leistungsart entgegen.

!

Für eine Bewertung der Wirtschaftlichkeit in ihrer Gänze sollten daher quantitative Abweichungen in Einzelleistungen in beide Richtungen in einem Komplex gesehen werden, solange die durchschnittlich durch den Geprüften erbrachte Punktezahl je Behandlungsfall annähernd im Bereich der Vergleichsgruppe liegt.

Hierfür jedoch ist dann wieder die ursprüngliche Fünfzig-Prozent-Marke maßgeblich. Demnach mögen die Prüfungsgremien bei einer eher geringfügigen Überschreitung des Fallwertes diesen Sachverhalt als für die betreffende Praxis begünstigenden Tatbestand werten. Trotzdem werden immer wieder Honorarberichtigungen bezüglich einzelner Gebührennummern ohne angemessene Würdigung des Fallwertes als Ganzes vorgenommen.

Gemeinsame Prüfungseinrichtungen

Auch die Bildung und Struktur gemeinsamer Prüfungseinrichtungen werden durch den eingangs erwähnten §106 SGB V geregelt. Dabei sind zunächst zwei außergerichtliche Ebenen vorgesehen, namentlich die Prüfungsstelle als erste, gefolgt vom Beschwerdeausschuss als sich anschließende Instanz. Die Besetzung insbesondere des letztgenannten Gremiums wird peinlich genau vorgeschrieben. Darüber hinaus ist geregelt, dass deren Kosten von der zuständigen KZV und den beteiligten Krankenkassenverbänden jeweils hälftig zu tragen sind. Damit freilich wird den an der Wirtschaftlichkeitskontrolle mitwirkenden Entscheidungsträgern indirekt aufgegeben, genauestens darauf zu achten, dass in deren Ergebnis Aufwand und Nutzen in einem angemessenen Verhältnis stehen. In der Konsequenz dessen dürfte insbesondere die Selektion der zu einer Stichprobenprüfung auserkorenen Praxen weit weniger zufällig erfolgen, als man es dem Namen nach vermuten mag.

Haftung der Funktionsträger

Interessant dürfte diesbezüglich auch die inhaltliche Auseinandersetzung mit einigen Festlegungen in Absatz 4b des §106 SGB V sein. Hierin ist von einer Haftung der zuständigen Funktionsträger der gesetzlichen Krankenversicherungen beziehungsweise Kassenzahnärztlichen Vereinigungen für den Fall die Rede, dass Wirtschaftlichkeitsprüfungen nicht im vorgesehenen Umfang oder entgegen den hierfür festgelegten Vorgaben durchgeführt werden sollten. Läge die

Ursache hierfür etwa in einer nicht fristgemäßen Übermittlung relevanter Daten, so wären die hierfür Verantwortlichen gegebenenfalls auch hinsichtlich des entstandenen materiellen Schadens in Anspruch zu nehmen. Jeder mag sich auf derartige Regularien seinen eigenen Reim machen. Vielleicht aber verwundert das von manch einem Betroffenen monierte aggressive und mitunter gar unflätige Betragen so manch eines Ausschussmitgliedes jetzt etwas weniger.

Beraten vor Kürzen

Durch die Prüfungsstelle ist nach Interpretation des hierfür maßgeblichen Gesetzestextes erstinstanzlich auch zu entscheiden, ob der Vertragsarzt nun tatsächlich unwirtschaftlich gehandelt hat und welche Restriktionen dann gegebenenfalls durchzusetzen wären. Prinzipiell gilt dabei eigentlich der Grundsatz: Beraten geht vor Kürzen. Dieser beinhaltet, dass zunächst gezielte Unterweisungen der geprüften Ärzte und Einrichtungen erfolgen sollten, ehe es zu einer finanziellen Belastung der betroffenen Praxis kommt. Die Realität sieht in dieser Hinsicht jedoch völlig anders aus.

Erhebliche Sanktionen

Nur wenige Kollegen gehen aus ihrer ersten Wirtschaftlichkeitsprüfung lediglich mit neu gewonnenen Erkenntnissen und ohne jedwede materielle Einbußen heraus. Im Regelfall endet bereits die „Jungfernfahrt" mit teilweise erheblichen finanziellen Sanktionen und damit einhergehenden ökonomischen Verlusten. Schlimmer noch:

!

Da die meisten Prüfgespräche erst lange Zeit nach der Leistungserbringung terminiert werden, handelt es sich im übertragenen Sinne nur noch um Leichenfledderei.

Schließlich lässt sich zum Zeitpunkt der Überprüfung an einer teilweise bereits Jahre zurückliegenden Abrechnung schon lange nicht mehr ändern.

Probleme des Beratungsverfahrens

Wenn man Ihnen beispielsweise Ende Juni 2005 erklärt, Sie hätten in den letzten drei Monaten des Jahres 2003 bestimmte Gebührenpositionen unverhältnismäßig überschritten, so ist eine Reaktion hierauf – und sei es durch gezielte Reduzierung dieser Leistungsziffern – aus objektiven Gründen frühestens danach, also erstmals im dritten Quartal 2005 möglich. Inzwischen sind in diesem Fall seit Ende des beanstandeten Zeitraumes jedoch sage und schreibe achtzehn Monate vergangen, in denen Sie vermutlich alles so – ob nun richtig oder falsch, sei dahingestellt – wie bis dato gemacht haben. Die Wahrscheinlichkeit, somit auch 2004 und selbst noch im ersten Halbjahr 2005 entsprechend auffällig gewesen zu sein, dürfte somit an Sicherheit grenzen. Es gab schließlich weder die Möglichkeit noch irgendeine Veranlassung, an einem bislang unbeanstandeten Abrechnungsgebaren etwas zu ändern. Somit sind also auch in späteren Auseinandersetzungen mit den Prüfinstanzen Honorarberichtungen zu erwarten, ohne dass dem Zahnarzt eine wirkliche Chance gegeben war, sein Handeln entsprechend einer zwischenzeitlich ergangenen Information der Ausschüsse zu optimieren. Vor diesem Hintergrund allerdings verkommt der ohnehin kaum verwirklichte Slogan, wonach Beratungen Kürzungen vorangehen sollten, vollends zur bloßen Worthülse.

Bundesmantelvertrag für Zahnärzte

Neben den bisher erörterten rechtlichen Grundlagen für die Wirtschaftlichkeitsprüfung spielt der sogenannte Bundesmantelvertrag für Zahnärzte (BMV-Z) eine wichtige Rolle. Dieser wurde als bindende Vereinbarung zwischen der KZBV einerseits und den Bundesverbänden der Orts-, Betriebs-, Innungs- und landwirtschaftlichen Kassen sowie der Knappschaft-Bahn-See andererseits abgeschlossen. Neben zahlreichen anderen Bestimmungen ist hierin auch die Überprüfung bezüglich einer ökonomischen Behandlungs- und Verordnungsweise geregelt. Nach §19 der erwähnten Vereinbarung sollen die KZVen die von den Zahnarztpraxen eingereichten Abrechnungen prüfen und gegebenenfalls berichtigen. Die Leistungserbringer sind im Hinblick auf die Wirtschaftlichkeit ihrer Handlungen zu beraten. Die nachfolgenden Paragraphen regeln insbesondere die Bestellung von Prüfungseinrichtungen und die Anforderungen an diese. Ferner werden die bei einer Antragstellung auf Analyse der kassenzahnärztlichen Therapierungs- und Verordnungsweise zu berücksichtigenden Modalitäten festgelegt. In der Anlage 4 zum BMV-Z wird auf die Verfahrensordnung zur Prüfung der Abrechnungsfälle nochmals näher Bezug genommen. Demnach sollen die KZVen zur Vorbereitung einer späteren tiefgreifenden Überprüfung auf Wirtschaftlichkeit eine Hundertfall- oder analoge Statistik erstellen, aus denen die Leistungszahlen des Einzelnen in Relation zur jeweiligen Vergleichsgruppe ersichtlich sind.

!

Die Ausschüsse sollen insbesondere *die* Praxen einer eingehenden Untersuchung unterziehen, bei denen erhebliche Abweichungen gegenüber dem KZV-Durchschnitt bezüglich einzelner Bema-Ziffern und/oder der Abrechnung als Ganzes vorliegen.

Ersatzkassenvertrag

Ein anderes auf das Verfahren der Wirtschaftlichkeitsprüfung anzuwendendes Regelwerk stellt der Ersatzkassenvertrag (EKV-Z) dar. Dieser ist quasi das Pendant zum vorerwähnten BMV-Z, gültig für den Verband der Ersatzkassen (vdek). Hierin wird die Problematik des Prüfverfahrens unter Bezugnahme auf den bereits eingangs dieses Kapitels erwähnten § 106 SGB V geregelt.

Auffälligkeits- und Zufallsprüfung

Weiterhin sei an dieser Stelle § 296 im SGB V erwähnt, welcher sich inhaltlich mit der Thematik der Auffälligkeitsprüfung befasst. Demnach sind den Geschäftsstellen der Kontrollgremien zum Zwecke der Abrechnungsanalyse durch die Kassen(zahn)ärztlichen Vereinigungen für jedes Quartal die jeweilige Arzt- und Kassennummer sowie die erbrachten Behandlungsfälle der abrechnenden Zahnärzte zu übermitteln. Der nachfolgende Paragraph beschäftigt sich mit den Grundlagen der Zufälligkeitsprüfung. Diesbezüglich ist eine Aufstellung der im betreffenden Vierteljahr in diese einbezogenen Praxen zu erstellen.

Wirtschaftlichkeitsprüfungs-Verordnung

Eine weitere wichtige Rechtsgrundlage bildet die Wirtschaftlichkeitsprüfungs-Verordnung (WiPrüfVO). In dieser sind die maßgeblichen Verfahrensgrundsätze in Anlehnung an den bereits eingehend erörterten §106 SGB V festgelegt. Die aktuell gültige Fassung beruht auf dem entsprechenden Regelwerk vom Januar 2004 und nachfolgenden Änderungen durch Artikel 25 und 25a (zum 26. März des Jahres 2007) des so bezeichneten Gesetzes zur Stärkung des Wettbewerbs in der gesetzlichen Krankenversicherung (GKV-WSG). Durch diese Verlautbarung werden unter anderem wesentliche Teile des Sozialgesetzbuches geändert beziehungsweise aktualisiert. Die Verordnung selbst befasst sich mit den am Prüfverfahren beteiligten Instanzen, deren personeller Zusammensetzung und den jeweiligen Kompetenzen. Nach § 1 Absatz 5 soll die Prüfungsstelle „in erforderlichen Fällen eine Beratung [...] über Fragen der Wirtschaftlichkeit und Qualität der Versorgung“ vornehmen; von einer grundsätzlichen Kürzung einmal erlangter Honorare ist hingegen nicht die Rede. Weiterhin werden die Pflichten der Mitglieder und die Aufgaben des Vorsitzenden näher erörtert. Auch zur Vergütung beziehungsweise Kostentragung finden sich in der Verordnung entsprechende Hinweise.

Gemeinsamer Bundesausschuss

Darüber hinaus gelten die Richtlinien des Gemeinsamen Bundesausschusses (G-BA). Dieser stellt das oberste Beschlussgremium der Selbstverwaltung von Ärzten, Zahnmedizinern, Psychotherapeuten und Krankenhäusern einerseits sowie der gesetzlichen Kassen andererseits dar. Durch diese Institution werden die allgemein geltenden Regelungen für den Leistungskatalog der GKV erlassen. Auch die Wirtschaftlichkeitsprüfung geht letztlich an den Kompetenzen des G-BA nicht vorbei.

Verfahrenswege und Formalien

Verfahren nach § 106a SGB V

Die Einführung des Gesundheits-Modernisierungsgesetzes Anfang des Jahres 2004 brachte das Inkrafttreten des § 106a SGB V mit sich. Demnach sollen die KZVen gemeinsam mit den zuständigen Kostenträgern die Rechtmäßigkeit und Plausibilität der eingereichten Abrechnungen kontrollieren. Gemäß Absatz 6 vereinbart die Kassenzahnärztliche Bundesvereinigung (KZBV) zusammen mit den Spitzenverbänden der Krankenkassen verbindliche Richtlinien hinsichtlich Inhalt und Durchführung der Prüfungen. Dementsprechend werden die KZVen beauflagt, die sachlich-rechnerische Richtigkeit der vertragszahnärztlichen Liquidationen festzustellen, wozu auch eine artbezogene Kontrolle hinsichtlich deren Nachvollziehbarkeit zählt. Die bei Humanmedizinern hierfür zugrunde gelegten Zeitprofile spielen derzeit für Zahnärzte (noch) keine Rolle, waren und sind aber immer wieder Gegenstand gesundheitspolitischer Debatten.

Plausibilitätsprüfung nach Auffälligkeiten

Darüber hinaus sind die Abrechnungen auf das Vorliegen besonderer Auffälligkeiten zu untersuchen. Solche können vor allem durch übermäßige Steigerungen der Fallzahlen, verstärkten Rückgriff auf Ersatzverfahren oder wiederholtes Auftreten und ungewöhnliche Häufung bestimmter Abnormitäten augenscheinlich werden. Auch allzu rege gegenseitige Überweisungen, vor allem bei KZV-übergreifenden Zweigpraxen, können die Gremien auf den Plan rufen. Sind solche oder ähnliche Ungereimtheiten erkennbar, so ist eine tiefergehende aufklärende Plausibilitätsprüfung geradezu unausweichlich. Sollte diese schließlich zutage fördern, dass die abgerechneten Leistungen nicht den vertraglichen Bestimmungen entsprechen, kämen eine Wirtschaftlichkeitskontrolle, ein Verfahren zur sachlich-rechnerischen Berichtigung oder weiterreichende Schritte in Betracht.

Disziplinarmaßnahmen

Gelingt es dem Zahnarzt nun nicht, die ihm vorgehaltenen Diskrepanzen glaubwürdig und nachvollziehbar zu erklären, muss er mit unter Umständen äußerst schmerzhaften Sanktionen rechnen. So drohen nicht nur empfindliche Honorarkürzungen, sondern gegebenenfalls auch Disziplinarmaßnahmen. Selbst strafrechtliche Ermittlungen und

Zulassungsbeschränkungen oder gar -entzug sind in diesem Kontext nicht völlig auszuschließen und wenigstens unterschwellig geeignet, den Druck auf den betroffenen Zahnarzt zusätzlich zu erhöhen.

> !
> Dabei zieht eine unökonomische Behandlungsweise allein noch keine Auseinandersetzung mit der Staatsanwaltschaft nach sich.

Prüfung der Krankenkassen

Aber auch die Krankenkassen sind ihrerseits maßgeblich in die Abrechnungskontrolle involviert. Dabei prüfen diese zunächst die eigene Leistungspflicht beziehungsweise eine mögliche Zuständigkeit anderer Kostenträger. Auch der korrekte Umgang mit von den Patienten zu leistenden Zuzahlungen unterliegt der Inspektion der gesetzlichen Versicherungen. Darüber hinaus ist insbesondere bei konservierend-chirurgischen und individualprophylaktischen Verrichtungen deren Plausibilität von besonderem Interesse. Werden dabei Auffälligkeiten festgestellt, ist eine weitere aufklärende Prüfung die Konsequenz. Sollte auch diese zu keinem zufriedenstellenden Ergebnis führen, kann das Verfahren zur weiteren Entscheidung an die zuständige KZV abgegeben beziehungsweise eine Wirtschaftlichkeitskontrolle oder eine sachlich-rechnerische Richtigstellung beantragt werden.

Landesspezifische Prüfvereinbarungen

Neben den vorerwähnten allgemeingültigen Rechtsgrundlagen treffen die einzelnen Landes-KZVen gesonderte Prüfvereinbarungen mit den jeweils zuständigen Krankenkassen und deren Verbänden. Diese beinhalten nähere formale, den detaillierten Ablauf des Verfahrens betreffende Richtlinien, welche als spezielleres Recht den allgemeinen sozialrechtlichen Regelungen vorrangig gestellt sind. Im Einzelnen werden hierdurch wichtige Fristen (für Antragstellung sowie Verjährung und Ausschluss), Grenzwerte für die Auslösung einer Wirtschaftlichkeitsprüfung, deren Durchführungsbestimmungen und anderes mehr genauer festgelegt. Bezüglich wesentlicher Inhalte orientieren sich diese Vertragswerke an den vorangehend erörterten allgemeingültigen Regularien und unterscheiden sich von diesen lediglich in Nuancen.

Praxisbesonderheiten

Schließlich werden in den besprochenen gesetzlichen Vorschriften die für die Rechtfertigung quantitativer Überschreitungen recht bedeutsamen Praxisbesonderheiten erwähnt. Sollte es dem Prüfling gelingen, derartige stichhaltig nachzuweisen, könnte dies bei der Beurteilung seiner Leistungszahlen für ihn durchaus von gewissem Vorteil sein. Auf die Bedeutung dieser – die statistischen Werte möglicherweise nachhaltig beeinflussenden – spezifischen Umstände werde ich an anderer Stelle noch einmal näher zu sprechen kommen.

Prüfungsinstanzen

Hinsichtlich der Wirtschaftlichkeit des zahnärztlichen Handelns fällt zunächst die Prüfungsstelle ihre Entscheidung. Diese muss in einer nachvollziehbaren Art begründet sein. Gegen den erstinstanzlich erlassenen Bescheid steht *allen* Verfahrensbeteiligten binnen eines Monats nach dessen Erhalt das Recht des Widerspruchs beim jeweiligen Beschwerdeausschuss zu, was vorerst die Durchführung von Honorar-Regressen hemmt. Auch gegen die nachfolgend getroffene Festlegung können sich wiederum alle Prozessparteien wehren. Hierzu wäre nunmehr das zuständige Sozialgericht anzurufen. Allerdings hat eine Klage im Hinblick auf den Vollzug einer etwaigen Honorarkürzung gegen den betroffenen Zahnarzt *keine* aufschiebende Wirkung mehr. Nur in seltenen Ausnahmefällen dürfte die KZV als die den Regress volltreckende Instanz jetzt noch einer Aussetzung bis zum rechtskräftigen Abschluss des Verfahrens zustimmen. Eventuell lässt sich eine Begleichung der Rückforderung in mehreren Raten mit dem Hinweis auf eine andernfalls extrem liquiditätsgefährdende Belastung erwirken. Schließlich wurden die streitgegenständlichen Honorare in der Regel auch nicht in einem Zuge vergütet, sondern in Form mehrerer Abschlags- und Restzahlungen. Alternativ bliebe noch die Option des einstweiligen Rechtsschutzes. Dazu müsste der Zahnarzt allerdings schlüssig belegen, dass ein sofortiger Vollzug der angedachten Kürzung seine Solvenz und folglich seine Existenz beträchtlich gefährden würde.

Klageweg

!

Obgleich dem Beschuldigten ein Fehlverhalten in diesem Stadium noch nicht einmal annähernd nachgewiesen ist, sondern eine unwirtschaftliche Behandlungsweise bisher allenfalls vermutet werden konnte, sind aus diesem bloßen Anscheinsverdacht resultierende Kürzungen von Honoraren erst einmal zu seinem Nachteil vollstreckbar.

Mögliche Konsequenzen

Gelingt es dem derart in die Bredouille geratenen Kollegen nicht, überzeugend darzulegen, dass hieraus eine unzumutbare wirtschaftliche Härte für ihn resultieren würde, so kommen die Einbehalte – ungeachtet der Frage, ob die Maßnahme nun gerechtfertigt ist oder nicht – meist ungehemmt zum Tragen. Im äußersten Fall sieht sich der so Belastete gar einer Bedrohung durch persönliche Insolvenz ausgesetzt. Erweisen sich das Urteil des Beschwerdeausschusses im Nachhinein dann doch als falsch und die damit verbundenen Abzüge gar erst auf einer höherinstanzlichen judiziären Ebene (Landes- oder Bundessozialgericht) als ungerechtfertigt, so wäre in der denkbar negativsten Konstellation die wirtschaftliche Existenz des kujonierten Mediziners längst Vergangenheit. Käme es nun noch zu einer späten Korrektur des ursprünglich gefassten Beschlusses, würde dies am ökonomischen Niedergang des Beschuldigten schließlich nichts mehr ändern.

Verhältnismäßigkeit

Bei dessen Beurteilung dürfen die Entscheidungsträger freilich nicht willkürlich agieren, sondern sind an den Grundsatz der Verhältnismäßigkeit gebunden. Danach soll der Schiedsspruch der Behörde einerseits zwar zum angestrebten Erfolg führen, zum anderen aber den Geprüften bezüglich seiner Rechte möglichst wenig beschneiden. Mithin bleibt den Instanzen im Ergebnis der Wirtschaftlichkeitsprüfung ein gewisser Ermessensspielraum. So kann ein Verfahren günstigstenfalls *ohne* jegliche Maßnahme enden oder allein eine Beratung zur Folge haben. Beide Möglichkeiten werden jedoch in der Wirtschaftlichkeitskontrolle viel zu selten angewandt. Dabei wäre es doch gar nicht abwegig, eine Praxis bei ihrem erstmaligen Kontakt mit einer Prüfungseinrichtung erst einmal ausführlich zu belehren und zu unterweisen, um ihr nachfolgend ausreichend Zeit einzuräumen, ein anstößiges Abrechnungsverhalten zu optimieren. Eine Kürzung bereits erzielter Vergütungen käme nach wiederholt fruchtlosen Beratungen immer noch früh genug, ließe aber dem Zahnarzt die Möglichkeit zu einer wie auch immer gearteten Reaktion. Wie bereits zu erfahren war, können im ungünstigsten Fall aber auch herbe disziplinarische oder sogar strafrechtliche Sanktionen verhängt werden.

Möglichkeit des Beratungsverfahrens

!

In der Realität enden Wirtschaftlichkeitsprüfungen erfahrungsgemäß fast nie im Nichts (also ohne jegliche Restriktionen). Auch reine Beratungen ohne Abzüge kommen äußerst selten vor. In der Regel wird gleich zu einer der denkbar härtesten Maßnahmen gegriffen, nämlich dem Regress.

Rechtsnormen der Bescheide

Die von den Ausschüssen erlassenen Bescheide erfüllen dabei nicht immer die erforderlichen Rechtsnormen. Insbesondere müssen die wesentlichen tatsächlichen und rechtlichen Gründe dargelegt sein, auf welchen die getroffene Entscheidung basiert. Sollte sich das Verfahren schließlich zu einem gerichtlichen Schlagabtausch ausweiten, so wäre eine Aufhebung des vorinstanzlichen Urteils wegen juristischer und/oder formeller Mängel bei der Begründung nicht gänzlich abwegig. Auch wenn das Gericht zu der Auffassung gelangen sollte, die Prüfungseinrichtungen hätten bei ihrer Entscheidung die Verhältnismäßigkeit zwischen der Schwere des Vergehens und dem Grad der Sanktionen nicht gewahrt, kann dies Anlass für eine Zurückweisung des streitgegenständlichen Erlasses sein. Zudem käme eine unzureichende Würdigung der Einwendungen des Geprüften als Begründung für eine Zurückweisung in Betracht.

Verfahren nach gerichtlicher Prüfung

Doch sollten wir uns jetzt nur nicht zu früh freuen. Falls man tatsächlich entscheidungsrelevante Unregelmäßigkeiten feststellen sollte, wird das Verfahren lediglich zur Neubescheidung an den Beschwerdeausschuss zurückgegeben. Ob dessen Urteil für den betroffenen Zahnarzt danach tatsächlich günstiger ausfällt, sei der Fantasie des Lesers vorbehalten.

3
Das heilige Gebot der Wirtschaftlichkeit

Wirtschaftlichkeitsgebot

Oberstes Prinzip der vertrags(zahn)ärztlichen Tätigkeit ist das sogenannte Wirtschaftlichkeitsgebot. Mag dieser Umstand aus kassenökonomischer Sicht durchaus verständlich sein, so muss es doch beängstigen, wenn dieser Grundsatz mitunter fast dogmatisch wichtigen medizinischen Erfordernissen übergeordnet zu werden scheint. Schließlich kommt höchstrichterlicher Rechtsprechung zufolge der Sorgfaltsplicht im Zweifelsfall die eindeutige Priorität zu und liegt so auch im Ethos jeglicher Heilberufe begründet.

Mögliche unterlassene Hilfeleistung

So mancher Kollege musste sich dennoch bereits wegen eines überdurchschnittlichen Aufkommens der Bema-Nummer 02 (Hilfeleistung bei Ohnmacht oder Kollaps) verantworten. Man führe sich die mit einer derartigen Nachfrage verbundene Perfidie einmal bewusst vor Augen: Soll ein Therapeut bei Eintritt eines entsprechenden Zwischenfalls etwa aus Rücksicht auf statistische Vergleichszahlen den Patienten seinem Schicksal überlassen? Ebenso wird man ihm kaum erforderliche blutstillende Maßnahmen vorenthalten, nur weil das „Kontingent" hinsichtlich der entsprechenden Gebührenziffern (Bema-Ziffern Nbl1 und Nbl2) ausgeschöpft ist. Schließlich käme solch eine verantwortungslose Passivität des Zahnarztes einer unterlassenen Hilfeleistung mit allen möglicherweise daraus resultierenden (straf)rechtlichen Konsequenzen gleich.

Wenig anders verhält es sich bei schmerzausschaltenden Sofortmaßnahmen und anderen typischen Notfallleistungen. Hier erscheint eine Prüfung auf der Basis statistischer Vergleichswerte oft nur schwer nachvollziehbar. Schließlich hat der Zahnarzt keine Möglichkeit, auf die Anzahl der ihn mit entsprechenden Beschwerden konsultierenden Personen und somit auf den Bedarf zu deren Linderung erforderlicher Vornahmen Einfluss zu nehmen. Dennoch werden diesbezüglich allzu oft geradezu erbarmungslos Honorarkürzungen verhängt.

!

Das Instrument der Wirtschaftlichkeitsprüfung verkörpert seit mehr als einem halben Jahrhundert ein unverzichtbares Regulierungselement in der gesetzlichen Krankenversicherung.

Die hierzu durch die Legislative geschaffenen Kontrollverfahren dienen der Analyse durchgeführter diagnostischer und therapeutischer Maßnahmen im Hinblick auf deren Erfordernis; und dies zum Ärgernis der gewissenhaft arbeitenden Mediziner oft mehr aus ökonomischer als aus fachlicher Sicht. Eine solche Überprüfung findet allerdings regelmäßig erst lange Zeit nach der Leistungserbringung statt. Das bedeutet: Zum Zeitpunkt der näheren Befassung mit den Abrechnungsdaten des kujonierten Zahnmediziners lässt sich an diesen ohnehin nichts mehr ändern.

Prüfung lange nach Leistung

Im günstigsten, bedauerlicherweise aber auch höchst seltenen Fall könnten die Kontrollorgane zu der Erkenntnis gelangen, dass der betroffenen Praxis keine nennenswerten Verfehlungen nachzuweisen sind und folglich von Kürzungen gänzlich absehen. Auch die Möglichkeit einer Beratung in wirtschaftlichen Fragen – ohne dass damit sogleich eine Honorarreduzierung einhergehen muss – ist vom Gesetzgeber vorgesehen, stellt jedoch in der Realität ebenso wie die erstgenannte Option erfahrungsgemäß eher die Ausnahme dar. Doch selbst im Falle einer solchen Entscheidung hätte der betroffene Kollege in den dem überprüften Abrechnungszeitraum unmittelbar nachfolgenden Vierteljahren praktisch keinerlei Möglichkeit zu einer wirksamen Korrektur seines Abrechnungsverhaltens mehr, da auch diese zum Zeitpunkt des Prüfungstermins meist schon sehr weit zurückliegen und dem therapeutischen Gebaren der meisten Zahnärzte unbewusst eine gewisse Konstanz innewohnt. Damit sind aber wiederholte Auseinandersetzungen mit den Gremien regelrecht vorprogrammiert.

Beratung in wirtschaftlichen Fragen

Daraus folgt geradezu zwangsläufig, dass der erst einmal auffällig gewordene Zahnmediziner aller Wahrscheinlichkeit nach Restriktionen für *mehrere* Quartale oder gar Jahre zu befürchten hat.

!

Das übliche Ergebnis einer Wirtschaftlichkeitsprüfung ist zumeist eine mehr oder minder einschneidende Honorarkürzung. Sofern sich der betroffene Zahnarzt hiergegen nicht rechtzeitig und mit wirksamen Mitteln zur Wehr setzt, muss mit gegebenenfalls empfindlichen, unter Umständen solvenz- oder gar existenzbedrohenden Einschnitten gerechnet werden. Auch in diesem Fall kommt ein Unglück selten

Honorarkürzung und Regress

allein: Da sich die Kontrollen mindestens auf eine Zeitspanne von zwölf zusammenhängenden Monaten erstrecken sollen, beschränken sich etwaige Rückforderungen in der Regel nicht auf ein einzelnes Quartal, sondern umfassen zumeist weitaus größere Intervalle. Werden darüber hinaus in kurzer Folge auch noch weitere Jahre geprüft, können sich schnell mehrere Regresse zu einem erquicklichen Gesamtbetrag aufsummieren, welcher dann von dem leidtragenden Kollegen zeitnah rückerstattet werden soll, was ihn in eine bedrohliche liquiditätsmäßige oder existenzielle Schieflage zu bringen vermag.

!

Prinzipiell ist der Vertragszahnarzt gesetzlich verpflichtet, die medizinisch notwendige und mithin wirtschaftlichste, nicht aber die bestmögliche und teuerste Versorgung zu gewähren.

Grundsatz der Zweckmäßigkeit

Solange er diese Grundregel beherzigt, kann ihn – zumindest rein theoretisch – der Vorwurf einer unökonomischen Behandlungsweise nicht tangieren. Daher sollte eine zahnärztliche Maßnahme zuallererst zweckmäßig sein. Das heißt, sie muss objektiv tauglich sein, den angestrebten Heilerfolg zu erreichen und dabei gleichzeitig der Früherkennung beziehungsweise Verhütung oder Behandlung einer bestimmten Erkrankung dienen. Sie hat letztlich dem Anspruch zu genügen, allgemein anerkannt zu sein und sich in der Vergangenheit bezogen auf die erwähnten Richtlinien bereits ausreichend bewährt zu haben. Aber bereits hier stoßen wir bei genauer Betrachtung diverser Bema-Regelungen immer wieder auf Grenzfälle.

Verhütung von oralen Erkrankungen

So wird beispielsweise seit 2004 die Abrechenbarkeit der Entfernung von Zahnstein (Gebührennummer 107) zulasten der GKV auf ein einziges Mal im Kalenderjahr eingegrenzt. Inwieweit eine derartige Beschränkung zweckmäßig oder gar wirtschaftlich sein soll, dürfte sich dem fachlich auch nur einigermaßen kompetenten Betrachter kaum erschließen. Ganz im Gegenteil: Die Limitierung einer solchen Maßnahme steht dem tatsächlichen Bedarf und erst recht deren Ziel völlig konträr entgegen. Aus der täglichen Erfahrung lässt sich für den umsichtigen Praktiker vielmehr ableiten, dass derartige der oralen Hygienisierung dienende Verrichtungen unabdingliche Voraussetzung für die Reduzierung beziehungsweise Verhütung von Zahn- und

Munderkrankungen darstellen. Ein Verzicht auf solche Schritte, obgleich sie eigentlich notwendig wären, kann möglicherweise erhebliche (letztendlich auch für die Krankenversicherung kostspielige) therapeutische Konsequenzen wie umfängliche parodontologische Behandlungen beziehungsweise im ungünstigsten Falle infolge von Zahnverlust auch aufwendige prothetische Maßnahmen zur Folge haben. Was also soll an einer derart rigiden Eingrenzung dieser Verrichtung zweckmäßig und wirtschaftlich sein?

Mangelhafte Berücksichtigung wissenschaftlicher Kriterien

Nicht anders verhält es sich mit Vorsorgeleistungen, wie zum Beispiel den Fissurenversiegelungen (IP5). Dem zugehörigen Bema-Kommentar ist zu entnehmen, dass die Limitierung eines solchen Eingriffs auf singuläre Zähne (bleibende erste und zweite Molaren) wie auch eine bestimmte Altersgruppe (bis zur Vollendung des achtzehnten Lebensjahres) unter wissenschaftlichen Kriterien eigentlich *nicht* haltbar ist. Die diesbezüglich tatsächlich vorgegebenen Beschränkungen seien nichts anderes als eine politische Entscheidung, welche zudem in krassem Widerspruch zu fachlichen Erkenntnissen steht.

!

Schließlich handelt es sich bei den angesprochenen prophylaktischen Verrichtungen um allgemein anerkannte Maßnahmen zur Verhütung von kariösen Erkrankungen und von gegebenenfalls in deren Folge notwendigen, unter Umständen recht kostenintensiven Behandlungen.

Frage der Zweckmäßigkeit

Kann die in der Realität bestehende Limitierung derartiger Vorsorgemaßnahmen unter diesen Prämissen im Sinne des Wirtschaftlichkeitsgebotes tatsächlich noch als zweckmäßig angesehen werden, oder erweist sich diese bei genauer Analyse im Hinblick auf einen ökonomischen Umgang mit begrenzt verfügbaren Kassengeldern nicht sogar eher als kontraproduktiv?

Ausreichende Maßnahmen als Standard

Im Rahmen einer wirtschaftlichen Vorgehensweise ist ferner darauf zu achten, dass die durchgeführten Maßnahmen stets ausreichend sein sollten. Dieser Anspruch beinhaltet bei der vertrags(zahn)ärztlichen Behandlung somit auch die angemessene Berücksichtigung quantitativer Aspekte. Eine Verrichtung wird stets dann als dieser Forderung genügend angesehen, wenn darüber hinausgehende Schritte zur Realisierung des therapeutischen Zieles nicht zwingend notwendig erscheinen. Durch dieses Prinzip wird dem gesetzlich Versicherten lediglich ein gewisser qualitativer Grundstandard seiner Versorgung zugebilligt. Sofern für die Umsetzung des angestrebten Behandlungserfolges weitere Maßnahmen unablässig sind, sollten diese jedoch auch durchführbar sein; schließlich würde das Handeln des Zahnarztes ja andernfalls eben *nicht* das Kriterium erfüllen, ausreichend zu sein.

Notwendige Maßnahmen

Letztlich ist ein medizinischer Eingriff regelmäßig auch hinsichtlich seiner tatsächlichen Erforderlichkeit zu analysieren. Im Sozialgesetzbuch heißt es hierzu, dass Versicherte dann Anspruch auf eine Versorgung haben, wenn diese notwendig für die Erkennung, Heilung oder Vermeidung einer eventuellen Verschlimmerung einer Krankheit ist oder sich Beschwerden hierdurch lindern lassen. Dabei soll der Therapeut nicht *mehr* Aufwand betreiben, als zum Erreichen des Behandlungszieles erforderlich ist. Mit der Beschränkung vertrags(zahn)ärztlicher Verrichtungen auf das Nötigste wird mithin eine gewisse Eingrenzung „nach oben" geschaffen. Wenn eine über dieses Maß hinausgehende Versorgung von einem gesetzlich Versicherten gewünscht wird, so sind die hieraus resultierenden Kosten nicht mehr mit der Krankenkasse, sondern gegebenenfalls privat zu verrechnen. Die Grenze des Notwendigen ist genau genommen bereits dann erreicht, wenn lediglich die zur Realisierung des angestrebten therapeutischen Effekts absolut unverzichtbaren Schritte unternommen worden sind. Darüber hinausgehende Maßnahmen überschreiten dieses Limit und wären somit schon nicht mehr als wirtschaftlich einzustufen.

Grenze des Notwendigen

Die Auffassungen bezüglich der Frage, wo genau diese Schwelle liegt, gehen naturgemäß mitunter weit auseinander. Während der Versicherte meint, ihm stünde angesichts seiner mitunter recht üppigen Beitragsbelastung nahezu ein Rundum-Sorglos-Paket als Behandlungsspektrum zur Verfügung, erwarten die Kostenträger eine Reduzierung auf das Nötigste, eben einen sparsamen Umgang mit den zur Verfügung gestellten Mitteln.

!

Der niedergelassene Zahnarzt sitzt de facto in einer Zwickmühle zwischen den individuellen Vorstellungen und Wünschen des Patienten auf der einen und den ihm vom Gesetzgeber und den Krankenkassen auferlegten wirtschaftlichen Zwängen auf der anderen Seite.

Bringschuld des (Zahn-)Arztes

Grundsätzlich schuldet ein (Zahn-)Arzt niemals den Erfolg der von ihm ausgeführten Therapie, sondern lediglich deren ordnungsgemäße Erbringung. Alles andere wäre auch abartig. Denken Sie nur einmal an die Behandlung eines Tumors im fortgeschrittenen Stadium. Die Mortalitätsrate bei derartigen Erkrankungen ist erfahrungsgemäß trotz größter Sorgfalt bei allem medizinischen Fortschritt noch immer relativ hoch. Kein normaler Mensch käme jedoch – selbst bei Ableben des Patienten – auch nur ansatzweise auf den abstrusen Gedanken, den zuständigen Therapeuten ihr wohlverdientes Honorar streitig oder gegen diese gar Schadensersatzforderungen geltend zu machen beziehungsweise irgendwelche Prozesse anzustrengen. Schließlich liegt es nun einmal – gerade bei solch schweren Krankheiten – in der Natur medizinischen Handelns, dass beileibe nicht jede Maßnahme zwangsläufig den angestrebten Erfolg nach sich zieht.

Erfolgskriterium im Prüfverfahren

Doch genau dies wird im Prüfverfahren mehr oder minder nachhaltig vom Geprüften eingefordert. Denn ein maßgebliches Kriterium zur Beurteilung der Wirtschaftlichkeit ist die Frage nach der Verhältnismäßigkeit zwischen Umfang beziehungsweise Kosten der erbrachten Leistungen auf der einen und dem Behandlungsresultat auf der anderen Seite. Nur Verrichtungen, bei denen unter dem Strich eine günstige Relation zwischen Aufwand und Nutzen besteht, werden von den zuständigen Gremien tatsächlich auch als in diesem Sinne angemessen akzeptiert. Vor dem Hintergrund gängiger Prüfmethoden, welche stichprobenartig einzelne Fälle herausfiltern und aus deren Ablauf und Ergebnis Rückschlüsse auf die Gesamtheit der im gegenständlichen Zeitraum behandelten Patienten zu ziehen suchen, sind solche Überlegungen allerdings recht bedenklich. Schließlich ist es weder unzulässig noch außergewöhnlich, dass zahnärztliche Behandlungen trotz größtmöglicher Umsicht und Sorgfalt gelegentlich erfolglos verlaufen können.

Unwägbarkeiten endodontischer Maßnahmen

Man denke in diesem Zusammenhang nur einmal beispielhaft an die Unwägbarkeiten endodontischer Maßnahmen. Hier wäre es geradezu realitätsfremd, auch nur annähernd einen hundertprozentigen Therapieerfolg im Sinne einer Zahnerhaltung erwarten zu wollen. Im äußersten Fall werden mit dem Ziel der Belassung des betroffenen Zahnes erst einmal eine ganze Reihe von konservierenden und gegebenenfalls auch chirurgischen Verrichtungen erbracht, welche bei einem ungünstigen Verlauf letztlich jedoch misslingen und eine Extraktion nicht verhindern können. Manche Prüfgremien schlussfolgern aus einem solchen Umstand voreilig, dass mithin die Gesamtheit der durchgeführten Wurzelbehandlungen unwirtschaftlich gewesen sei. Daher hat sich inzwischen in den Köpfen vieler Kollegen zunehmend der Irrglaube festgesetzt, ihre Verrichtungen wären nur dann vertragsgerecht, wenn sie von maximalem Erfolg gekrönt seien.

!

Ein am Ende erfolgloser (zahn-)ärztlicher Eingriff ist jedoch allein dieses Resultats wegen noch lange nicht unökonomisch.

Grundsatz der Kostengünstigkeit

Grundsätzlich sollte die Tätigkeit eines praktizierenden Mediziners zudem dem Anspruch genügen, im Sinne des Wirtschaftlichkeitsgebotes kostengünstig zu sein. Dies bedeutet aber auch, dass im Falle mehrerer gleichermaßen dem Heilziel zuträglicher Alternativen stets die rentabelste Variante zu bevorzugen ist. Es wäre allerdings vollkommen falsch, in der Konsequenz schlussfolgern zu wollen, dass generell nur billige Methoden auch wirtschaftlich seien. Ganz im Gegenteil: Zunächst ist der vermeintliche Nutzen einer bestimmten Verrichtung im Hinblick auf den zu erzielenden Behandlungserfolg zu berücksichtigen; erst danach stellt sich die Frage nach den finanziellen Aspekten. Anders ausgedrückt: Wird ein weniger geldintensives Vorgehen gewählt, durch welches das angestrebte Ziel aller Voraussicht nach kaum zu verwirklichen ist, so wäre ein solches – trotz geringer Kosten – natürlich alles andere als wirtschaftlich. Ein erhöhter Aufwand in diagnostischer beziehungsweise therapeutischer Hinsicht kann dagegen unter Umständen sogar erheblich ökonomischer sein, wenn dieser schlussendlich ein verbessertes kuratives Resultat erwarten lässt.

Insgesamt lässt sich eine vertrags(zahn)ärztliche Verrichtung nur dann mit dem Wirtschaftlichkeitsgebot vereinbaren, wenn sie die hierfür grundlegenden Ansprüche – nämlich ausreichend, zweckmäßig, notwendig und wirtschaftlich zu sein – in sich vereint. Voraussetzung ist prinzipiell die Ausführung der Leistungen nach dem Stand der medizinischen Wissenschaft. Sie müssen außerdem gewissen Qualitätskriterien genügen und dem Erreichen eines gewünschten therapeutischen Zieles zuträglich sein. Demgegenüber steht eine Vielzahl von Richtlinien und Regularien, welche den Patienten eine Versorgung entsprechend des wissenschaftlich-technischen Fortschritts zusichern sollen. Dem qualifizierten Praktiker wird dabei die Fähigkeit zugestanden, vorab einschätzen zu können, ob und inwieweit die von ihm angewandte Therapieform geeignet ist, das erstrebte Behandlungsziel zu realisieren. Dabei wird er dem Anspruch der Zweckmäßigkeit gerecht, solange er auf schulmedizinisch relevante und/oder vom Gemeinsamen Bundesauschuss anerkannte Verfahren zurückgreift.

Richtlinien und Regularien

!

Der Vertrags(zahn)arzt hat daher oftmals einen gewaltigen Spagat zwischen bürgerlichem, Straf- und Sozialrecht zu vollführen.

Spannungsfelder in der Gesetzesordnung

In der tiefgründigeren Auseinandersetzung mit diesem Sachverhalt wird deutlich, dass bestimmte Handlungen innerhalb *eines* Rechtskreises geboten, ja sogar teilweise bindend vorgeschrieben werden, während dieselben in einem *anderen* Bereich derselben Gesetzesordnung verfolgt oder geahndet werden. So hat der Versicherte nach dem allgegenwärtigen Gebot der Wirtschaftlichkeit zwar einerseits Anspruch auf eine nach den Regeln der ärztlichen Kunst ausreichende und zweckdienliche Versorgung, andererseits sind als nicht notwendig beziehungsweise unökonomisch angesehene Leistungen zulasten der GKV nicht erbringbar. Dem steht jedoch die Pflicht des Zahnarztes zu größtmöglicher Sorgfalt im Rahmen seines Handelns unter Einbeziehung des medizinischen Standards und des wissenschaftlich-technischen Fortschritts entgegen.

Der Praktiker ist von Gesetzes wegen gehalten, durch geeignete diagnostische beziehungsweise therapiebegleitende Schritte seinen

Patienten vor einem Schaden zu bewahren. Aus zahnärztlicher Sicht wäre in diesem Zusammenhang zum Beispiel an die mit vielen endodontischen Leistungen einhergehenden Zahnfilmaufnahmen zu denken. Schließlich dienen diese hier zunächst der Sicherung der Diagnose (vor Beginn einer Wurzelbehandlung), später der Vorbereitung und der Kontrolle des Therapieverlaufes (Instrument- beziehungsweise Messaufnahmen während der Aufbereitung) sowie letztendlich der Überprüfung des Behandlungsergebnisses (Kontrollaufnahme nach vollendeter Kanal-Abfüllung). Nicht jedes dieser Röntgenbilder mag auf den ersten Blick den strengen Grundsätzen der Wirtschaftlichkeit genügen, kann aber im konkreten Einzelfall im Sinne des ärztlichen Sorgfaltsmaßstabes sinnvoll oder gar zwingend vonnöten sein.

Zahnfilmaufnahmen bei endodontischen Leistungen

Der Therapeut befindet sich daher sehr häufig in einem regelrechten Zwiespalt zwischen den an ihn gerichteten Anforderungen bezüglich dieser beiden Kriterien. Zahlreiche Verlautbarungen des Bundesozialgerichtes zu dieser Problematik implizieren indes, dass die Mehrheit der Vertragsärzte in den meisten Fällen lege artis handeln. Daher seien auf der Basis von Mittelwerten einer ausreichend großen Vergleichsgruppe Rückschlüsse im Hinblick auf die ökonomische Effizienz der jeweiligen Behandlungsformen zulässig.

Rechtsprechung

Wesentliche Grundannahme aller auf statistische Gegenüberstellungen fußenden Prüfverfahren ist die prinzipielle Einhaltung des Wirtschaftlichkeitsgebotes durch die überwiegende Mehrheit der Kassen(zahn)-ärzte.

Auch wenn man sich einer solchen Auffassung durchaus anzuschließen vermag, so bleiben doch erhebliche Zweifel an der Beurteilbarkeit des Einzelnen allein anhand derartiger Zahlenwerke. Schließlich gibt es Kollegen, in deren therapeutischem Spektrum manche Leistungen von vornherein ausgesprochen selten oder auch gar nicht vorkommen. Dabei wäre etwa an bestimmte chirurgische Eingriffe (wie zum Beispiel komplizierte Osteotomien, Wurzelspitzenresektionen, Zystenoperationen und ähnliche), aber auch verschiedene endodontische Maßnahmen zu denken. Solche Leistungen fallen dann folglich in der persönlichen Statistik dieser Mediziner nicht oder lediglich unterschwellig an.

Individuelles therapeutisches Spektrum

Auch angesichts stetig rückläufiger Praxisgewinne kann es zu einem Absinken medizinischer Standards und damit einhergehenden fallenden Leistungszahlen kommen. Diese Wenigabrechner gehen jedoch ihrerseits als ganz normale Durchschnittstherapeuten in die KZV-Statistiken mit ein. Aus naheliegenden Gründen jedoch wird hierdurch die im Prüfverfahren fälschlicherweise zugrundegelegte Annahme einer in sich homogenen Vergleichsgruppe beträchtlich unterminiert.

Wenig-abrechner

Ferner wird verstärkt Zurückhaltung bezüglich gewisser Behandlungen allein aus Furcht vor Kürzungen beobachtet. Zahnärzte, die in der Vergangenheit womöglich wiederholt wegen der übermäßigen Erbringung bestimmter Gebührenpositionen mit schmerzhaften Regressen belegt wurden, fahren oft ihre diesbezüglichen Leistungsmengen auf ein Minimum herunter oder rechnen erbrachte Eingriffe vorsorglich nicht mehr adäquat ab. Aufgrund des Wegfalls der bisherigen Vielabrechner sinken in der Folge aber auch die Durchschnittswerte der zum Abgleich herangezogenen Kollegenschaft systematisch, sodass eine Praxis, selbst wenn sie im Ursprung peinlich genau das Wirtschaftlichkeitsgebot beachtet, relativ leicht ins Visier der Prüfinstanzen geraten kann. Die einstmals bezüglich ihrer Leistungsmengen noch in der sogenannten Übergangszone angesiedelten Praxen steigen folglich alsbald in den Bereich des offensichtlichen Missverhältnisses auf und geraten fortan zunehmend mit den Ausschüssen in Konflikt. Irgendwann werden dann auch diese ihre abgerechneten Verrichtungen reduzieren. Die Spirale dreht sich mithin erneut nach unten weiter. Spinnt man diesen Faden fort, so werden eines Tages unvermeidlich Leistungen, selbst wenn sie ursprünglich einmal ausreichend, zweckmäßig, notwendig und wirtschaftlich waren, im Spiegel statistischer Erhebungen übermäßig und damit unökonomisch erscheinen.

Sinkende Standards

4
Ablauf des Prüfverfahrens

Die Kontrolle hinsichtlich einer wirtschaftlichen Behandlungs- und Verordnungsweise kann naturgemäß erst im Nachhinein erfolgen und ist somit nichts anderes als eine Leichenschau. Schließlich lässt sich an den erbrachten und abgerechneten Verrichtungen nun nichts mehr ändern. Dabei liegen zwischen Leistungserbringung und Abrechnungsprüfung mitunter mehrere Jahre, sodass der kujonierte Praktiker selbst im Falle gerechtfertigter Beanstandungen an seinem therapeutischen Gebaren erst sehr viel später etwas ändern kann. Die Konsequenz sind nicht selten mehrere aufeinanderfolgende Untersuchungsverfahren, in deren Ergebnis sich gegen den betroffenen Zahnarzt gerichtete Honorarrückforderungen unter Umständen auf ein beängstigendes Maß potenzieren können.

Mehrere Untersuchungsverfahren

Beratungspflicht der Prüfungseinrichtungen

Die sich aus §106 SGB V ergebende Beratungspflicht der Prüfungseinrichtungen stößt daher aus naheliegenden Gründen recht schnell an ihre Grenzen, obzwar sie durch das seit 2004 gültige Gesetz zur Modernisierung der gesetzlichen Krankenversicherung (GMG) eine deutliche Aufwertung erfahren hat.

!

Schließlich sollten geeignete Maßnahmen zur Minimierung ökonomischen Fehlverhaltens und damit verbundener materieller Schäden im Interesse sowohl der Leistungserbringer als auch der Kostenträger liegen.

Auffälligkeitsprüfung

Grundsätzlich sind in der Wirtschaftlichkeitsprüfung verschiedene Verfahrensweisen möglich. Eine davon ist die artbezogene Untersuchung und Beurteilung von verordneten Maßnahmen und Leistungen bei augenfälliger Überschreitung von Grenzwerten, den sogenannten Richtgrößenvolumina. In diesem Fall spricht man von einer statistischen Vergleichs- beziehungsweise Auffälligkeitsprüfung. Diese beruht auf einer quantitativen Gegenüberstellung der eigenen Leistungszahlen mit denen der zugehörigen Fachgruppe (sogenannter Fachgruppenvergleich) beziehungsweise einer zahlenmäßigen Analyse der eigenen Fallwerte aus verschiedenen Abrechnungsquartalen. In letzterem Fall handelt es sich um einen so bezeichneten Vertikalvergleich.

Vergleichswerte und Toleranzen

Die Auseinandersetzung mit dem therapeutischen Gebaren des kontrollierten Praktikers wird unter Beiziehung vonseiten der betreffenden Kassenzahnärztlichen Vereinigung ermittelten Leistungsstatistiken geführt. Eine Analyse auf deren Basis läuft stets darauf hinaus, dass bei Feststellung einer bestimmten prozentualen Über- oder auch Unterschreitung der geprüften Praxis gegenüber dem Mittelwert eine unwirtschaftliche Behandlungsweise unterstellt werden kann. Hinsichtlich des Gesamtfallwertes werden dabei bis zu etwa 40 bis 50 Prozent noch als zulässige Abweichung im Bereich der sogenannten Übergangszone gesehen. Reichen die Differenzen darüber hinaus, so spricht man von einem offensichtlichen Missverhältnis. Bezüglich einzelner Gebührenpositionen wäre dagegen ein um hundert Prozent erhöhtes Aufkommen gegenüber dem KZV-Durchschnitt durchaus noch tolerabel.

Abweichungen durch Praxisbesonderheiten

Prinzipiell wird dabei innerhalb der zur Gegenüberstellung herangezogenen Vergleichsgruppe zunächst erst einmal eine weitgehende Homogenität unterstellt. Der Prüfling kann allerdings versuchen, die eigenen Abrechnungszahlen signifikant beeinflussende Faktoren und Praxisbesonderheiten nachzuweisen und so zu erreichen, dass ihm für bestimmte Bema-Nummern eine höhere Abweichung vom Durchschnitt zugebilligt wird. So dürfte zum Beispiel ein hoher Anteil an Kindern und Jugendlichen ein deutlich größeres Aufkommen an individualprophylaktischen Maßnahmen oder auch ein Mehr an Füllungsleistungen begründen. Letzteren sollten zur Glaubhaftmachung dann aber möglichst spürbare kompensatorische Einsparungen in anderen Bereichen, vor allem auf dem prothetischen Sektor, gegenüberstehen.

Zufälligkeitsprüfung

Ein sich zunehmender Beliebtheit erfreuendes Verfahren ist die Abrechnungskontrolle anhand praxisbezogener Stichproben, die sogenannte Zufälligkeitsprüfung. Hierzu sollen pro Vierteljahr mindestens zwei Prozent der Vergleichsgruppe auserkoren werden. Allerdings wäre es wenig sinnvoll, Zahnärzte mit sehr geringen Leistungsvolumina einer solchen Prozedur zu unterziehen, da hier Aufwand und Nutzen kaum in angemessener Relation stünden.

!

Schließlich sind die Kosten für die Durchführung des Prüfverfahrens von Kassen und KZVen gemeinsam zu tragen.

Die Behandlungs- und Verordnungsweise der letztlich im Raster hängen bleibenden Praxen wird dann über den Zeitraum von mindestens zwölf zusammenhängenden Monaten eingehend analysiert. Dabei soll die Untersuchung das gesamte Spektrum der Abrechnung umfassen.

Prüfkriterien

In der Zufälligkeitsprüfung wird neben anderem vor allem die Indikation bestimmter Leistungen bewertet. Ferner ist die jeweilige Verrichtung daraufhin zu durchleuchten, ob sie effektiv für die Realisierung der entsprechenden diagnostischen und therapeutischen Zielstellung ist. Außerdem muss eine Übereinstimmung mit anerkannten qualitativen Kriterien nachvollziehbar sein und die Maßnahme kostenmäßig in gebührender Relation zum angestrebten Behandlungszweck stehen. Bei der Analyse von Positionen aus den Bema-Teilen zwei bis fünf (Kieferbruch, Kieferorthopädie, Parodontose-Behandlung und Zahnersatz) ist darüber hinaus über die Vereinbarkeit der tatsächlichen Verrichtungen mit den eingereichten und genehmigten Heil- und Kostenplänen zu befinden.

Einzelfallprüfung

Schließlich verdient noch die Einzelfallprüfung Erwähnung. Eine derartige Erhebung kann streng auf singuläre Patienten bezogen, aber auch zur Darstellung vermeintlicher Unwirtschaftlichkeit beispielhaft erfolgen. Schließlich ist auch eine repräsentative Analyse einzelner Fälle mit nachfolgender Hochrechnung möglich. Zu den Vorteilen einer Kontrolle selektierter Behandlungsfälle gehört die Möglichkeit, hierdurch individuelle Umstände der betroffenen Praxis, wie zum Beispiel Umfeld und Klientel, besser untersuchen und bezogen auf den konkret zu begutachtenden Patienten berücksichtigen zu können. Dem gegenüber steht jedoch das dem speziellen Einzelfall innewohnende Besondere, welches nur begrenzt Rückschlüsse auf das Therapie- und Abrechnungsverhalten in seiner Gänze zulässt.

Dokumentation

In der Einzelfallprüfung kann ausschließlich der Geprüfte selbst den Ausgangsbefund *vor* Beginn seiner zahnärztlichen Intervention nachvollziehen. Man kann sich also in dieser Frage einzig und allein auf dessen Dokumentation stützen. Diese trägt – und das sei an dieser

Stelle auch im Hinblick auf mögliche spätere gerichtliche Auseinandersetzungen hervorgehoben – nachhaltigen Beweischarakter. Mit anderen Worten:

Was Sie einmal in Ihrer Kartei schriftlich fixiert haben, ist so leicht durch nichts und niemanden zu widerlegen.

!

Gewissenhafte Aufzeichnungen

Der praktizierende Zahnarzt sollte folglich gewissenhafte Aufzeichnungen führen, um diesen Umstand gegebenenfalls für sich nutzen zu können. Die eventuell mögliche Untersuchung des Patienten im Zuge einer Wirtschaftlichkeitsprüfung dürfte sich indes recht problematisch gestalten. Schließlich sind gesetzlich Versicherte nicht verpflichtet, sich für derartige Prozeduren im Zusammenhang mit einem Prüfverfahren zur Verfügung zu stellen.

Benachrichtigung

Die Eröffnung eines solchen wird für die betroffene Praxis im Allgemeinen erstmals mit dem Erhalt eines in der Regel per eingeschriebenem Brief zugestellten Schreibens der sogenannten Prüfungsstelle (vormals Prüfungsausschuss) erkennbar. Diese Information unterrichtet den betreffenden Zahnarzt lediglich davon, dass er sich in nächster Zeit einer Analyse seiner Behandlungs- und/oder Verordnungsweise zu stellen hat, lässt ihn aber über die Einzelheiten, also welche Vergehen ihm konkret zur Last gelegt werden, meistens weitgehend im Ungewissen. Allerdings ist in diesen Mitteilungen zumindest erwähnt, ob man sich nun wegen einer angeblich offensichtlichen Divergenz betreffs einzelner Bema-Nummern, wegen des Fallwertes oder wegen anderweitiger, wie auch immer gearteter Auffälligkeiten in der Abrechnung zu verantworten habe. So kann auch deren Unplausibilität, wie im vorherigen Kapitel bereits dargelegt, eine Wirtschaftlichkeitskontrolle auslösen.

Einsicht in die Verwaltungsakte

Weitere Rückschlüsse auf eventuelle zahlenmäßige Missverhältnisse lassen sich mitunter ansatzweise den solch einer Erstinformation zumeist beigefügten Zahnarzt-Statistiken entnehmen. Der kujonierte Zahnmediziner kann sein diesbezügliches Wissen durch Antrag auf Einsichtnahme in die Verwaltungsakte verbessern. Ein Rechtsanspruch hierauf gründet sich auf §25 SGB X. Theoretisch wäre es denkbar, schriftlich eine vorübergehende Überlassung der Unterlagen zu erbeten und die unversehrte Rückgabe derselben zu versichern. In der Regel wird die zuständige KZV jedoch dieses Dokument nur ungern aus der Hand geben wollen und stattdessen anbieten, dieses in ihren Räumen zu inspizieren. Obgleich diese Vorgehensweise für den betroffenen Zahnarzt nicht die bequemste sein mag, so wäre auch auf diesem Wege den juristischen Erfordernissen genüge getan. Alternativ käme noch die für den Zahnarzt meist kostenpflichtige Überlassung einer Kopie in Betracht.

Einleitung eines Prüfverfahrens

Ein Prüfverfahren kann auf Ersuchen der zuständigen KZV, einer beliebigen Krankenkasse oder deren Verband eingeleitet werden. Zu den wichtigsten Rechtsgrundlagen hierfür gehört neben den Regelungen des SGB V die zwischen der KZBV und den Spitzengremien der gesetzlichen Kostenträger vereinbarte Richtlinie zu Inhalt und Durchführung der Abrechnungs- und Plausibilitätskontrollen. Doch auch ohne formellen Antrag ist eine entsprechende Untersuchung möglich, was insbesondere auf die Zufälligkeitsprüfung zutrifft.

!

In vielen KZV-Bereichen geht der Trend zunehmend dahin, dass die Prüfungsstelle ihre Entscheidung ohne vorherige mündliche Anhörung des betroffenen Zahnarztes trifft.

Vorzüge einer frühen Anhörung

Allerdings mag man eine solche Tendenz für bedenklich halten, wird doch dem durch einen Verwaltungsakt Belasteten (hier also dem geprüften Kollegen) gemäß §24 (1) SGB X das Recht zugestanden, sich *vor* einer Entscheidung zu den hierfür relevanten Aspekten angemessen zu äußern. Natürlich kann eine Ausschusssitzung durch die dort häufig vorherrschende Prüfungsatmosphäre für den Zahnarzt eine recht belastende Angelegenheit sein. Dennoch lassen sich viele Fragen im persönlichen Gespräch zumeist besser und umfassender beantworten, eventuelle Missverständnisse klären und gegebenenfalls ergänzende Ausführungen zu den erheblichen Tatsachen vortragen.

Schriftliche Stellungnahme

Stattdessen wird der Betroffene durch die erstinstanzlichen Entscheidungsträger meist zu einer schriftlichen Stellungnahme aufgefordert. Er sollte diesem Anliegen unbedingt entsprechen, da ihm eine Mitwirkungspflicht obliegt (§24 SGB X).

!

> Dabei können vor allem Einlassungen zu signifikanten Praxisbesonderheiten und kompensatorischen Ersparnissen für den kujonierten Zahnarzt von Vorteil sein.

Fehlverhalten im Verfahren

Durch die für die Wirtschaftlichkeitsprüfung relevanten gesetzlichen Bestimmungen und Regularien befindet sich der Zahnarzt in einer wenig komfortablen Position, schließlich muss er seine Unschuld durch entsprechende Entlastungsbeweise unterlegen. Nicht selten schöpft er die ohnehin limitierten Möglichkeiten im diesbezüglichen Verfahren nicht oder nur unzureichend aus. So wissen nur wenige Zahnärzte zumindest einigermaßen über das relevante Verfahrensrecht Bescheid und sind auch nicht bereit, sich entsprechende Kenntnisse anzueignen. Falls sie überhaupt durch die Prüfungsstelle zu einer Anhörung geladen werden, erscheinen viele entweder gar nicht oder schlecht vorbereitet. Selbst noch auf nachfolgender Ebene vor dem Beschwerdeausschuss ist dieses Phänomen häufig zu beobachten, dabei geht es hier für die betroffenen Praxen oft schon um existenzielle Fragen.

Stellen die überprüften Mediziner jedoch ihre eigenen Leistungs- beziehungsweise Behandlungsmöglichkeiten nur unzureichend dar, sind oft mit stark überhöhten Kürzungen einhergehende Entscheidungen zu ihren Ungunsten die nahezu unausweichliche Folge. Grundsätzlich sollten daher in den Fokus der Wirtschaftlichkeitsprüfung geratene Zahnärzte ihre – wenn auch bescheidenen – Möglichkeiten zur Abwehr oder zumindest maßgeblichen Reduzierung von Honorarrückforderungen nicht einfach so herschenken.

Aufwendungen des Praktikers

Schließlich sind die meisten zahnärztlichen Verrichtungen mit teilweise erheblichen Aufwendungen für den Leistungserbringer verbunden. Neben stetig steigenden Materialpreisen sind in der Regel die Entgelte für Laborleistungen sowie Miet- und Raumnebenkosten und natürlich auch die Löhne für das medizinische Fachpersonal zu erwirtschaften. Viele Kollegen bilden mit großem Engagement junge Menschen aus, damit diese künftig zu Leistungsträgern unserer Gesellschaft werden. Um kontinuierlich auf dem neuesten Stand des wissenschaftlich-technischen Fortschritts zu sein, sind teure Weiterbildungen nicht nur vonnöten, sondern mittlerweile sogar gesetzlich vorgeschrieben. Die Aufzählung der Betriebsausgaben ließe sich über Steuern, Abgaben, Beiträge, Altersvorsorge und vieles anderes mehr beliebig fortsetzen.

!

Wird der betroffene Zahnarzt nun aber mit ausufernden Regressen überhäuft, so kann dies nicht selten zur massiven finanziellen Schieflage seiner Praxis führen.

Formalien des erstinstanzlichen Bescheides

Die mit der Entscheidung in erster Instanz betraute Prüfungsstelle wird zu gegebener Zeit ihr Urteil schwarz auf weiß kundtun. Dieser Erlass stellt einen Verwaltungsakt dar und ist als solcher an gewisse Formalien und Regularien gebunden. Grundsätzlich ist die Schriftform zwingend vorgeschrieben und sowohl der inhaltliche Gegenstand als auch die angewandte Prüfmethode müssen erkennbar sein. Weiterhin sind Aussagen zu vorgetragenen Praxisbesonderheiten und deren Akzeptanz zu treffen. Dasselbe gilt für dargelegte mögliche kompensatorische Einsparungen. Eine Auseinandersetzung mit den für die Überprüfung relevanten Werten der Zahnarzt-Statistik und der im Verhältnis dazu von der betreffenden Praxis erbrachten Leistungsmengen sollte ersichtlich sein. Ferner sind die vermeintlichen Differenzen gegenüber den für das Verfahren zugrundegelegten Grenzwerten im Bericht angemessen darzustellen.

!

Insgesamt gesehen muss der Beschluss der Prüfungsstelle für den kujonierten Praktiker nachvollziehbar sein.

Vor allem sollen bei einem beabsichtigten Honorar-Regress dessen Höhe beziehungsweise ein pekuniärer Betrag der vermeintlich unwirtschaftlichen Mehrkosten schlüssig ausgewiesen werden. Zu den unabdinglichen Formalien eines wirksamen Bescheides gehören außerdem eine Signatur unter diesem sowie die entsprechende Rechtsbehelfsbelehrung.

Prinzipiell hat der durch eine Wirtschaftlichkeitsprüfung belastete Praktiker ein Recht darauf zu erfahren, auf welche Sachverhalte die urteilende Instanz ihre Entscheidung gründet. Dabei sind die tatsächlichen rechtlichen Gründe für *ebendiese* darzulegen; pauschale Bewertungen hingegen sind nicht zulässig. Die ermittelten Umstände, welche auf eine unwirtschaftliche Behandlungs- und Verordnungsweise schließen lassen, müssen verständlich und im Detail erkennbar sein.

Eine entsprechende Mitteilung sollte daher stets auch dahingehend analysiert werden, ob sie den wesentlichen formalen Anforderungen entspricht.

!

Widerspruchsrecht

Gegen den Erlass der Prüfungsstelle steht dem hierdurch belasteten Zahnarzt das Recht des Widerspruches zu. Dasselbe gilt allerdings auch für die Gegenparteien. Nach Zugang des Entscheides können sich die Beteiligten innerhalb eines Monats auf diese Weise des Urteils der ersten außergerichtlichen Instanz erwehren und damit zugleich eine aufschiebende Wirkung erreichen. Das hat zur Konsequenz, dass der anstehende Verwaltungsakt zunächst einmal nicht vollzogen wird und so gesehen bis auf Weiteres ein Schwebezustand eintritt, in dem eine Vollstreckung angedachter Maßnahmen zum Nachteil der geprüften Praxis unterbleiben muss. Daher kann ein form- und fristgerechter Einspruch gegen eine mögliche Rückforderung zahnärztlicher Honorare – also eine unter Umständen die eigene Liquidität nachhaltig beeinträchtigende Maßnahme – allein schon aus betriebswirtschaftlichen Überlegungen heraus zu erwägen sein. Der belastete Zahnarzt geht mit einer Interpellation in diesem Stadium finanziell keinerlei Risiko ein.

Solange nicht auch die Gegenseite ihr Veto gegen den erstinstanzlichen Beschluss einlegt, gilt ein sogenanntes Verböserungsverbot zum Nachteil des betreffenden Mediziners. Im Ergebnis darf es also für den Antragsteller nicht zu einer Verschärfung der Sanktion kommen.

!

Rückzug des Widerspruches

Sollte dieser später seinen Widerspruch zurücknehmen wollen, kann er dies jederzeit (also auch noch unmittelbar vor der Sitzung des Beschwerdeausschusses) ohne Angabe von Gründen tun. Hiermit wäre für den betroffenen Zahnarzt lediglich die Bestätigung des ursprünglichen Bescheides verbunden, zusätzliche Sanktionen aber generell ausgeschlossen. Da unter diesen Prämissen auch aus dem Verfahren herrührende Regresse zu einem deutlich späteren Zeitpunkt zum Vollzug gelangen würden, kann dies für die Liquidität des kujonierten Mediziners von großem Vorteil sein.

Mögliche negative Folgen einer Anfechtung

Wird das Urteil der Prüfungsstelle jedoch von einem oder mehreren Kontrahenten angefochten, so kann dies durchaus auch zu einer deutlich größeren finanziellen Belastung der betroffenen Praxis führen und entsprechende Konsequenzen für deren Solvenz mit sich bringen. Es sind nicht wenige Fälle bekannt, wonach geprüfte Ärzte zweitinstanzlich erheblich höher beansprucht wurden. Daher sollte man auch in einer solchen Situation betriebswirtschaftliche Aspekte nicht völlig außer Acht lassen und die Option eines möglichen Vergleichs nicht von vornherein ausschließen.

!

Vor der Entscheidung des Beschwerdeausschusses wird der betroffene Zahnarzt zu einer persönlichen Anhörung geladen.

Persönliche Anhörung

Die gesetzlichen Vorschriften sehen hierfür eine Mindestfrist von gerade einmal zwei Wochen vor. Für eine optimale Vorbereitung auf das Prüfgespräch dürfte diese Zeitspanne in der Regel entschieden zu knapp bemessen sein. Auch können eine bereits gebuchte Fortbildungsveranstaltung, ein länger vorgesehener Erholungsurlaub oder andere Umstände mit der Ladung kollidieren. Darüber hinaus steht dem Zahnarzt im Prüfverfahren das Recht auf anwaltlichen oder kollegialen Beistand zu. Natürlich sind auch die entsprechenden Vertrauenspersonen nicht immer sogleich auf Abruf verfügbar. Somit bleibt häufig gar nichts anderes übrig, als eine Verlegung des Termins zu beantragen, wobei unbedingt die Schriftform zu empfehlen ist.

Zusammensetzung des Beschwerdeausschusses

Für den Beschwerdeausschuss (BA) ist eine paritätische Besetzung mit jeweils mindestens zwei bis maximal vier Vertretern von Kassenverbänden und Zahnärzteschaft unter Leitung eines unabhängigen Vorsitzenden bindend vorgeschrieben. Diese Funktion wird meist von einem Rechtsanwalt, einem ehemaligen Richter oder einer juristisch ähnlich versierten Person wahrgenommen. In medizinischen Fragen ist diese hingegen naturgemäß weitaus weniger bewandert. Dennoch sprechen wir hier über das gewichtigste Mitglied jener Kammer. Sollte es nämlich bei der Abstimmung über das Schicksal des Zahnarztes unter den übrigen Entscheidungsträgern zu einem Patt kommen, würde das Votum des Vorsitzenden doppelt gewertet.

Repräsentanten der Kostenträger

Neben diesem gehören dem Ausschuss Repräsentanten der gesetzlichen Kostenträger an. In den meisten Fällen sind die AOK ebenso wie der Verband der Ersatzkassen (vdek) in den Sitzungen vertreten. Aber auch andere Kassengruppen wie IKK, BKK oder Knappschaft entsenden häufig Mitarbeiter in die Gremien. Unter diesen können sich vereinzelt durchaus auch im Dienste der Krankenversicherungen tätige Berufskollegen finden.

Vertreter der Zahnärzteschaft

Weitere Mitwirkende rekrutieren sich aus der Zahnärzteschaft selbst und werden in der Regel durch die zuständige KZV berufen. Da das Prüfverfahren impliziert, dass die breite Mehrheit der abrechnenden Zahnärzte lege artis und vor allem wirtschaftlich handelt, sollte nahezu jeder qualifiziert sein, irgendwann einmal in einem solchen Senat mitzuarbeiten. Infolge eines turnusmäßigen Wechsels der personellen Besetzung könnte ein Stühletausch zwischen Prüfling und Richter zu den durchaus denkbaren Szenarien gehören. In der Praxis dürfte ein derartiges Rotationsprinzip allerdings kaum realistisch sein.

Vor dem Beschwerdeausschuss besteht für den Geprüften vorerst letztmals die Möglichkeit zum substanziierten Sachvortrag. !

Vorbereitung

Hierzu bedarf es freilich einer gründlichen Vorbereitung und gewisser Grundkenntnisse hinsichtlich des geltenden Verfahrensrechtes. Wichtig für ein nutzbringendes Auftreten vor den Prüfgremien ist vor allem eine ausreichende Dokumentation der einstmals erbrachten Leistungen und Befunde. So sollte der Zahnarzt in den zur Überprüfung herangezogenen Behandlungsfällen möglichst umfassend und detailgenau aussagefähig sein und entsprechende Befunde, Modelle oder ähnliche Nachweise vorlegen können. Die Abrechnungsbestimmungen zumindest der gängigsten Bema-Ziffern sollten bekannt und anwendungsbereit sein. Wie bereits erwähnt, ist sowohl kollegiale als auch anwaltliche Unterstützung zulässig und durchaus nicht unüblich.

Formalien des Erlasses

Auch der Erlass dieses zweiten außergerichtlichen Gremiums muss förmlich zugestellt werden und gleichfalls eine schriftliche Rechtsmittelbelehrung enthalten. Die grundlegenden inhaltlichen Anforderungen entsprechen weitestgehend denen an den erstinstanzlichen Bescheid. Darüber hinaus sind die Mitglieder Beschwerdeausschusses namentlich auszuweisen. Hinsichtlich einer möglichen Regressfestsetzung hat dessen Urteil jetzt allerdings keine aufschiebende Wirkung mehr. Das heißt, der belastete Zahnarzt muss nun damit rechnen, bereits bei der nächsten regulären Zahlung seiner KZV mit aus dem Prüfverfahren resultierenden Abzügen konfrontiert zu werden. Bei einer exorbitant hohen Rückforderung kann dies dazu führen, dass dessen finanzielle Einnahmen über einen längeren Zeitraum stark reduziert sind oder im ungünstigsten Fall gänzlich ausbleiben.

Keine Aufschiebung des Regresses

Hat man nun keine entsprechenden Reserven in der Hinterhand, können mitunter ernst zu nehmende existenzielle Engpässe die Folge sein. Für den Praxisinhaber bleibt dann nur die Möglichkeit, eine Ratenzahlung der Regresse zu erwirken. Kann gar die erhebliche Gefährdung der eigenen Liquidität oder eine nachhaltige existenzielle Bedrohung nachgewiesen werden, so käme unter Umständen auch die Beantragung einer einstweiligen Verfügung gegen den normalerweise zu erwartenden zeitnahen Vollzug der Honorarkürzung in Betracht.

Möglichkeiten zur Milderung

!

Darüber hinaus bleibt dann – sofern man auch die Entscheidung des Beschwerdeausschusses nicht akzeptieren kann oder will – nur noch der Rechtsweg.

Dieser beginnt vor dem zuständigen Sozialgericht und steht grundsätzlich allen Verfahrensbeteiligten offen, sofern diese zuvor auch gegen den Erlass der Prüfungsstelle in Widerspruch gegangen waren. Die Klage ist generell schriftlich zu formulieren und muss innerhalb eines Monats nach Zugang des anzufechtenden Bescheids erfolgen. Sollte allerdings die geforderte Rechtsbehelfsbelehrung aus irgendei-

Klagefrist

nem Grund unterlassen worden sein, dürfen juristische Mittel auch noch bis zu einem Jahr nach Bekanntgabe der außergerichtlichen Entscheidung eingelegt werden.

Gegenstand der Klage

Dabei ist zu bedenken, dass vor dem zuständigen Senat zunächst keine neuen sachlichen Erwägungen mehr zur Debatte stehen. Vielmehr ist dann lediglich im Sinne einer Revision über die ordnungsgemäße Anwendung und Würdigung der entsprechenden Rechtsmittel zu urteilen. Die Prüfung zielt demnach nicht auf die Höhe der durch den Beschwerdeausschuss ausgesprochenen Kürzung. Gegebenenfalls kann die Kammer das Verfahren an diesen zur Neuentscheidung zurückgeben. Ob eine solche für die betroffene Praxis dann günstiger oder nachteiliger ausfällt, bleibt abzuwarten.

Möglichkeiten der Revision

Die beteiligten Parteien können schließlich gegen die erstinstanzliche judiziäre Entscheidung – sofern mit dieser eine Berufung ausdrücklich zugelassen wurde und der Gegenstandswert (derzeit) mindestens 750 Euro beträgt – nachfolgend das zuständige Landessozialgericht anrufen. Dieses setzt sich dann gegebenenfalls neben juristischen Fragen auch wieder mit sachlichen Inhalten auseinander. Von hier aus könnte das Verfahren im Ergebnis an die Vorinstanz zurückverwiesen werden; aber auch eine direkte Entscheidung auf dieser Ebene ist möglich. Schließlich kann eine Revision gegen das eigene Urteil zum Bundessozialgericht ausgeschlossen oder eben auch zugelassen werden. Letzteres dürfte eine äußerst rare Option verkörpern und setzt voraus, dass unklare Rechtsfragen von genereller Bedeutung einer grundlegenden Klärung bedürfen und/oder an dem streitgegenständlichen Sachverhalt ein öffentliches Interesse bestehen könnte. Dies wäre zum Beispiel im Zusammenhang mit der Prüfung individualprophylaktischer Verrichtungen diskutabel. Auch erhebliche Differenzen zwischen der einmal getroffenen Berufungsentscheidung und früheren höchstrichterlichen Urteilen könnten die Zulassung einer Revision auslösen.

5
Die Unberechenbarkeit der Zahlen

Abrechnungs-statistiken

Zu den wichtigsten Bemessungsgrundlagen im Prüfverfahren gehören die sogenannten Abrechnungsstatistiken. Hierbei handelt es sich um ein komplexes Zahlenwerk, welches eine tiefgreifende Analyse des therapeutischen Gebarens der im Bereich einer KZV tätigen Vertragszahnärzte ermöglicht. Aus einem derartigen Leistungsspiegel lässt sich nachvollziehen, wie häufig eine bestimmte Praxis diverse Bema-Positionen innerhalb des betrachteten Quartals vorzuweisen hat.

Konservierend-chirurgische Verrichtungen

So ist beispielsweise die Menge der im jeweiligen zeitlichen Intervall durch den geprüften Zahnarzt erbrachten einflächigen Füllungen (Ziffer 13a/F1) explizit ausgewiesen. Entsprechendes gilt auch für alle anderen zulasten der gesetzlichen Krankenkassen liquidierten konservierend-chirurgischen Verrichtungen. Mitunter werden darüber hinaus auch individualprophylaktische Maßnahmen durch diese Übersichten erfasst, wenngleich dieser Umstand äußerst streitbar sein dürfte. Schließlich handelt es sich hierbei um Leistungen, welche lediglich einem begrenzten Personenkreis zugänglich sind. Die Zahnarzt-Statistiken hingegen beziehen sich ohne jedwede Differenzierung auf die Gesamtklientel. Ungeachtet dessen mag eine Limitierung dem Vorsorgecharakter solcher Verrichtungen entgegenstehen und sich deren Aufkommen kaum anhand stupider tabellarischer Konstellationen, ohne Rücksicht auf entsprechende Spezifika, einschätzen lassen.

!

Zur Beurteilung einer wirtschaftlichen Behandlungs- und Verordnungsweise werden die Abrechnungszahlen des Einzelnen quartalsbezogen denen der Gesamtheit aller der jeweiligen KZV angehörenden Kollegen gegenübergestellt.

Hundertfall-Statistik

Um schlussendlich aussagekräftige Ergebnisse zu erhalten, müssen allerdings die tatsächlichen Werte zuvor relativiert und auf einen gemeinsamen Nenner gebracht werden. Meist geschieht dies in Form einer Hundertfall-Statistik. Dazu wird durch Gegenüberstellung der realen Leistungsmengen mit der Anzahl der behandelten gesetzlich Versicherten innerhalb eines Vierteljahres das durchschnittliche Aufkommen jeder einzelnen Position bezogen auf einhundert Patienten ermittelt und die kontrollierte Praxis auf dieser Basis der Vergleichsgruppe gegenübergestellt.

Rechenbeispiel

Werden also – um bei dem einmal gewählten Beispiel der Bema-Nummer 13a/F1 zu bleiben – durch den überprüften Zahnarzt während des betrachteten Quartals bei angenommen 500 Patienten 200 einflächige Füllungen erbracht, so käme dies rechnerisch 40 solcher Vornahmen auf 100 behandelte Personen gleich. Weist die entsprechende Hundertfall-Statistik für die in demselben Abrechnungsbereich tätigen Kollegen hinsichtlich dieser Gebührenziffer dagegen einen Mittelwert von 25 aus, zöge das für die geprüfte Einrichtung den Schluss auf eine Überschreitung des allgemein üblichen Aufkommens um 60 Prozent nach sich.

Alternative analytische Methoden

Manche KZVen bedienen sich zur quantitativen Einordnung der liquidierten zahnärztlichen Verrichtungen alternativer analytischer Methoden. So lässt sich zum Beispiel dem Leistungsspiegel der Zahnärzte in Sachsen anhand durchschnittlicher Vergleichswerte entnehmen, wie häufig eine bestimmte Leistungsposition bei der tatsächlichen Fallzahl des Einzelnen zulässig gewesen wäre. Im vorgenannten Paradigma würden bei den unterstellten 500 Behandlungsfällen der geprüften Praxis demnach 125 einflächige Füllungen exakt dem KZV-Durchschnitt entsprechen. Würde aber stattdessen die Bema-Nummer 13a bei derselben Patientenzahl 250-mal angesetzt, befände sich der Zahnarzt diesbezüglich im Bereich des offenkundigen Missverhältnisses.

Quantitative Verhältnismäßigkeit

Jedoch ist in der Wirtschaftlichkeitskontrolle nicht allein die Menge der jeweils abgerechneten Gebührenziffern, sondern mitunter auch deren quantitative Relation untereinander von Bedeutung. So wird beispielsweise gern die Anzahl der abgerechneten Füllungspositionen (Bema-Nummern 13a-g/F1-F4) den im selben Zeitraum erbrachten Überkappungen (25/CP und 26/P) gegenübergestellt und mit dem in der betreffenden KZV-Region durchschnittlich üblichen Quotienten abgeglichen. Ähnlich verfährt man häufig hinsichtlich diverser Nachbehandlungen (38/N und 46/XN) infolge chirurgischer Eingriffe jedweder Art. Zur Vermeidung unnötiger Auseinandersetzungen mit den Kontrollorganen ist daher neben einer gegebenenfalls moderaten Abrechnung bestimmter Leistungen auch die Wahrung einer angemessenen quantitativen Verhältnismäßigkeit verschiedener Bema-Ziffern zueinander von eminenter Bedeutung.

Fallwert

Ein wichtiger Indikator für die Wirtschaftlichkeit in der vertragszahnärztlichen Versorgung ist darüber hinaus der Fallwert. Dieser spiegelt den durchschnittlich pro Patient abgerechneten Umfang konservierend-chirurgischer Verrichtungen wider und ist wesentlicher Gradmesser für die Beurteilung einer wirtschaftlichen Behandlungs- und Versorgungsweise der geprüften Praxis, obzwar hierbei eigentlich deren gesamtes Behandlungsspektrum gewürdigt werden sollte. Anerkennenswerte Praxisbesonderheiten beziehungsweise kompensatorische Einsparungen in anderen Leistungsbereichen finden in den erwähnten Zahlenwerken keinerlei Beachtung. Stattdessen wird zunächst einmal die weitgehende Homogenität der Vergleichsgruppe unterstellt, was im Einzelfall allerdings erheblich an der Realität vorbeigehen kann.

Differenzen zwischen Fall- und Leistungszahl

So mag es beispielsweise für das Leistungsspektrum einer Praxis von ganz entscheidender Bedeutung sein, ob deren Klientel überdurchschnittlich viele Kinder und Jugendliche enthält oder aber von einem hohen Anteil älterer Patienten durchsetzt ist. Während in letzterem Fall zur konservierenden Versorgung zumeist mannigfaltige prothetische oder andere Alternativen bleiben, scheidet dies in der erstgenannten strukturellen Konstellation nahezu vollständig aus. Folgerichtig wird hier ein deutlich höheres Aufkommen an ein- oder mehrflächigen Füllungen zu erwarten sein. Dabei bedeutet *ein* zusätzliches Kind nicht zwangsläufig auch nur *eine* Füllung mehr. Die Schere zwischen Fall- und Leistungszahl dürfte vielmehr zunehmend auseinander gehen.

Individualprophylaktische Vornahmen

Noch transparenter wird dieser Umstand bei der Betrachtung individualprophylaktischer Vornahmen, insbesondere der IP5. Hier kann bereits *ein* einziger Anspruchsberechtigter bis zu *acht* Fissurenversiegelungen auslösen, ganz zu schweigen von den Sonderregelungen beispielsweise für Zivildienstleistende, bei denen altersunabhängig auch die Prämolaren für solch eine Versorgung in Betracht kommen.

Andere leistungsrelevante Abnormitäten

Auch andere leistungsrelevante Abnormitäten fließen in die KZV-Statistiken nicht einmal ansatzweise ein. So kann die örtliche Lage der geprüften Praxis, deren klientele Struktur oder die therapeutische Grundausrichtung des Zahnarztes das Abrechnungsspektrum maßgeblich beeinflussen. Liegt darüber hinaus etwa die Fallzahl des geprüften Kollegen unter 20 Prozent des Vergleichsgruppendurchschnitts (sogenannte „Kleine Praxis“), dürfte man diesen kaum noch anhand gängiger Leistungsspiegel beurteilen können. Ferner sind diese verallgemeinernden Zahlenwerke in der Regel bei einer spezifischen therapeutischen Ausrichtung oder bei fachübergreifenden Berufsausübungsgemeinschaften nur begrenzt anwendbar.

!

Die Statistik berücksichtigt derartige Besonderheiten in keiner Weise. Sie beinhaltet nur die Zahl der Behandlungsfälle, unabhängig vom Alter und/oder anderen Spezifika, in ihrer Gänze und die Menge der jeweils erbrachten Gebührenpositionen, ganz gleich, ob sie für alle bewerteten Personen in Frage kommen oder nicht.

Praxisbesonderheiten und kompensatorische Einsparungen

Natürlich kann der kontrollierte Zahnarzt im Rahmen eines Prüfverfahrens versuchen, signifikante Praxisbesonderheiten und kompensatorische Einsparungen darzustellen und diese zu seiner Entlastung geltend zu machen. Hierzu ist allerdings oft eine detaillierte Aufarbeitung statistischer Vergleichswerte vonnöten, welche mit mühevoller Kleinarbeit verbunden sein kann. Viele Kollegen scheuen jedoch diesen Aufwand und nehmen stattdessen mitunter horrende Regresse billigend in Kauf.

Prinzipiell bleibt abzuwarten, ob und inwieweit den diesbezüglichen Einlassungen des überprüften Kollegen durch die Entscheidungsträger eine angemessene Würdigung zukommt. Schließlich gibt es eine ganze Reihe zahnärztlicher Verrichtungen, welche von einem nicht unerheblichen Teil der Kollegen nur äußerst selten oder auch gar nicht erbracht werden. Hierzu zählen beispielsweise komplizierte chirurgische Eingriffe, wie etwa die Entfernung verlagerter beziehungsweise retinierter Zähne, die Operation von Zysten oder verschiedene endodontische und manch andere therapeutische Maßnahmen. Aufschluss über den Anteil der Nullabrechner bestimmter Bema-Positionen geben die sogenannten Negativstatistiken, welche die KZVen in der Regel auf Anforderung zur Verfügung stellen.

Negativstatistiken

Zu einer beständig größer werdenden Unwägbarkeit der Leistungsübersichten trägt letztlich aber auch die Wirtschaftlichkeitsprüfung selbst bei. So lassen sich in vielen Praxen zunehmende Selbstbe-

Einfluss regulierender Steuerungselemente

schränkungen hinsichtlich gewisser Behandlungen allein aus Furcht vor Kürzungen beobachten. Mitunter werden tatsächlich erbrachte Vornahmen nicht beziehungsweise nur partiell abgerechnet oder aber Leistungen trotz gegebener Indikation gar nicht erst ausgeführt. Die naheliegende Folge ist ein „hausgemachter" kontinuierlicher Rückgang der statistischen Vergleichszahlen, welcher letzen Endes den Handlungsspielraum des redlich liquidierenden Mediziners immer weiter beschränkt. Aber auch einnahmeregulierende Steuerungsinstrumente, wie zum Beispiel Vereinbarungen zur Honorarverteilung (HVM/HVV und ähnliche), Sicherungseinbehalte in Zeiten knapper Kassen bei den gesetzlichen Kostenträgern oder sonstige Budgetierungsmaßnahmen sind geeignet, das Abrechnungsverhalten großer Teile des Berufsstandes nachhaltig zu beeinflussen und die Zahnarzt-Statistiken imponderabel werden zu lassen.

Streuungsbreite und Toleranzen

Solange sich die Leistungszahlen im Rahmen von bis zu 20 Prozent über dem Fachgruppenschnitt bewegen, kann prinzipiell von einer normalen Streuungsbreite ausgegangen werden. Innerhalb dieser bleibt dem Behandler ein gewisser therapeutischer Spielraum und eine Unwirtschaftlichkeit kann in der Regel kaum unterstellt werden. Heben sich die Werte des geprüften Zahnarztes dagegen allzu deutlich von denen der Vergleichsgruppe ab, lässt der Vorwurf auf eine unwirtschaftliche Behandlungsweise meist nicht lange auf sich warten. Hinsichtlich des Fallwertes werden dabei Differenzen von vierzig bis fünfzig vom Hundert oft noch als sogenannte Übergangszone akzeptiert. Bei deutlicheren Abweichungen spricht man hingegen von einem offensichtlichen Missverhältnis und ein Prüfverfahren ist die meist unausweichliche Folge. Bezüglich einzelner oder mehrerer Gebührenziffern wäre einem Urteil des Sozialgerichtes München zufolge sogar ein Toleranzbereich von 100 Prozent zulässig. Allerdings sollte man diese Grenzwerte nicht allzu dogmatisch, sondern allenfalls als Zugriffskriterien für die Einleitung einer Untersuchung verstehen. Darüber hinaus lässt der Gesetzgeber den Kontrollinstanzen diesbezüglich einen gewissen Ermessensspielraum.

!

Um wenigstens einigermaßen über die eigenen Leistungszahlen in Relation zur maßgebenden Vergleichsgruppe im Bild zu sein und unnötige Auseinandersetzungen mit den Prüfungsgremien zu vermeiden, sind für den niedergelassenen Zahnarzt die Kenntnis und regelmäßige inhaltliche Befassung mit den erwähnten Statistiken nahezu unverzichtbar. Zwar stehen solche Aufstellungen regelmäßig erst im Nachhinein zur Verfügung, können aber für das therapeutische Gebaren der Gegenwart durchaus als grobe Orientierungshilfe dienen.

Beschäftigung mit den Statistiken

Das aktuelle Agieren ist dennoch in gewisser Weise eine Art Schattenboxen, denn schließlich wissen wir zu keinem Zeitpunkt unserer beruflichen Tätigkeit *vorab* über unseren realen Handlungsspielraum Bescheid. Dennoch vermag die Kenntnis des Fachgruppendurchschnitts bestimmter Einzelleistungspositionen, des mittleren Fallwertes oder anderer wichtiger Parameter in einem zurückliegenden Abrechnungszeitraum von großem Nutzen sein.

Beispiel

Wurden etwa – um an dem ursprünglichen Beispiel festzuhalten – durch die über die KZV liquidierende Vergleichsgruppe im dritten Quartal 2007 im statistischen Mittel 25 einflächige Füllungen auf 100 Patienten erbracht, so sind diesbezüglich für das analoge Intervall des Folgejahres im Allgemeinen keine allzu wesentlichen quantitativen Veränderungen zu erwarten. Der seinerzeit ermittelte Wert kann demzufolge auch für das vorletzte Kalendervierteljahr 2008 als ungefähre Richtgröße herangezogen werden. Tendierte der Praktiker womöglich bereits damals zu einer merklichen Überschreitung des Fachgruppenschnitts, wären eventuell geeignete Schritte zur Optimierung des eigenen Abrechnungsverhaltens zu überdenken. Ein verstärktes Aufkommen der Bema-Position 13a/F1 kann unter anderem aus häufigen Füllungswiederholungen beziehungsweise multiplen einflächigen Restaurationen an ein und demselben Zahn resultieren, sodass die betreffenden Kollegen recht schnell und oftmals unbemerkt mit ihren diesbezüglichen Leistungszahlen in den Bereich des offenkundigen Missverhältnisses abdriften.

!

Durch die gezielte Suche nach therapeutischen Alternativen hingegen lassen sich unliebsame Auseinandersetzungen mit den Prüfungseinrichtungen weitestgehend vermeiden.

Auch bei einem in der Vergangenheit stark überhöhten Fallwert könnte man versuchen, durch geeignete Maßnahmen für künftige Abrechnungen gegenzusteuern.

Keine sture Ausrichtung an Zahlenwerken

Dennoch wäre es nicht sinnvoll und wohl auch in höchstem Maße unbefriedigend, das eigene Arbeiten stur an solchen Zahlenwerken auszurichten. Schließlich lassen sich selbst deutliche Abweichungen vom Fachgruppenschnitt oftmals durch signifikante Praxisbesonderheiten erklären. Auch nachhaltige kompensatorische Einsparungen in anderen Bereichen, wie zum Beispiel Prothetik oder PAR-Behandlung, sind häufig geeignet, die geprüfte Praxis zumindest teilweise vom Vorwurf der Unwirtschaftlichkeit freizusprechen. Allerdings ist der Zahnarzt bezüglich derartiger ihn entlastender Umstände generell in der Beweispflicht, ein Sachverhalt, der in einem eigenständigen Kapitel noch einmal ausführlich thematisiert wird.

6
Standesvertretungen – Verbündete oder Gegner?

Belastungen durch Wirtschaftlichkeitskontrollen

Zweifelsohne gehören Wirtschaftlichkeitskontrollen zu den unangenehmsten Begleiterscheinungen der vertragszahnärztlichen Tätigkeit. Schließlich sind diese nicht nur für den Betroffenen mit viel Ärger und einem mitunter beträchtlichen Arbeitsaufwand verbunden, sondern bedeuten oft auch für dessen Umfeld, wie etwa das Praxisteam oder die Familie, eine extreme psychische Belastung.

Um Honorarrückforderungen und damit einhergehende liquiditätsmäßige Gefahren möglichst abzuwenden oder zumindest in erträglichen Grenzen zu halten, sind nicht selten tiefgründige statistische Analysen, intensives Literaturstudium oder umfangreiche Internetrecherchen vonnöten. Dennoch werden trotz größter Anstrengungen des Zahnarztes nicht selten horrende Regresse verhängt, welche für diesen mitunter einschneidende betriebswirtschaftliche oder gar existenzielle Konsequenzen mit sich bringen können.

Berufsständische Organisationen

Obzwar sich die meisten niedergelassenen Zahnärzte der Fürsorge einer ganzen Palette mehr oder weniger gewichtiger berufsständischer Organisationen erfreuen, ist der kujonierte Mediziner im Prüfverfahren zumeist auf sich allein gestellt. Viele Kollegen wünschten sich jedoch gerade bei dieser lästigen Prozedur weit mehr Unterstützung. Vor diesem Hintergrund erscheint eine nähere Befassung mit den wichtigsten Interessenvertretungen angebracht.

Kassenzahnärztliche Vereinigungen

!

Um für die Behandlung gesetzlich Versicherter Honorare erlangen zu können, ist die Zugehörigkeit des Therapeuten zu einer Kassenzahnärztlichen Vereinigung (KVZ) unabdingliche Voraussetzung.

KZV

Die Abrechnung der meisten Leistungen erfolgt dabei bekanntermaßen weder mit dem Patienten selbst noch mit dessen Kostenträger, sondern über die jeweilige KZV. Diese handelt mit den Krankenkassen zunächst einen gewissen pekuniären Betrag aus, welcher die komplette von diesen zu tragende zahnärztliche Versorgung ihrer Mitglieder für ein Jahr abdecken soll. Man spricht in diesem Zusammenhang auch von der sogenannten Gesamtvergütung, welche in geeigneter Weise anteilig auf die einzelnen Praxen umzulegen ist. Grundlage hierfür bildet der zwischen den Parteien vereinbarte Honorarverteilungsvertrag (HVV). Den Kassenzahnärztlichen Vereinigungen fällt demnach die Aufgabe zu, einerseits das bereitstehende Gesamtsalär auf die in ihnen organisierten Kollegen zu distribuieren und andererseits für eine adäquate Honorierung zahnärztlicher Leistungen Sorge zu tragen.

Versorgungs- bzw. Selektivverträge

Nach §73c SGB V besteht für die Zahnärzte seit einigen Jahren die Möglichkeit, sogenannte Versorgungs- beziehungsweise Selektivverträge abzuschließen. Hierüber lassen sich gewisse Bereiche des therapeutischen Spektrums, zum Beispiel Prothetik oder Individualprophylaxe, quasi „an der KZV vorbei" erbringen und liquidieren. Diese wiederum dürfte solchen Tendenzen aus naheliegenden Gründen eher skeptisch gegenüberstehen, gehört doch die Erhaltung der Geschlossenheit des Berufsstandes zu ihren vordergründigsten Anliegen.

Aufgaben der KZVen

Eine weitere wichtige Aufgabe dieser Körperschaften besteht gemäß §§72 ff. SGB V in der Gewährleistung einer angemessenen kassenzahnärztlichen Betreuung in ihrem Einflussbereich. Somit obliegt den KZVen ein entsprechender Sicherstellungsauftrag. Darüber hinaus sind die Erfüllung der den Zahnärzten zukommenden Pflichten sowie die Umsetzung der in den maßgeblichen Bundesverträgen (BMV-Z und EKV-Z) enthaltenen Bestimmungen zu überwachen und gegebenenfalls erforderliche Disziplinargewalt auszuüben. Hierzu werden durch die KZVen Stellen zur Bekämpfung von Fehlverhalten im Gesundheitswesen eingerichtet und betrieben (§81a SGB V). Ebenso sind Maßnahmen zur Qualitätssicherung umzusetzen und die Erfüllung der gesetzlich verbrieften Fortbildungspflicht zu kontrollieren.

Rolle bei der Wirtschaftlichkeitsprüfung

Vor allem in das Verfahren der Wirtschaftlichkeitsprüfung sind die Kassenzahnärztlichen Vereinigungen maßgeblich involviert. Deren wichtigste Pflichten und Zuständigkeiten in diesem Kontext gehen auf die Regelungen in §§106 und 106a SGB V zurück. Hierzu gehört die sachliche, rechnerische und gebührenordnungsmäßige Analyse der eingereichten Abrechnungen unter hinreichender Würdigung von Rechtmäßigkeit und Plausibilität sowie erforderlichenfalls deren Richtigstellung. Ferner sind im Zusammenwirken mit den Kostenträgern entsprechende Prüfvereinbarungen zu treffen und gemeinsame Entscheidungsgremien zu bilden.

Beteiligung im Beschwerdeausschuss

Für die personelle Struktur des in zweiter präjudizialer Instanz zuständigen Beschwerdeausschusses hat der Gesetzgeber eine zahlenmäßige Parität zwischen KZV- und Kassenvertretern bindend vorgeschrieben. In der Konsequenz sind zumindest auf dieser Ebene zwei bis vier Berufskollegen an der Entscheidungsfindung über die kujonierte Praxis beteiligt. Jeder Zahnmediziner, der irgendwann einmal einem solchen Senat Rede und Antwort stehen musste, mag diesbezüglich seine eigenen Erfahrungen gesammelt haben und kann so für sich abschätzen, ob und inwieweit dieser Umstand für ihn von Nutzen war. Tatsache ist jedoch, dass ohne Mitwirkung der von der KZV berufenen Zahnärzte die Beurteilung der Behandlungs- und Verordnungsweise des betroffenen Kollegen und damit gegebenenfalls verbundene Sanktionen einzig und allein in der Hand der Kassenvertreter lägen. Ein solches Szenario ist derzeit allerdings durch die bereits erwähnten gesetzlichen Regelungen ausgeschlossen und damit lediglich theoretischer Natur.

Zur Unterstützung der Zahnärzte in wirtschaftlichen Fragen wurden in einigen Landesverbänden zwischenzeitlich spezielle Beratungsstellen eingerichtet, welche neben gezielten Unterweisungen vor allem Hilfestellung zu bereits eröffneten Prüfverfahren bieten können.

Beratungsstellen

Vordergründig erwarten die meisten Kollegen von ihrer KZV, dass sie ihre Rechte gegenüber den Krankenkassen nachhaltig stärkt und vertritt.

!

Zu den bedeutendsten Pflichten dieser Standesorganisation gehört weiterhin in Abstimmung mit den Verbänden der gesetzlichen Kostenträger die Bestellung von Sachverständigen und Gutachtern (§§22 ff. EKV-Z und Anlagen 6 und 12 ff. zum BMV-Z). Beide Parteien errichten gemeinsame Ausschüsse, welche unter anderem über die Zulassung zur vertragszahnärztlichen Tätigkeit oder deren Entzug entscheiden.

Sachverständige und Gutachter

Die historische Herkunft der Kassen(zahn)ärztlichen Vereinigungen reicht bis zum Ende des neunzehnten Jahrhunderts zurück. Seinerzeit war für Arbeiter die gesetzliche Versicherungspflicht eingeführt worden. Die daraufhin aus dem Boden sprießenden Krankenkassen schlossen damals ihrerseits Einzelverträge mit den Medizinern und konnten dabei die ihnen genehmen Konditionen weitgehend durchsetzen. Auf diese Weise wurden die Leistungserbringer erheblich benachteiligt und teilweise in hohem Maße existenziell bedroht. Schließlich kam es zu erheblichen Unruhen innerhalb des Berufsstandes. Die Herausbildung gemeinsamer Selbstverwaltungen von Kassen und Vertragsärzten in Deutschland hat hierin ihren Ursprung.

Geschichte der KZVen

Schließlich wurden Anfang der 1930er Jahre die ersten kassenärztlichen Zusammenschlüsse ins Leben gerufen. Nach dem Zweiten Weltkrieg erhielten diese den Status einer so bezeichneten Körperschaft des Öffentlichen Rechts (K.d.Ö.R.), welchen sie auch heute noch innehaben.

Rechtsstatus

Man versteht hierunter eine mitgliedschaftlich organisierte Einrichtung, welcher durch einen Staats- beziehungsweise Hoheitsakt per Gesetz ihre juristische Stellung zugestanden wird.

!

Die maßgeblichen Modalitäten innerhalb einer solchen Institution werden über Satzungen geregelt. Die KZVen sind der Rechtsquelle zufolge den Verwaltungs-, nach der Art ihrer Mitglieder hingegen den sogenannten Personalkörperschaften zuzuordnen.

Rechte der KZVen

Das Verfassungsrecht gewährt der K.d.Ö.R. einen besonderen Status, analog zu Religions- und Weltanschauungsgemeinschaften. Dieser gesteht ihnen besondere Befugnisse zu und stattet sie mit behördlicher Gewalt spezifischer Art aus. Die entsprechenden Institutionen haben damit einen quasi öffentlich-rechtlichen Charakter. Das wesentliche juristische Fundament für diese Einrichtungen bilden Artikel 140 des deutschen Grundgesetzes und Artikel 137 Absatz 6 der Weimarer Verfassung. So werden ihnen insbesondere wichtige Korporationsrechte zugestanden. Hierzu gehört neben anderen die Organisationsgewalt, die Möglichkeit also, entsprechende Untergliederungen einzurichten und zu betreiben. Weiterhin können vom geltenden Arbeits- und Sozialversicherungsrecht unabhängige Leistungsverhältnisse begründet werden. Diese sogenannte Dienstherrenfähigkeit bemächtigt derartige Gremien, einseitige Disziplinarmaßnahmen zu verhängen – ein Umstand, welcher so manchem Kollegen gerade im Verfahren der Wirtschaftlichkeitsprüfung bereits schmerzlich vor Augen geführt worden sein dürfte.

Dienstherrenfähigkeit

Rechtsetzungsgewalt

Die von Gesetzes wegen ernannten Körperschaften regeln die Beziehungen zu ihren Mitgliedern sowie deren Verhältnis zueinander, wozu ihnen besondere Ermächtigungen zugestanden werden. Diesbezüglich obliegt ihnen eine entsprechende Rechtssetzungsgewalt. Darüber hinaus besteht ein Sachenrecht, welches darauf beruht, Vermögensgegenstände öffentlichen Dingen widmen zu können.

Selbstverwaltung

Die Körperschaften des Öffentlichen Rechts, zu denen neben den Kassen(zahn)ärztlichen Vereinigungen auch die Kammern gehören, unterliegen der Selbstverwaltung. Hierunter versteht man den Umgang mit ursprünglich staatlichen Angelegenheiten, die von den Betroffenen (also den KZV- beziehungsweise Kammermitgliedern) in Eigenverantwortung geregelt werden sollen.

Somit dürfen Verordnungen erlassen werden, welche auch grundlegende Rechte der Unterworfenen beschneiden können.

!

Wenngleich man derartigen Festlegungen in einem Rechtsstaat eher kritisch gegenüberstehen mag, hat sich dieses Prinzip über Jahrzehnte hinweg bewährt.

Vertreterversammlung

Das zentrale Organ einer jeden Kassenzahnärztlichen Vereinigung ist deren Vertreterversammlung (VV). Sie wird für die Dauer einer Legislaturperiode (in der Regel sechs Jahre) durch die Mitglieder der KZV gewählt und trägt daher einen nahezu parlamentarisch-repräsentativen Charakter. Dieses Gremium ist für die Aufstellung und Änderung der Satzung zuständig und beschließt wichtige Richtlinien für die vertragszahnärztliche Versorgung (Notdienst-, Disziplinar-, Wahlordnung und andere). Es wählt und kontrolliert den Vorstand, legt dessen Vergütung fest und bekleidet eine ganze Palette weiterer administrativer Aufgaben, zu denen unter anderem die Errichtung von Ausschüssen der gemeinsamen Selbstverwaltung von Zahnärzten und Krankenkassen einschließlich deren personelle Besetzung gehört.

KZBV

Dachverband der zurzeit 17 regionalen KZVen ist die in Köln ansässige Kassenzahnärztliche Bundesvereinigung (KZBV). Auch diese genießt den Status einer Körperschaft des Öffentlichen Rechts und unterliegt der Aufsicht durch ihre Vertreterversammlung. Dieser gehören insgesamt 60 Personen an, wobei von Gesetzes wegen jeder der Unterverbände mit seinem Vorsitzenden und einem Stellvertreter vertreten ist. Die darüber hinaus vakanten 26 Delegierten werden in dieses höchste Organ aller Vertragszahnärzte gewählt.

Zahnärztekammern

ZÄK

Eine zweite wichtige Säule unter den berufsständischen Vertretungen sind die Zahnärztekammern (ZÄK). Diese verstehen sich als Selbstverwaltung der Zahnärzte und nehmen auf der Grundlage des jeweilig geltenden Landesrechts von den Aufsichtsbehörden übertragene Aufgaben wahr.

!

Die Mitgliedschaft in einer solchen Institution ist für alle hierzulande tätigen Zahnmediziner zwingende Pflicht.

Rechtsstatus

Dabei ist es völlig unerheblich, ob diese ihre Tätigkeit nun in eigener Niederlassung, in einer Klinik, in einem Anstellungsverhältnis oder auf andere Art ausüben. Auch diese Organisationen haben die Stellung von Körperschaften des Öffentlichen Rechts. Was dieser Status für den Charakter einer solchen Instanz bedeutet, war bereits weiter oben zu lesen.

Aufgaben der ZÄK

Die Kammern haben basierend auf Satzung und Berufsordnung die Erfüllung der standesrechtlichen und ethischen Normen ihrer Angehörigen zu überwachen. Ferner tragen sie eine Mitverantwortung für die (inzwischen gesetzlich verankerte) Pflicht zur Fortbildung der ihnen angeschlossenen Zahnärzte. Ebenso sind sie für die Helfer(Innen)ausbildung und die kontinuierliche Qualifizierung der Praxisteams zuständig. Eine weitere Aufgabe besteht in der Patientenberatung, vor allem hinsichtlich der Privatbehandlung und deren Liquidation nach GOZ beziehungsweise GOÄ. Außerdem werden Sachverständige für die Erstellung von Gutachten benannt.

Schließlich unterhalten die Kammern berufsständische Versorgungswerke für die in ihnen organisierten Zahnärzte. Weiter soll das Niveau der Berufsausübung durch geeignete Maßnahmen beziehungsweise Institutionen gesichert werden. Hierzu gehören die betriebsärztliche und sicherheitstechnische Betreuung von Zahnarztpraxen (sogenannter BuS-Dienst) ebenso wie Gremien zur Überprüfung der Röntgeneinrichtungen in den Praxen. Um ihren vielschichtigen Funktionen gerecht werden zu können, betreiben die Kammern spezifische Ausschüsse, zum Beispiel für Finanzen, Berufsausbildung oder rechtliche und andere Fragen.

In das Verfahren der Wirtschaftlichkeitsprüfung sind diese Körperschaften, im Gegensatz zu den Kassenzahnärztlichen Vereinigungen, nicht integriert. Allerdings offerieren sie – wohl nicht zuletzt wegen der zunehmenden Brisanz dieser Thematik – mitunter eine ganze Palette an Kursen und Seminaren zum Umgang mit diesem leidigen Problem.

Beratungsangebote

Das Selbstverwaltungsorgan einer ZÄK ist die jeweilige Kammerversammlung. Diese wird in periodischen Abständen von meist vier Jahren aus allen Zahnärzten im entsprechenden Einflussbereich gewählt. Diese wiederum stimmen dann über Vorstand und Präsident sowie weitere Repräsentanten ab.

Kammerversammlung

Momentan gibt es insgesamt 17 derart strukturierte Landesverbände, welchen die Arbeitsgemeinschaft der Deutschen Zahnärztekammern, besser bekannt als Bundeszahnärztekammer (BZÄK), übergeordnet ist. Hierbei handelt es sich um einen eingetragenen Verein (e.V.), *nicht* um eine Körperschaft des Öffentlichen Rechts. Oberstes Beschlussorgan dieser Institution ist die Bundesversammlung, bestehend aus zurzeit 135 Delegierten, welche die regionalen Standesvertretungen entsenden. Dieses Gremium wählt den Präsidenten und andere wichtige Funktionsträger, beschließt den Etat und legt die grundlegenden Direktiven der Standespolitik fest.

BZÄK

Freier Verband Deutscher Zahnärzte

Geschichte

Ein drittes Standbein zahnärztlicher Interessenvertretungen bildet schließlich der Freie Verband Deutscher Zahnärzte (FVDZ). Dessen historische Wurzeln reichen bis in die Mitte des vergangenen Jahrhunderts zurück. Seinerzeit wie heute schrieb man sich vor allem die Sicherung der Freiberuflichkeit, ein unabhängiges Gesundheitswesen und die Erhaltung mündiger Patienten als oberste Ziele auf die Fahne. Mitte der 1950er-Jahre befanden sich die Zahnärzte in der damals noch jungen Bundesrepublik wirtschaftlich wie auch standespolitisch in einer eher prekären Lage. Die Honorierung der Leistungen ließ erheblich zu wünschen übrig; eine 1952 erfolgte Anhebung der Vergütung lag deutlich unterhalb der Armentaxe der Preußischen Gebührenordnung aus dem Jahre 1896. Darüber hinaus waren die Kassenzulassungen zu jener Zeit stark reglementiert und die Konkurrenz unter den Medizinern folglich groß. An ein gemeinschaftliches Miteinander war daher nicht im Entferntesten zu denken. In der Folge kam es zu massiven Protesten gegen die Gesundheitspolitik und die seinerzeitige Standesführung. Schließlich resultierte hieraus zunächst die Bildung der Notgemeinschaft Deutscher Zahnärzte, dem Vorläufer des heutigen Freien Verbandes. Diese verstand sich fortan als dritte Kraft neben Kammern und KZVen, mit denen es anfänglich recht harsche Auseinandersetzungen gab.

Im Zuge der politischen Umwälzungen in der ehemaligen DDR kam es dort schließlich zur Gründung des so bezeichneten Unabhängigen Deutschen Zahnärzteverbandes (UDZ), welcher zunächst mit dem FVDZ zusammenarbeitete und im Jahr 1990 schließlich in diesen integriert wurde. Nach der Vereinigung beider deutscher Staaten entwickelte sich der Freie Verband mehr und mehr zu einer festen Größe unter den Interessenvertretungen der Zahnärzteschaft.

> Dessen Grundposition beinhaltet nach wie vor, dass unbegrenzte Leistungen für beschränkte Mittel nicht zu erwarten sind.

!

Einsatz für Direktabrechnung

Es erfolgt eine eindeutige Abkehr vom Sachleistungssystem zugunsten von Festzuschüssen und Direktabrechnung. Die Überlegungen gipfeln gar – im Gegensatz zu den Bestrebungen der offiziellen Standesgremien – in einer Ausgliederung der Zahnheilkunde aus dem System der GKV. Jeder Praktiker mag für sich selbst entscheiden, inwieweit diese Positionen mit seinen eigenen Interessen konkludieren oder nicht.

Berufspolitische Ziele

Der Verband reklamiert für sich, als politisch, wirtschaftlich und fachlich uneingeschränkte und autonome Interessenvertretung der freiberuflichen Zahnärzte zu wirken. In standespolitischer Hinsicht engagiert man sich für eine weitgehende Therapiefreiheit innerhalb eines zukunftsorientierten Gesundheitswesens und die Zugänglichkeit zu modernen Behandlungsverfahren für Patienten aller Couleur. Als vorrangigste Ziele werden eine solide Finanzierung der Zahnheilkunde, die Forderung und Förderung größerer Eigenverantwortung der Patienten und die Stärkung der Prophylaxe ausgegeben.

> Anders als KZVen und Kammern unterliegt der Freie Verband keiner staatlichen Kontrolle und handelt daher gänzlich autark.

!

Struktur

Der bundesweit größte unabhängige zahnärztliche Berufsverband hat seinen Sitz in Bonn und ist der Rechtsform nach ein eingetragener Verein. Er zählt derzeit etwa 19.000 Mitglieder und steht auch Studenten der Zahnmedizin offen. Das wichtigste Organ des FVDZ ist dessen Hauptversammlung, welche sich aus den Delegierten der 17 Landesverbände rekrutiert und mindestens einmal jährlich zusammentritt. Sie wählt den Präsidenten und dessen zwei Stellvertreter sowie weitere acht Personen in den Bundesvorstand. Vor allem in wichtige berufs- und verbandspolitische Entscheidungen sind die regionalen Vorsitzenden mit einzubeziehen („Erweiterter Bundesvorstand“).

Mitgliedschaft und Angebote

Die Zugehörigkeit zum Freien Verband ist freiwillig und an monatliche Beitragszahlungen gebunden. Dafür wird den Mitgliedern eine Reihe von Serviceleistungen geboten. Zu diesen zählen unter anderem Beratungen in steuerlichen, buchhalterischen und rechtlichen Fragen wie auch Hilfestellung für Existenzgründer. Darüber hinaus gibt es ein umfangreiches Fortbildungsprogramm, welches nicht zuletzt auch Seminare zur Wirtschaftlichkeitsprüfung beinhaltet und allen interessierten Kollegen offen steht.

Deutscher Zahnärzteverband und Sonstige

DZV und Weitere

Neben den bisher thematisierten drei Säulen der zahnärztlichen Standesvertretung wäre an dieser Stelle noch der Deutsche Zahnärzteverband (DZV) zu erwähnen. Dieser engagiert sich für die Belange der ihm angeschlossenen Zahnärzte gegenüber Politik, Kammern und KZVen, aber auch gesetzlichen und privaten Kostenträgern. Des Weiteren findet sich eine ganze Palette von Gesellschaften und Vereinen mit spezifischer Ausrichtung, sei es für weibliche Mitstreiter oder bestimmte Fachgruppen (zum Beispiel Kieferorthopäden). Auch diverse Ärztevereinigungen verschließen sich der Aufnahme von Zahnärzten nicht.

Nicht immer können die Interessenverbände die an sie gerichteten Erwartungen erfüllen. Daher sollte der einzelne Vertragszahnarzt individuell sorgfältig abwägen, inwieweit er sich über seine Pflichtmitgliedschaft in den Körperschaften hinaus in die Obhut weiterer berufsständischer Organisationen begeben möchte.

7
Praxisbesonderheiten und kompensatorische Einsparungen

Homogenität der Vergleichsgruppe

Die für die Beurteilung der Wirtschaftlichkeit zahnärztlicher Verrichtungen herangezogenen Statistiken unterstellen im Allgemeinen eine weitgehende Homogenität innerhalb der diesbezüglich relevanten Vergleichsgruppe.

!

Dies bedeutet, dass eine nahezu identische Zusammensetzung der jeweiligen Klientel ebenso vorausgesetzt wird wie ein im Großen und Ganzen vergleichbares Therapiegebaren der einbezogenen Zahnmediziner.

In Wahrheit besteht ein solcher Gleichklang zwischen den einzelnen Praxen im Hinblick auf deren Patienten- wie auch Leistungsstruktur allenfalls auf dem Papier. Die im Prüfverfahren zugrundegelegten Leistungsspiegel sind kaum geeignet, in dieser Hinsicht unter Umständen sogar beträchtliche Differenzen zu erfassen, geschweige denn, diese angemessen zu berücksichtigen.

Einfluss der Klientel auf die Verrichtungen

Dabei ist es für die Einschätzung der Rentabilität der Behandlungsweise eines Mediziners neben anderen Faktoren von eminenter Bedeutung, ob sich dessen Patientengut beispielsweise vorrangig aus jüngeren oder älteren Personen rekrutiert. Im erstgenannten Fall werden zumeist geradezu zwangsläufig konservierende und prophylaktische Verrichtungen den wesentlichen Part der zu erbringenden Vornahmen bilden. Kompensatorische Einsparungen dürften hier vor allem im prothetischen Bereich zu erwarten sein, allein schon deshalb, da solche Alternativen insbesondere bei Kindern und Jugendlichen von vornherein weitestgehend ausgeschlossen sind. Vollkommen konträr verhält es sich dagegen bei einer von Senioren dominierten Klientel. So treten in den älteren Generationen aus objektiven Gründen der Zahnersatz und damit verbundene Leistungen deutlich in den Vordergrund, wogegen (insbesondere zulasten der Kassen abrechenbare) Vorsorgemaßnahmen eher an Bedeutung verlieren oder gar gänzlich gen Null tendieren. Auch parodontologische Behandlungen dürften hier stärker zu Buche schlagen als in jüngeren Altersklassen. Vor diesem Hintergrund kann jedoch von einer wirklichen Homogenität innerhalb der zum Abgleich herangezogenen Gruppe nicht einmal ansatzweise die Rede sein. Dennoch gehen sowohl die Prüfinstanzen als auch der Gesetzgeber prinzipiell von einer solchen aus und betreiben somit eine im Einzelfall mitunter widersinnige Gleichmacherei.

Praxisbesonderheiten

Um einer solchen erfolgreich begegnen und in der Wirtschaftlichkeitsprüfung bestehen zu können, ist es geradewegs unerlässlich, sich mit der Problematik möglicherweise entscheidungsrelevanter Praxisbesonderheiten intensiv auseinanderzusetzen. Hierbei geht es in erster Linie um die Frage, ob sich durch das vermehrte Auftreten einer bestimmten Personengruppe innerhalb der eigenen Klientel (beispielsweise deutlich mehr ältere oder jüngere Patienten) beziehungsweise einem eher kleineren Kreis mit dafür aber stark erhöhtem Behandlungsanspruch (schwere Sanierungsfälle) eine merkliche Überschreitung des Fachgruppendurchschnitts erklären lässt.

!

Der Zahnarzt muss letztlich belegen, dass entstandene Mehrleistungen einer besonderen Patientenstruktur und *nicht* einer unwirtschaftlichen Behandlungsweise geschuldet sind.

Relevante Aspekte

Unter Praxisbesonderheiten in diesem Sinne sind solche Umstände zu verstehen, welche maßgeblich zum Wesen der Vergleichsgruppe differieren und so einen erhöhten Aufwand bedingen, welcher seinerseits nicht unökonomisch sein darf. Grundsätzlich ist davon auszugehen, dass diesbezüglich nur solchen Aspekten Anerkennung zuteilwird, welche sich dem Einfluss des Arztes entziehen, also weder in seiner Person noch in seinem Therapiegebaren ihren Ursprung finden. Sofern die Prüfungseinrichtungen ein bestimmtes Spezifikum als einen für das Verfahren relevanten Sachverhalt anerkennen, hätten sie die Konsequenzen für dessen Ergebnis zu quantifizieren. Im Fall einer Zurückweisung indes wäre auch diese nachvollziehbar zu begründen. Für den erst einmal ins Visier der Wirtschaftlichkeitsfahnder geratenen Vertragszahnarzt ist es zur Abwehr gegen ihn gerichteter Forderungen praktisch unerlässlich, durch die Darstellung beziehungsweise Geltendmachung maßgeblicher Abweichungen von der Vergleichsgruppe die Vermutung zu widerlegen, sich in irgendeiner Form unökonomisch verhalten zu haben. Man sollte sich den Wortlaut entsprechender Regularien dabei allerdings auf der Zunge zergehen lassen:

!

Dem betroffenen Zahnarzt wird allein auf der Basis des bloßen *Anscheins* ein sach- und/oder rechtswidriges Verhalten – hier also eine vermeintliche Unwirtschaftlichkeit – unterstellt, jedoch nicht etwa nachgewiesen!

Ausnahme-tatbestände

Als Praxisbesonderheiten werden dabei im Allgemeinen nur solche Tatbestände anerkannt, welche sich auf das konkrete Therapierungsverhalten des Prüflings auswirken und in den zur Gegenüberstellung herangezogenen Praxen diametral zur untersuchten Einrichtung eine vergleichsweise untergeordnete Rolle spielen. Zur Untermauerung etwaiger relevanter Ausnahmetatbestände hat der einer unwirtschaftlichen Vorgehensweise Bezichtigte letztlich substanziiert darzulegen, inwieweit gerade diesbezüglich ein signifikanter Unterschied zum Durchschnitt innerhalb der Fachgruppe besteht. Auch hier ist freilich wieder der Angefeindete in einer Bringpflicht und hat die entsprechenden Entlastungsbeweise zu liefern.

Beeinflussende Faktoren

Aus naheliegenden Gründen sollte man erwarten können, dass spezielle Strukturen innerhalb der betreuten Klientel (Anlaufpraxis, zahlreiche Kinder und Jugendliche, hoher Anteil an Älteren beziehungsweise Rentnern und anderes mehr) oder eine besondere örtliche Lage der begutachteten Praxis (zum Beispiel ländliche Gegend oder Großstadt), aber auch die bevorzugte Anwendung bestimmter Behandlungsmethoden (beispielsweise vorwiegend konservierende oder prothetische Ausrichtung) oder spezifische Qualifikationen seitens des Praxisinhabers (unter anderem Kinderstomatologie, Kieferorthopädie oder Anwendung von Hypnose) Anerkennung als Praxisbesonderheiten finden mögen. In der Realität allerdings gestaltet sich die Darstellung solcher und mehr noch die Gewinnung von deren Akzeptanz für den betroffenen Zahnarzt oft als ein äußerst schwieriges Unterfangen.

!

Die vom Zahnarzt vorgebrachten Eigenheiten sollten entweder ihrem Wesen nach für die vergleichsweise herangezogene Kollegenschaft grundsätzlich atypisch sein oder aber quantitativ dermaßen über dem Fachgruppenschnitt liegen, dass allein hieraus ein spezifisches Merkmal der betreffenden Praxis abgeleitet werden kann.

Beweismittel

Will der jeweilige Arzt in dieser Angelegenheit maßgebliche Aspekte in das laufende Prüfverfahren einbringen, so steht er notgedrungen in der Pflicht, diese gegebenenfalls durch die Beiziehung entsprechender Behandlungsunterlagen und statistischer Erhebungen stichhaltig nachzuweisen.

Zunächst erst einmal wird der geprüfte Mediziner immer dann mit einer Kürzung zu rechnen haben, wenn seine Abrechnungszahlen im Hinblick auf den Fallwert und/oder einzelne Bema-Positionen im Bereich des sogenannten offensichtlichen Missverhältnisses liegen. Hierbei sind durch die Institutionen allerdings Praxisbesonderheiten der jeweiligen Einrichtung gegenüber dem Fachgruppenschnitt zu berücksichtigen und die maßgeblichen Vergleichswerte entsprechend zu bereinigen. Für den betroffenen Zahnarzt kommt es deswegen darauf an, möglichst vollumfänglich all jene Fakten und Sachstände vorzubringen, welche diesem Ziel auch nur annähernd zuträglich sein könnten. Allein durch den Nachweis individueller Abweichungen und signifikanter kompensatorischer Einsparungen kann es dem Geprüften unter Umständen bereits gelingen, die gegen ihn erhobenen Vorwürfe zumindest teilweise zu entkräften beziehungsweise die an ihn gerichteten Forderungen abzuschwächen.

Umfassende Darlegung

Die überzeugende Darstellung von als Praxisbesonderheiten anerkennungswürdigen Sachverhalten ist für diesen jedoch alles andere als ein Spaziergang.

!

Schließlich wird durch die für die Wirtschaftlichkeitsprüfung geltenden Regularien impliziert, dass gerade bei Zahnärzten (mehr noch als bei anderen medizinischen Berufszweigen) von einem äußerst homogenen und daher sehr gut überschau- beziehungsweise vergleichbaren Leistungsspektrum ausgegangen werden könne.

Hierzu unterstellt man, dass das Anforderungsprofil während des normalen Tagesablaufs im Hinblick auf die erforderlichen zahnmedizinischen Verrichtungen in den meisten Praxen weitgehend identisch sei. Daher finden erfahrungsgemäß in einer – mitunter kaum vermeidbaren – gerichtlichen Auseinandersetzung nur wenige spezifische Eigenheiten als Praxisbesonderheit Anerkennung.

Notwendige Nebenleistungen

Zu diesen gehört beispielsweise ein deutlich erhöhtes Aufkommen prothetischer Maßnahmen, was in der konservierend-chirurgischen Abrechnungsprüfung freilich auf den ersten Blick Verwunderung auslösen dürfte. Dabei gehen die Ausschüsse jedoch davon aus, dass ein Mehr an Zahnersatz zwangsläufig auch ein überdurchschnittliches Aufkommen an damit verbundenen Nebenleistungen (hier zum Beispiel Anästhesien, Exzisionen, Füllungen unter Kronen und Ähnliches) nach sich ziehen würde. Analog verhält es sich mit der systematischen Behandlung von Erkrankungen des Zahnhalteapparates. Auch diese werden in der Regel von bestimmten Maßnahmen eskortiert, wie etwa diversen Injektionen (Leitungs-, Infiltrations- und intraligamentäre Anästhesie) oder auch der Behandlung pathologischer Veränderungen der Mundschleimhaut (Bema-Nummer 105/Mu). Schließlich handelt es sich sowohl bei den meisten prothetischen wie auch parodontologischen Eingriffen in der Regel um zuvor von den gesetzlichen Versicherungen zu genehmigende Maßnahmen. Liegt deren Kostenübernahmeerklärung erst einmal vor, darf de facto auch die Zustimmung zu den damit zum Teil zwingend verbundenen Nebenleistungen unterstellt und das Einverständnis zu einer gegebenenfalls hieraus resultierenden Überschreitung des KZV-Mittels bezüglich solcher Verrichtungen erwartet werden. Bereits ab etwa sechs bis sieben Systematischen PA-Behandlungen im Quartal zum Beispiel wäre diesbezüglich an eine Praxisbesonderheit mit den damit verbundenen therapeutischen Konsequenzen zu denken.

Abweichungen im Patientenalter

Selbstredend wird in diesem Kontext auch eine nachhaltige Abweichung bezüglich der altersmäßigen Zusammensetzung des Patientenguts zu berücksichtigen sein.

!

> So dürfte zum Beispiel ein erhöhter Rentneranteil oder gar die Betreuung von Alten- und Pflegeheimbewohnern ein völlig anderes Behandlungsspektrum mit sich bringen, als dies in einer von zahlreichen Kindern und Jugendlichen frequentierten Einrichtung zu erwarten ist.

Aus objektiven Gründen sind in der letztgenannten Altersgruppe zumeist erhebliche Mehrleistungen im konservierenden Bereich zu erwarten, während der prothetische Sektor in der Betrachtung nahezu vernachlässigt werden kann. Dasselbe gilt auch für Maßnahmen aus den Fachgebieten Parodontose und Kieferbruch/Schienentherapie. Demgegenüber sollte bei den Älteren Zahnersatz einschließlich dazugehöriger Verrichtungen (zum Beispiel Anästhesien und Exzisionen, aber auch die Bema-Positionen 105/Mu und 106/sK) im Vordergrund stehen. Im Prüfverfahren ist letztendlich von entscheidender Bedeutung, dass es dem Zahnarzt gelingt, solche oder ähnliche Umstände angemessen zu verifizieren.

Einfluss der Alterszusammensetzung

Eine weitere Besonderheit stellt die sogenannte fachübergreifende Gemeinschaftspraxis dar. Hierunter versteht man eine berufliche Partnerschaft, welche zwei oder mehrere Facharztrichtungen in einem Haus vereint, die eigentlich getrennten Vergleichsgruppen zuzuordnen wären. Aufgrund deren Status als Berufsausübungskollektiv werden derartige Einrichtungen üblicherweise zunächst einmal ohne Abstriche der ganz normalen Vergleichsgruppe zugeordnet, obgleich jeder Mitarbeiter für sich aufgrund seiner Qualifikation und der daraus resultierenden spezifischen Fähigkeiten besondere Umstände begründet, welche eine weitaus differenziertere Betrachtung erfordern würden.

Fachübergreifende Gemeinschaftspraxen

!

So geartete Praxen müssten somit im Grunde genommen zunächst auseinanderdividiert, die Spezifika der beteiligten Kollegen separat analysiert und erst danach bezüglich der Wirtschaftlichkeit ihrer Behandlungsweise bewertet werden.

Ein Beispiel für eine solche berufliche Partnerschaft ist die Kombination eines Kinderstomatologen und eines kieferchirurgisch tätigen Kollegen unter einem Dach. Es verbietet sich geradezu von selbst, hier für beide Partner ein- und dieselbe Zahnarzt-Statistik zur Beurteilung eines ökonomischen Handelns heranziehen zu wollen. Vielmehr dürfte jeder der beiden Zahnärzte für sich allein schon eine Menge stichhaltiger Argumente vorbringen können, welche maßgebliche Abweichungen bezüglich der abgerechneten Leistungen im Verhältnis zu einer gewöhnlichen Durchschnittspraxis begründen sollten. Doch natürlich

Beispiel Kinderstomatologie und Kieferchirurgie

ist es auch hier Angelegenheit der geprüften Kollegen, diese Umstände schlüssig darzulegen und auf diese Weise die Gremien vom Vorliegen signifikanter Praxisbesonderheiten zu überzeugen.

Kinderzahnheilkunde

Doch kommen wir an dieser Stelle noch einmal explizit auf die Kinderzahnheilkunde als auffälliges Spezifikum in der Wirtschaftlichkeitsprüfung zurück. Gerade hier dürfte es von eminenter Wichtigkeit sein, die eigenen Behandlungsfälle differenziert aufzubereiten und so praktisch eine spezifische Statistik zu erstellen, um diese letztlich den amtlichen Zahlenwerken entgegenhalten zu können.

!

Zunächst einmal sollte der Prüfling die Aufmerksamkeit der über ihn richtenden Personen darauf lenken, dass er es in seinem beruflichen Alltag vorrangig mit einer anerkanntermaßen hochgradig Kariesaktiven Altersgruppe zu tun hat.

Besonderheiten bei Kinderzahnärzten

Wichtig ist darüber hinaus die möglichst exakte Darstellung der Patientenstruktur, insbesondere der prozentuale Anteil an Kindern und Jugendlichen wie auch eine Aufstellung entsprechender Neuzugänge im fraglichen Zeitraum. Bezüglich der vitalerhaltenden Maßnahmen sollte der pädiatrische Zahnarzt neben dem Beleg einer medizinisch korrekten Indikationsstellung auch die Erfolgsquoten dieser Vornahmen verifizieren und kompensatorische Einsparungen insbesondere bei Zahnentfernungen und endodontischen Behandlungen vorweisen können. Hier allerdings muss wiederum die Eröffnung von marktoten Zähnen (Trep1/Bema-Nummer 31) gesondert betrachtet werden, da gerade diese im Zuge der aus kieferorthopädischer Sicht wünschenswerten Belassung von Milchzähnen als Platzhalter wiederum gehäuft auftreten kann. So gesehen wäre ein gewisses Mehr an Überkappungen auf der einen bei unter Umständen gleichzeitiger Überschreitung des Fachgruppenschnitts betreffs Trepanationen auf der anderen Seite letztlich nichts Außergewöhnliches. Weiterhin sollten bestimmte altersbedingt erhöht vorkommende Abrechnungspositionen genauer analysiert und entsprechend statistisch aufgearbeitet werden. Hierunter fallen neben den bereits erwähnten Bema-Ziffern 25 und 26 zum Beispiel die Behandlung von in jungen Generationen gehäuft auftretenden

Aphten oder anderer Schleimhauterkrankungen (105/Mu) oder die Exzision von Gingiva-Wucherungen (49/Exz1 und 50/Exz2).

Röntgenposition Ä925b

Eine weitere Besonderheit stellt die Röntgenposition Ä925b (Rö5) dar. Diese ist bekanntermaßen ansatzfähig, wenn mehr als zwei Einzelaufnahmen für die Beantwortung einer bestimmten diagnostischen Fragestellung vonnöten sind. Man findet eine solche Konstellation zum Beispiel bei der Fahndung nach angelegten Weisheitszähnen oder im Zusammenhang mit der Ausgleichsextraktion der Milch- beziehungsweise bleibenden Vierer in der Kieferorthopädie. Da beides in der pädiatrischen Zahnheilkunde recht oft vorkommt, ist ein gehäuftes Auftreten besagter Abrechnungsnummer die logische Folge.

Füllungen

Besonders aber die Füllungsleistungen und damit einhergehende Vornahmen bedürfen an dieser Stelle einer näheren Betrachtung.

!

Der Prüfling sollte in diesem Zusammenhang mit allem Nachdruck darauf verweisen, dass es in dieser Altersklasse bei entsprechender Indikation kaum nennenswerte Alternativen zur konservierenden Versorgung gibt.

Eckenfraktur am bleibenden Schneidezahn

Nehmen Sie dazu einmal beispielhaft die Eckenfraktur an einem bleibenden Schneidezahn bei einem zehnjährigen Kind. Welcher Handlungsspielraum offenbart sich dem Therapeuten in einer solchen Situation? Prothetische Varianten, wie etwa eine Überkronung, scheiden hier allein schon wegen des noch nicht abgeschlossenen Wurzelwachstums von vornherein aus. Also käme quasi nur noch eine Aufbaufüllung (gegebenenfalls mittels parapulpärer Stiftverankerung und/oder tangiert von besonderen Maßnahmen im Sinne der Bema-Nummer 12/BMF) in Betracht. Genau in diesem angenommenen Fall offenbart sich das Wechselspiel zwischen der Überschreitung statistischer Vergleichszahlen einerseits und damit einhergehenden kompensatorischen Einsparungen andererseits. Der Kinderzahnarzt muss diesen Umstand im Prüfverfahren unbedingt aufzeigen und mit Nachdruck darauf verweisen, dass ihm bei der Behandlung von Patienten entsprechender Couleur zu gegebenenfalls auch ausufernden konservierenden Verrichtungen keine wirklichen Alternativen bleiben, andersherum so aber auch ganz beträchtliche Kostendämpfungen in anderen Fachbereichen möglich sind.

!

Zweifelsohne sind solche nachträglichen statistischen Analysen oftmals schon länger zurückliegender therapeutischer Verrichtungen mit einem hohen zeitlichen Aufwand und sehr viel Mühe verbunden, können sich aber in einem Prüfverfahren im Nachhinein als recht lohnend erweisen.

Notfallpatienten

Auch ein überproportionaler Anteil an Notfallpatienten vermag eine signifikante Abweichung entsprechender Leistungszahlen nach sich ziehen. Vor allem häufig zum Bereitschaftsdienst eingeteilte Zahnärzte können sehr leicht unverschuldet in den Bereich des offensichtlichen Missverhältnisses abdriften. Dies betrifft vor allem, jedoch beileibe nicht ausschließlich, die Bema-Ziffer 03/Zu.

Bema-Ziffer 03/Zu

Manche Kollegen nutzen diese Zusatzsprechstunden freilich gern auch dazu, Patienten eine Konsultation zu ermöglichen, denen ein Zahnarzt-Besuch unter der Woche berufsbedingt nicht oder nur sehr schwer möglich ist. An der Abrechnung der oben erwähnten Sondergebühr in einem solchen Zusammenhang versuchen die Ausschüsse oft – und das mitunter nicht ganz zu Unrecht – eine Unwirtschaftlichkeit festzumachen. Schließlich hätte unter diesen Prämissen seitens des Patienten keine tatsächliche Zwangslage bestanden. Somit wäre auch der Ansatz eines entsprechenden Zuschlages nicht wirklich gerechtfertigt. Allerdings sollte hier besser eine fallbezogene Abgrenzung erfolgen.

Fallbezogene Abgrenzung

Wird während der Notdienstsprechstunde wirklich nur eine reine Vorsorgeuntersuchung (gegebenenfalls von prophylaktischen Maßnahmen wie Zahnsteinentfernung, Politur oder Ähnlichem tangiert) vorgenommen, so dürfte kein wirtschaftlich denkender und handelnder Mediziner auf die Idee kommen, hierfür die Bema-Position 03 für Wochenendtätigkeiten zulasten der Krankenkasse zu berechnen. Dasselbe Herangehen sollte Usus sein, wenn der Patient – zum Beispiel nach vorheriger telefonischer Vereinbarung – gezielt einen Termin am Wochenende erhält, um bei dieser Gelegenheit bestimmte Behandlungen durchführen zu können. Anders hingegen wäre der Sachverhalt einzuordnen, wenn der Betreffende tatsächlich Beschwerden hat (etwa starke Schmerzen, einen submukösen Abszess, eine Unfallverletzung oder eine heftige Nachblutung). Dann dürfte – ungeachtet der Frage, ob er nun der eigenen Klientel angehört oder nicht – allein der Umstand, dass hier eine offenbar dringend behandlungsbedürftige Situation besteht, den Ansatz der entsprechenden Gebühr (Zu/03) rechtfertigen. Und dies selbst dann, wenn darüber hinaus noch weitere – möglicherweise *nicht* zwingend notwendige – Vornahmen erfolgen. Die Kammern stehen einer solchen Verquickung ursprünglich dringlicher und darüber hinausreichender sonstiger Maßnahmen oft sehr kritisch gegenüber. Der Zahnarzt kann hier aber argumentieren, dass neben umgehend auszuführenden (und somit die Nummer 03 auslösenden) Verrichtungen lediglich weitere therapeutische Eingriffe erfolgten, die andernfalls in einer separaten Sitzung auszuführen gewesen wären. Obwohl den Kostenträgern dadurch keinerlei finanzieller Schaden entsteht, sollte ein solches Vorgehen auf seltene Ausnahmen beschränkt bleiben.

Bewertung der Kammern

Ungeachtet dessen fallen bestimmte zahnärztliche Eingriffe im Zusammenhang mit Bereitschaftsdiensten weitaus häufiger als während des regulären Praxisalltages an. Hierzu gehören so typische Notfallleistungen wie beispielsweise Inzisionen von Abszessen, Maßnahmen zur Vitalerhaltung der Pulpa (indirekte und direkte Überkappung), endodontische Eingriffe (besonders Trepanation, Devitalisation oder auch die verschiedenen Vitalverfahren), Exzisionen von Schleimhautveränderungen, provisorische Füllungen, Nachbehandlungen nach chirurgischen Eingriffen von Kollegen und anderes mehr.

Typische Notfallleistungen

!

Ein übermäßiges Aufkommen solcher und ähnlicher Verrichtungen ist letztlich allein dem Notdienst als solches zu schulden, begründet seinerseits aber eben auch ein Überschreiten des Fallschnitts bezüglich einer oder mehrerer Bema-Positionen.

Auch bei häufiger respektive länger andauernder Vertretung für andere Zahnärzte wird mit einem vermehrten Anfall vieler der vorerwähnten Leistungen zu rechnen sein.

Kleine Praxen

Ein weiteres Spezifikum stellen die sogenannten kleinen Praxen dar. Freilich ist nirgendwo exakt definiert, ab beziehungsweise bis zu welcher Fallzahl man von einer solchen spricht oder durch welche Parameter diese gekennzeichnet sind. In einem seiner Urteile gelangte das Bundessozialgericht im Jahre 1998 zu der Auffassung, dass Einrichtungen mit einem Patientenvolumen von gerade einmal 20 Prozent des ansonsten für die Fachgruppe ermittelten Wertes nicht mehr anhand der statistischen Vergleichsprüfung betrachtet werden könnten. So gesehen mag es im Prüfverfahren durchaus nützlich sein, die Menge der eigenen Klienten in Relation zum Durchschnitt des zugehörigen KZV-Bereiches gegebenenfalls etwas näher zu beleuchten. Schließlich berücksichtigen die gängigen Prüfmethoden diese innere Variationsbreite innerhalb der Fachgruppe nur unzureichend. Im Allgemeinen sind jedoch Statistiken bei kleinen Praxen mit geringer Fallzahl kaum aussagekräftig, da hier der sogenannte Verdünnungseffekt entfällt.

Verdünnungseffekt

An einem einfachen Rechenbeispiel lässt sich dieser Sachverhalt trefflich verdeutlichen: Ein Zahnarzt X behandelt 100 Patienten und rechnet dabei Leistungen im Umfang von durchschnittlich jeweils 100 Punkten ab. Kommt nun aber ein einziger besonders kostenintensiver Behandlungsfall mit einem notwendigen Aufwand von angenommen 2.000 Punkten hinzu, so zöge dies für diesen Kollegen eine Steigerung des Fallwertes um immerhin ein Fünftel nach sich. Eine andere Praxis Y hingegen wird aber – im Gegensatz zu vorgenanntem Haus – im selben Zeitraum von 1.000 Patienten frequentiert. Angenommen, auch hier läge der Fallschnitt bei 100 Punkten, so würde daraus ein Gesamtvolumen von 100.000 Punkten resultieren. Nimmt nun die letztgenannte Einrichtung den vorerwähnten gewichtigen Fall hinzu, so wäre dessen Einfluss auf deren Mittelwert geradezu verschwindend gering. Rein rechnerisch ergäbe sich hier eine Differenz von lediglich zwei Punkten. Im Falle einer Häufung solch aufwendiger Patienten würde die Schere zwischen kleinen und großen Praxen zunehmend auseinandergehen. Selbst wenn es sich bei den hier konstruierten Beispielen um Extremfälle handeln mag, so wäre es doch geradezu ein Unding, zwei dermaßen unterschiedlich strukturierte Einrichtungen tatsächlich mit ein und demselben Maß bewerten zu wollen. Doch genau dies passiert ursprünglich im gängigen Prüfverfahren.

Schlussendlich geht die vom Gesetzgeber innerhalb der Zahnärzteschaft unterstellte Homogenität bezüglich des Leistungsspektrums an der Realität ein beträchtliches Stück weit vorbei.

!

Nach ihrem jeweiligen therapeutischen Schwerpunkt lassen sich demnach vom Durchschnitt abweichende Praxistypen unterscheiden.

Abweichende Praxistypen

So können entweder zahn- und möglichst vitalitätserhaltende Verrichtungen einschließlich umfänglicher parodontaler Behandlungen oder aber die Zahnentfernung mit anschließender prothetischer Versorgung im Vordergrund stehen. Andere Zahnärzte bevorzugen Füllungen und weitere konservierende Vornahmen. Darüber hinaus gibt es Einrichtungen, in denen ohne jedwede Präferenz sozusagen querbeet gearbeitet wird. Demgegenüber wären in diesem Zusammenhang auch verschiedene Spezialdisziplinen wie zum Beispiel Kieferorthopädie oder -chirurgie zu erwähnen. Allein schon durch diese Gegebenheiten lassen sich nachhaltige Abweichungen innerhalb der therapeutischen Bandbreite begründen.

Weiterführende Verfahrensweisen

Kommt es durch die Gremien letztlich zur Anerkennung seitens des Prüflings dargestellter Praxisbesonderheiten, wären verschiedene weiterführende Verfahrensweisen möglich: Neben der bereits erwähnten Bildung einer engeren Vergleichsgruppe nach Ausgliederung entsprechend nachgewiesener Ausnahmetatbestände könnten zum Beispiel für bestimmte Generationen (wie etwa Kinder und Jugendliche beziehungsweise Rentner und Ältere) gesonderte Statistiken herangezogen werden oder aber eine differenzierte Betrachtung dahingehend erfolgen, dass Praxen mit bestimmten gehäuft abgerechneten Leistungen nur mit solchen verglichen werden, welche derartige selbst ebenfalls erbringen. Weiter wäre unter Umständen auch eine Prüfung von Einzelfällen denkbar.

!

Will der ins Visier der Prüfgremien geratene Zahnarzt eine Kürzung erworbener Honorare wenigstens in Teilen abwehren, so kommt er nicht umhin, im Verfahren gegebene Praxisbesonderheiten und signifikante kompensatorische Ersparnisse umfänglich darzulegen.

Vermeidung liquiditätsmäßiger Belastung

Dabei sollte er sich in der Tat nicht scheuen, wahrlich all jene Fakten vorzutragen, welche für ihn auch nur im Entferntesten in dieser Hinsicht von Vorteil sein könnten. Schließlich sollte der Zahnarzt in der Wirtschaftlichkeitsprüfung nach jedem erdenklichen Strohhalm greifen, um die liquiditätsmäßige Belastung für seine Praxis so gering wie möglich zu halten.

8 Einzelne Bema-Positionen in der Wirtschaftlichkeitsprüfung

Im folgenden Kapitel soll nunmehr vor allem auf die wesentlichen konservierend-chirurgischen Leistungsziffern näher eingegangen werden. Dabei sind neben den für die Wirtschaftlichkeitskontrolle relevanten Aspekten selbstredend auch die entsprechenden Abrechnungsbestimmungen zu berücksichtigen. In einem Prüfverfahren ist jedoch mitunter nicht nur das mengenmäßige Aufkommen der einzelnen Bema-Positionen für sich, sondern mitunter auch deren quantitative Relation untereinander von Bedeutung.

Darüber hinaus sollte jeder Praktiker kritisch für sich analysieren, ob beziehungsweise inwieweit Praxisbesonderheiten und andere individuelle Umstände Abweichungen bezüglich einzelner oder mehrerer Bema-Positionen begründen könnten. Auch der Nachweis bestehender kompensatorischer Einsparungen in anderen Leistungsbereichen kann ein möglicherweise vermehrtes Aufkommen bestimmter Abrechnungsziffern relativieren.

Beratungen und Untersuchungen
(Ziffern Ä1 und 01/U)

Relevante Abrechnungsbestimmungen

In den Abrechnungsbestimmungen zur Gebührennummer Ä1 (Beratung) ist unter anderem festgelegt, dass diese sowohl neben der ersten zahnärztlichen Verrichtung im Quartal als auch nachfolgend in Gestalt einer alleinigen Maßnahme in Betracht kommt. Der gleichzeitige Ansatz der Gebührenziffern für eine Untersuchung (U/01) und eine Beratung ist ebenso ausgeschlossen wie eine wiederholte Berechnung der Nummer Ä1 neben einer weiteren zahnärztlichen Sonderleistung in einer späteren Sitzung innerhalb desselben Abrechnungsvierteljahres.

!

Dabei sollte unbedingt beachtet werden, dass auch Vornahmen im Zusammenhang mit prothetischen, parodontologischen oder anderen nicht konservierend-chirurgischen Therapien in diesem Sinne anzusehen sind.

Krankheitsfall über mehrere Quartale

Es würde somit geltenden Bestimmungen entgegenstehen, beispielsweise im Rahmen der Herstellung einer Modellgussprothese neben den einzelnen Behandlungsschritten jedes Mal noch zusätzlich die Nummer Ä1 ansetzen zu wollen. Auch berechtigt allein der Umstand, dass sich ein Krankheitsfall über mehrere Quartale hinzieht (zum Beispiel bei Wurzelbehandlungen und/oder chirurgischen Maßnahmen) *nicht* zur wiederholten Deklaration der Beratungsposition am Beginn eines jeden neuen Abrechnungszeitraums. Darüber hinaus gilt die 18-Tage-Frist, welche – sofern es sich nicht um einen völlig neuen Behandlungsfall handeln sollte – nach einmal erbrachter Untersuchung oder Beratung im vergangenen Quartal für das darauffolgende Liquidationsintervall zu berücksichtigen ist.

Kein paralleler Ansatz mit Hilfeleistung bei Ohnmacht

Eine Spezifität besteht in dem nicht zulässigen parallelen Ansatz einer Beratung neben einer Hilfeleistung bei Ohnmacht oder Kollaps (Ohn/02), obgleich sich eine solche Regelung bei nüchterner Betrachtung sachlich kaum nachvollziehen lässt. Schließlich wurde der von einer entsprechenden Komplikation betroffene Patient in der Regel zuvor nicht mehr, aber auch nicht weniger zu einem bestimmten Sachverhalt beraten und aufgeklärt. Daran ändert auch ein plötzlich eintretender Zwischenfall herzlich wenig. Stattdessen kann in einem solchen Fall ein unter Umständen beträchtlicher Mehraufwand für den Behandler die Folge sein, welcher jedoch in den wenigsten Fällen auch nur einigermaßen angemessen honoriert wird; schließlich vermag es sich unter Umständen um Hilfeleistungen bei (wenn auch in glücklicherweise nur sehr seltenen Ausnahmesituationen) womöglich lebensbedrohlichen Zuständen handeln. Es gebietet sich daher - wenn schon nicht beide Positionen gleichzeitig ansatzfähig sind – in derartigen Fällen die höherwertige Gebührennummer (hier also die Bema-Ziffer 02/Ohn) abzurechnen. Der Vollständigkeit halber sei an dieser Stelle daran erinnert, dass die Liquidation der Ä1 anstelle einer anderen Maßnahme nicht statthaft ist.

Eingehende Untersuchung

Bezüglich der eingehenden Untersuchung zur Feststellung von Zahn-, Mund- und Kieferkrankheiten (Bema-Nummer U/01) lassen die Abrechnungsbestimmungen dem Zahnmediziner indes kaum einen wirklichen Handlungsspielraum. Diese Maßnahme ist bekanntlich auf einmal je Kalenderhalbjahr limitiert, wobei zudem eine Karenz von mindestens vier Monaten zwischen zwei Untersuchungen gewahrt bleiben muss. Üblicherweise bildet solch eine Verrichtung den ersten Schritt innerhalb eines Behandlungsfalles, sieht man einmal von wenigen Ausnahmen (zum Beispiel bei Notdiensten beziehungsweise Schmerzfällen) ab. Eventuell erforderliche Beratungen sind im Leistungsinhalt dieser Position enthalten.

Eine Gebühr nach Bema-Nummer 01 sollte allerdings nicht allein deswegen abgerechnet werden, weil das entsprechende Zeitlimit vorüber und somit eine Untersuchung wieder möglich ist. Auch während oder am Ende einer Behandlung scheidet eine solche Maßnahme unter wirtschaftlichen Aspekten eher aus. Demgegenüber würde ein Aufschieben dieser diagnostischen Leistung ohne ersichtlichen Grund der betreffenden Krankenkasse unnötige Kosten verursachen und wäre von daher als unökonomisch anzusehen.

!

Bei einer Wirtschaftlichkeitsprüfung werden die beiden vorerwähnten Bema-Ziffern (Ä1 und U/01) in der Regel im Zusammenspiel betrachtet. Dabei gehen die Gremien davon aus, dass normalerweise bei der Mehrheit der Patienten innerhalb eines Quartals nur *eine* dieser Maßnahmen anfallen sollte.

Typische Schmerzsituation

Üblicherweise sollte eine Untersuchung oder Beratung am Anfang eines Behandlungsfalles stehen. Die Abrechnung beider Positionen nacheinander wird als eher rare Exzeption angesehen, obzwar man sich im Praxisalltag mit derartigen Abläufen immer wieder konfrontiert sieht. Man denke in diesem Kontext nur einmal an eine typische Schmerzsituation: Ein Patient konsultiert seinen Zahnarzt wegen akuter Beschwerden erstmals im Quartal, und zwar zu einem Zeitpunkt, an dem die Ziffer 01 aufgrund der bestehenden Abrechnungsbestimmungen noch nicht wieder ansatzfähig ist. Folglich kommt es zunächst - ganz Bema-konform - zur Liquidation der Gebührenposition Ä1. Erst in einer späteren (womöglich bereits längerfristig zur Vorsorge vereinbarten) Sitzung vermag letztlich eine eingehende Diagnostik vorgenommen und abgerechnet werden. Der Praktiker kann in einem so gelagerten Fall gar nicht anders, als die Leistungen genau so zu deklarieren, wie sie tatsächlich auch erbracht wurden (und eigentlich sollte er allein schon aufgrund der Berufsordnung prinzipiell auch nichts anderes tun!). Mithin folgt in einem solchen Fall auf eine Beratung bei der Erstkonsultation in demselben Quartal zwangsläufig noch eine Untersuchung zu einem späteren Termin.

Notdienste

Auch im Zusammenhang mit Notdiensten monieren die Ausschüsse häufig, dass der Ansatz der Gebührenposition 01 an Wochenenden und Feiertagen inhaltlich den Rahmen schmerzausschaltender Sofortmaßnahmen sprengen würde und folglich auch die Abrechnung eines entsprechenden Zuschlags (Bema-Nummer 03) nicht opportun sei. Für den Praktizierenden würde dies im Umkehrschluss allerdings nahezu zwangsläufig bedeuten, auch bei der eigenen Klientel entstammenden Patienten während des Bereitschaftsdienstes zunächst isoliert lediglich den eigentlichen Notfall zu versorgen (und dabei natürlich unter anderem die Ziffern Ä1 und 03 zu berechnen) und erst *danach* im Rahmen eines späteren regulären Termins die Untersuchung und gegebenenfalls weitere notwendige Eingriffe vorzunehmen. In beiden geschilderten Fällen kommt es – ohne dass der Zahnarzt dies beeinflussen könnte – zur aufeinanderfolgenden Abrechnung von Beratung und Untersuchung in ein und demselben Vierteljahr.

Erhöhter Beratungsbedarf

Darüber hinaus sollte nicht vergessen werden, dass die Bema-Regularien einen mehrfachen Ansatz der Nummer Ä1 als alleinige Maßnahme mehrfach je Quartal, unter Umständen sogar wiederholt an einem Tag ausdrücklich zulassen. In der alltäglichen Praxis treten uns derartige Behandlungsfälle immer wieder entgegen. Allein schon im Zuge der (gesetzlich verbrieften) umfassenden Aufklärungspflicht des Zahnarztes gegenüber seinen Patienten besteht insbesondere bei chirurgischen Eingriffen oder der Planung und Ausführung komplexer prothetischer Versorgungen – nicht zuletzt aus forensischer Sicht – ein nachhaltig erhöhter Beratungsbedarf, welcher ohne weiteres einen wiederholten Ansatz der Gebührennummer Ä1 bedingen kann.

!

Schließlich ist das denkbare und auch praktikable Therapiespektrum mitunter derart vielschichtig, dass oftmals mehrere Sitzungen zur Absprache der letztlich vorzunehmenden Versorgung vonnöten sind.

Genau genommen findet hier jedes Mal eine Beratung entsprechend den Bestimmungen zur Nummer Ä1 statt, sodass – sofern keine weiteren Schritte vorgenommen werden – in der Regel letztendlich auch deren Abrechnung gerechtfertigt wäre.

Mehrfache Beratungen in der Notfallbereitschaft

Aber auch im Zuge der Notfallbereitschaft sind mehrfache Beratungen durchaus gang und gäbe. Stellen Sie sich hierzu nur einmal einen Patienten vor, welcher sich zunächst fernmündlich an Sie wendet, um zu erfahren, welche Schmerzmittel Sie ihm wegen der von ihm vorgetragenen, wie auch immer gearteten Beschwerden empfehlen würden. Sie nennen ihm ein bestimmtes Medikament X und gegebenenfalls die diensthabende Apotheke Y gleich mit dazu. Einige Stunden später ruft dieselbe Person wiederholt an, um mitzuteilen, dass seine Leiden fortbestehen. Sie beraten den Anrufer erneut zu weiteren schmerzlindernden Maßnahmen und erlegen ihm auf, sich erforderlichenfalls nochmals mit Ihnen in Verbindung zu setzen. Schließlich werden Sie einige Zeit später tatsächlich ein drittes Mal fernmündlich kontaktiert, und es zeigt sich nunmehr, dass eine Behandlung in Ihrer Praxis unumgänglich ist. Es ist nur legitim, die dort dann letztlich vorgenommenen Sachleistungen einschließlich des Zuschlages nachfolgend auch zur Abrechnung zu bringen. Aber auch die telefonischen Beratungen zuvor sind real angefallen und somit jeweils gemeinsam mit der Bema-Position 03 zu liquidieren. Mithin kann bei einem einzelnen Patienten an nur einem Tag ein mehrfacher Ansatz von Beratungen und Zuschlägen angezeigt sein. Darüber hinaus sind natürlich auch die in der Praxis angefallenen Sonderleistungen ansatzfähig. Man benötigt nur wenig Fantasie, um sich vorzustellen, dass die meisten Kollegen – allein schon zur Vermeidung von Restriktionen – in solchen Situationen bezüglich ihrer Abrechnung eher zurückhaltend agieren dürften, obwohl es hierfür eigentlich keinerlei rationelle Gründe gibt. Schließlich handelt es sich jedes Mal um einen fachlich fundierten Ratschlag, welcher eigentlich entsprechend zu honorieren wäre.

Mehrfacher Ansatz von Beratungen

Bei einem wiederholten Auftreten solcher oder ähnlich gelagerter Fälle lässt sich der im Falle einer Wirtschaftlichkeitskontrolle allgemein übliche Richtwert, wonach die Summe der abgerechneten Gebührennummern 01 und Ä1 zusammen um maximal 10 bis 15 Prozent über der Gesamtfallzahl liegen solle, indes nur schwer verwirklichen. Im Prüfverfahren mag der nachdrückliche Hinweis auf die uneingeschränkt richtlinienkonforme Mehrfachabrechnung der Beratungsposition durchaus hilfreich sein. Derartige Leistungen sind, wie erwähnt, auch telefonisch oder nach Anordnung des Zahnarztes durch autorisiertes Hilfspersonal zulässig. Auch symptombezogene diagnostische Maßnahmen lassen sich über diese Gebührenziffer liquidieren.

Richtlinienkonforme Mehrfachabrechnung

!

Um unnötigen Ärger in der Wirtschaftlichkeitsprüfung zu vermeiden, sollte der Praktiker darauf achten, dass es innerhalb des analysierten Abrechnungszeitraumes zu keiner allzu wesentlichen Überschreitung der Gesamtzahlen der Bema-Position U/01 und Ziffer Ber/Ä1 gegenüber der Fallzahl kommt.

Schwellenwert

Wie bereits dargelegt, liegt der Schwellenwert diesbezüglich bei maximal 110 bis 115 Prozent. Legt man in einem untersuchten Quartal also beispielhaft die Konsultation von 500 Patienten zugrunde, so wären in diesem Intervall für die Prüfgremien etwa 550 bis 575 Untersuchungen und Beratungen tolerabel. Darüber hinaus wären seitens des Praxisinhabers spezifische Besonderheiten vorzutragen und entsprechend zu belegen.

PSI-Code
(Bema-Nummer 04)

Der Parodontale Screening-Index (PSI) wurde bereits 1992 in den USA eingeführt und dient der Früherkennung von Störungen des Zahnhalteapparats. Seit 2004 ist diese Leistung Bestandteil des Bema. Zur Ermittlung des PSI-Codes werden entzündungsrelevante klinische Parameter, nämlich Blutungsneigung und Sondierungstiefe, analysiert. Des Weiteren finden harte und weiche Beläge (Plaque) ebenso wie gegebenenfalls überstehende Ränder vorhandener Restaurationen (Füllungen und Kronen) Berücksichtigung.

Früherkennung von Störungen des Zahnhalteapparats

Für die entsprechende Diagnostik wird das natürliche Gebiss des Erwachsenen in Sextanten unterteilt. Bei Kindern werden, sofern bereits durchgebrochen, die ersten bleibenden Molaren sowie die Zähne 11 und 31 zur Befundung herangezogen. Nach dem jeweiligen Messergebnis unterscheidet man fünf Stufen, beginnend mit Code null für völlige Entzündungsfreiheit bis hin zu Grad vier als Manifestation einer schweren Parodontitis.

Vorgehen

Da diese Vornahme als Kassenleistung lediglich im Abstand von zwei Jahren zulässig ist, sollte sie in der Wirtschaftlichkeitsprüfung von eher untergeordneter Bedeutung sein. Vereinzelt vertreten Ausschüsse allerdings die Auffassung, dass eine Abrechnung dieser Gebührenposition in einem stark reduzierten Restgebiss unwirtschaftlich sei. Es empfiehlt sich daher, in entsprechend gelagerten Fällen den Ansatz dieser Leistungsziffer kritisch zu überdenken.

Bedeutung in der Wirtschaftlichkeitsprüfung

Gewinnung von Zellmaterial
(Bema-Nummer 05)

Frühdiagnostik von Karzinomen

Mit der Umstrukturierung des Bema im Jahre 2004 fand diese Gebührenziffer Aufnahme in das Verzeichnis zahnärztlicher Eingriffe. Sie beinhaltet die Gewinnung von Zellmaterial durch Bürstenabstrich für die Exfoliationszytologie mit dem Ziel einer Frühdiagnostik von Karzinomen. Die Maßnahme ist auf das Vorliegen definierter Krankheitsbilder (Leukoplakie, Erythroplakie oder Lichen planus) beschränkt und dann innerhalb von zwölf Monaten einmalig zulasten der gesetzlichen Kassen durchführbar.

Bedeutung in der Wirtschaftlichkeitsprüfung

Wissenschaftlichen Studien zufolge kann durch entsprechende Untersuchungen eine hochgradige Sensivität (über 98 Prozent) zur Abklärung derartiger pathologischer Prozesse erreicht werden. Aufgrund der engmaschigen Abrechnungsbestimmungen zu dieser Bema-Position dürfte diese in der Wirtschaftlichkeitsprüfung allerdings kaum eine nennenswerte Rolle spielen. Dennoch sei an dieser Stelle darauf hingewiesen, dass die Nummer 05 *nicht* für Abstriche zum Zweck einer bakteriellen Keimbestimmung ansatzfähig ist. Gegebenenfalls kann es bei einer solchen oder anderweitiger missbräuchlicher Berechnung dieser Leistungsziffer vereinzelt zu Regressen kommen.

Zuschläge
(Bema-Nummer 03/Zu)

Diese Leistungsziffer ist recht häufig Gegenstand kontroverser Auseinandersetzungen in Prüfverfahren.

!

Im Bema wird diesbezüglich präzisiert, dass deren Ansatz allein für dringend notwendige zahnärztliche Leistungen außerhalb der regulären Behandlungszeit, nachts (zwischen 20 und 8 Uhr) oder an Sonn- und Feiertagen zulässig ist.

Notdienst

Hierunter fällt generell auch der eingeteilte Notdienst, da es sich hierbei schließlich nicht um die übliche Sprechstunde handelt. Sofern aber Patienten, denen zum Beispiel berufsbedingt ein Zahnarztbesuch wochentags nicht möglich ist, gezielt an solchen Tagen einbestellt werden, wäre eine Berechnung dieser Position zulasten gesetzlicher Krankenversicherer keineswegs regelkonform.

Behandlung eigener Patienten

Nicht selten kommt es aber vor, dass der eigenen Klientel angehörende Personen beispielsweise die notwendige Erneuerung einer herausgebrochenen Füllung so lange vor sich herschieben, bis irgendwann einmal der reguläre Behandler zum Bereitschaftsdienst eingeteilt ist. Erscheint derjenige dann schließlich zur Notfallsprechstunde, so manifestieren sich dessen Beschwerden zumeist auf den ersten Blick als dringend versorgungsbedürftig, sodass die Bedingungen für den Ansatz der Gebührenziffer 03 eigentlich erfüllt sind. Demgegenüber kann nach menschlichem Ermessen eine unter Umständen über mehrere Wochen oder gar Monate aufgeschobene Behandlung nicht wirklich *zwingend* erforderlich sein, anderenfalls hätte sich diese wohl kaum so lange hinauszögern lassen. Der Therapeut jedoch kann in den wenigsten Fällen auch nur einigermaßen nachvollziehen, seit wann eine bestimmte Problematik besteht. Und er muss dies auch gar nicht.

!

> Für die Bewertung, ob eine akute Schmerzsituation besteht oder nicht, spielt die Frage „Seit wann?“ letztendlich keine Rolle.

Unterlassene Hilfeleistung

Verweigert ein Mediziner im Notdienst – und sei es wegen des vagen Verdachts einer möglichen Verschleppung - die Behandlung, so würde er womöglich den Patienten verlieren oder sich im ungünstigsten Fall gar unterlassener Hilfeleistung schuldig machen und hätte unter Umständen zivil- oder auch strafrechtliche Konsequenzen zu befürchten.

Nebeneinanderabrechnung von U/01 und Zu/03

Da es sich aber, wie eingangs erwähnt, um einen Angehörigen der eigenen Klientel handelt, kommen nun weitere wirtschaftliche Aspekte zum Tragen. So wäre am Beginn eines Behandlungsfalles eigentlich eine eingehende Untersuchung (Bema-Nummer U/01) angezeigt, zöge aber die in den Ausschüssen häufig eher kritisch gesehene Nebeneinanderabrechnung der Positionen U/01 und Zu/03 nach sich. Entscheidet sich der Zahnarzt nun gar dazu, neben den dringend notwendigen noch andere, wie auch immer geartete diagnostische oder therapeutische Maßnahmen (beispielsweise die Erstellung des PSI-Codes, Zahnsteinentfernung, weitere Füllungen, parodontologische oder prothetische Behandlungen) in derselben Sitzung vorzunehmen, so scheint der Ärger mit den Prüfungsgremien vorprogrammiert. Der Praktiker kann hier freilich seinerseits einige gut nachvollziehbare Einwände vorbringen. Schließlich entsteht der Krankenkasse durch die zusätzliche Vornahme der eingehenden Diagnostik (U/01) am Wochenende ebenso wie durch weitere Leistungen kein verifizierbarer Schaden. Ganz im Gegenteil: Die Alternative wäre die Abrechnung zunächst einer Beratung nebst Zuschlag und der zwingend erforderlichen Notversorgung gefolgt von einer Untersuchung und gegebenenfalls weiteren Verrichtungen in einem zweiten Termin. Letztere Variante dürfte für den gesetzlichen Kostenträger unter dem Strich finanzökonomisch sogar von Nachteil sein.

Ungünstigere Alternativen

„Außerhalb der Sprechstunde“

Ein weiterer Diskussionspunkt entspringt der Frage, wie sich der in der Leistungsbeschreibung enthaltene Passus „außerhalb der Sprechstunde“ definiert. Kommt ein Patient beispielsweise an einem normalen Arbeitstag noch während der regulären Öffnungszeiten in die

Praxis, verbietet sich der Ansatz der Bema-Nummer 03 auch dann, wenn die eigentliche Behandlung nach dem offiziellen Dienstschluss erfolgt oder dessen Ende überdauert. Anders verhält es sich aber, wenn der Zahnarzt die Einrichtung bereits verlassen hat und später wegen eines Notfalls noch einmal zurückkehren muss. Hier ist die Abrechnung eines Zuschlages völlig legitim.

Zuschlag keine Sonderleistung

Darüber hinaus vermag die erwähnte Leistungsposition auch mehrfach pro Tag abgerechnet werden, was zum Beispiel im Zusammenhang mit dem Bereitschaftsdienst von Bedeutung sein kann. Dabei gilt ein Zuschlag niemals als Sonderleistung, sodass neben einer Beratung oder einer anderen Verrichtung gegebenenfalls auch der wiederholte Ansatz dieser Ziffer möglich ist. Auch fernmündliche Konsultationen und die Einbindung von autorisiertem Personal sind zulässig. Ein Beispiel hierzu war bereits bei der Betrachtung der Gebührennummern U/01 und Ä1 eingangs dieses Kapitels erörtert worden.

!

Insgesamt dürfte die Häufigkeit der Abrechnung von Zuschlägen in einem engen ursächlichen Zusammenhang mit der Anzahl der Dienste im Quartal, aber auch mit der Lage der betreffenden Einrichtung in Bezug auf den Wohnsitz des Zahnarztes stehen.

Relevante Praxisbesonderheiten

Wird die Praxis in dessen unmittelbarer Nähe oder gar im eigenen Haus betrieben, so ist geradezu zwangsläufig mit einer erhöhten Inanspruchnahme (und folglich vermehrtem Ansatz dieser Gebührenziffer) zu rechnen. Auch wenn der Kollege in einem eher kleinen Notdienstbereich praktiziert, mag ein erhöhtes Aufkommen an Bema-Leistungen nach Zu/03 die naheliegende Folge sein. Schließlich hat der Betreffende aus objektiven Gründen hier häufiger zur Bereitschaft verfügbar zu sein als anderswo. Im Prüfverfahren ist es daher von eminenter Bedeutung, diesbezüglich signifikante Praxisbesonderheiten herauszustellen und durch geeignetes Zahlenmaterial zu unterlegen.

Hilfeleistung bei Ohnmacht und Kollaps
(Bema-Nummer 02/Ohn)

Bei jedem Notfall ansatzfähig

Diese Gebührenziffer ist laut Bema-Festlegungen bei jedem Notfall ansatzfähig, unbesehen der Frage, ob es tatsächlich zu einer Ohnmacht beziehungsweise einem Kollaps gekommen ist. Voraussetzung ist allerdings, dass dem Behandler durch den – wie auch immer gearteten Zwischenfall – ein zusätzlicher Zeitaufwand entstanden ist.

!

Die Leistung darf zwar neben einer Untersuchung, nicht aber parallel mit einer Beratung angesetzt werden.

Ä1 für symptombezogene Untersuchung

Plötzlich eintretende Komplikation

Über die Perfidie der letzterwähnten Regelung war bereits an anderer Stelle zu lesen. Bedenkt man gar, dass die Gebührennummer Ä1 in der Kassenabrechnung unter gewissen Voraussetzungen auch für eine symptombezogene Untersuchung herhalten muss, so wird diese Festlegung nur noch unverständlicher. Schließlich erfolgen zunächst gegebenenfalls weitreichende diagnostische Schritte, welche unter Umständen allein aus formalen Gründen nicht als eingehende Untersuchung abgerechnet werden können und nach einem entsprechenden Zwischenfall dann aufgrund dieser fraglichen Abrechnungsbestimmungen sogar gänzlich verfallen. Dabei ändert eine plötzlich eintretende Komplikation an vorangegangenen analytischen Maßnahmen eigentlich herzlich wenig. Sofern nun also neben einer durchgeführten Beratung Hilfeleistungen in der beschriebenen Art und Weise erforderlich sind, bleibt dem Zahnmediziner kaum etwas anderes übrig, als die höherwertige Position (hier die 02/Ohn) in Ansatz zu bringen und auf die geringer dotierte Leistung (im Beispiel die Ä1) zu verzichten.

Bedeutung im Prüfverfahren

Prinzipiell ist eine Analyse der Gebührenziffer 02 im Zuge der Wirtschaftlichkeitsprüfung sachlich nur schwer nachvollziehbar. Schließlich handelt es sich hierbei um zwingend erforderliche Schritte in Verbindung mit unter Umständen gar lebensbedrohlichen Zuständen. Solche lassen sich nun einmal nicht anhand von Statistiken planen oder gar ausführen. Anders gesagt:

> Wenn ein entsprechender Zwischenfall eintritt, ist der Zahnarzt objektiv zur Hilfeleistung verpflichtet, ganz gleich, wie viele Komplikationen zuvor bereits ein Einschreiten bedungen haben.

!

Dem Praktiker bleibt im äußersten Fall keine andere Wahl, als den KZV-Schnitt bezüglich dieser Position erforderlichenfalls ganz beträchtlich zu torpedieren. Eine Kürzung hinsichtlich dieser Ziffer sollte eigentlich allein schon aus forensischen Gründen ausscheiden.

Beistand nach Ä61

In diesem Zusammenhang sei am Rande auch die der Gebührenordnung für Ärzte (GOÄ) entlehnte Leistungsziffer für die Assistenz zur medizinischen Leistung eines anderen Arztes (Beistand nach Ä61) erwähnt, obgleich diese im Praxisalltag des niedergelassenen Zahnarztes wohl von eher untergeordneter Bedeutung sein dürfte. Grundsätzlich kommt diese Abrechnungsposition *nicht* neben einer weiteren Verrichtung in Betracht und ist allein schon deshalb klar von der Bema-Nummer 02 abzugrenzen.

Vitalitätsprüfung
(Bema-Nummer 8/ViPr)

Am Anfang einer Behandlung

Diese diagnostische Vornahme ist gemäß den hierfür geltenden Abrechnungsbestimmungen zwar einmal je Sitzung berechenbar, sollte aber aus wirtschaftlichen Erwägungen heraus in der Regel lediglich am Anfang einer Behandlung vorkommen und dabei nach Möglichkeit *alle* zur Disposition stehenden Zähne umfassen. Die Leistung tritt insbesondere im Zusammenhang mit Überkappungen (Gebührennummern 25/CP und 26/P), der Vitalamputation beziehungsweise Pulpotomie (27/Pulp) oder weiterreichenden endodontischen Verrichtungen (28/VitE, 29/Dev, 31/Trep1) und deren Folgeleistungen (32/WK, 34/Med, 35/WF) in Erscheinung. Diesbezüglich sollte auch an die Verlaufskontrolle, vor allem bei der Caries-profunda-Therapie gedacht werden. Auch im Zuge der Planung prothetischer Sanierungen ist eine sorgfältige Sensibilitätsprüfung der für diese maßgeblichen Pfeiler von eminenter Bedeutung und wird in den gültigen Zahnersatzrichtlinien geradewegs verbindlich eingefordert. Somit ist von einer unmittelbaren Korrelation zwischen entsprechenden Vornahmen (Kronen, Brücken und anderes mehr) und der Menge der erfolgten Vitalitätstests auszugehen.

Sorgfältige Sensibilitätsprüfung

Kritische Beurteilung im Prüfverfahren

Andererseits ist diese Bema-Nummer schwer zu verifizieren und im Nachhinein kaum kontrollierbar. Damit lässt sie sich, auch ohne wirklich angezeigt zu sein, leicht vermehren. Im Prüfverfahren kommt es diesbezüglich folglich zu einer besonders kritischen Beurteilung.

!

Aus einer übermäßigen Abrechnung dieser Position leiten die Ausschüsse häufig eine unwirtschaftliche Behandlungsweise ab.

Für den geprüften Zahnarzt gestaltet sich der Gegenbeweis betreffs dieser Vornahme oftmals recht problematisch, da bezüglich deren Indikation kaum messbare Parameter existieren.

Für den Zahnarzt bildet der Vitalitätstest in vielen Situationen ein wichtiges, mitunter gar unentbehrliches Hilfsmittel für dessen Diagnostik und Therapieplanung. Auch bei der unter Umständen erforderlichen wiederholten Prüfung der Sensibilität von Zähnen im Zusammenhang mit vitalerhaltenden Maßnahmen kann es leicht zu einer Überschreitung des KZV-Schnitts hinsichtlich dieser Leistung kommen, ohne dass der kontrollierte Mediziner hierauf Einfluss zu nehmen vermag. So sind innerhalb der auf eine Pulpotomie folgenden zwei Jahre unter fachlichen Aspekten wiederkehrende Vitalitätsprüfungen indiziert. Eine weitere wissenschaftlich anerkannte Forderung besteht schließlich darin, nach einer Überkappung die Sensibilität der Pulpa gegebenenfalls mehrfach zu kontrollieren. Auch vor einer anstehenden Überkronung oder andersgearteten Versorgungen mit Zahnersatz sollte die Frage nach dem diesbezüglichen Zustand der maßgeblichen Pfeiler gestellt werden. Somit können überdurchschnittliche prothetische wie auch parodontologische Leistungszahlen ein erhöhtes Aufkommen der Gebührenziffer 8/Vipr nach sich ziehen und mithin Anerkennung als Praxisbesonderheit finden.

Unentbehrlich in Diagnostik und Planung

Wiederkehrende Vitalitätsprüfungen

Röntgenleistungen

!

Die nachfolgend zu erörternden zahnärztlichen Leistungen unterliegen zunächst erst einmal der Röntgenverordnung, welche vorrangig darauf abzielt, die anfallende Strahlenexposition möglichst auf ein Minimum zu beschränken.

Reduzierung der radiologischen Belastung

Diese Forderung steht bezüglich ihrer Wertigkeit aus naheliegenden Gründen noch über dem Gebot einer ökonomischen Behandlungsweise, obzwar beide Parameter einander kaum ausschließen dürften. Schließlich ist eine Reduzierung der radiologischen Belastung des Patienten auf das kleinstmögliche Maß nahezu untrennbar mit einer weitgehend wirtschaftlichen Ausübung dieser Tätigkeiten verbunden. Demgegenüber sind in vielen Situationen exakte, gegebenenfalls recht umfängliche Röntgenuntersuchungen für den Therapeuten von eminenter Bedeutung und mitunter geradezu unverzichtbar.

Klinische und röntgenologische Dokumentation

Grundsätzlich sind eingehende diagnostische Maßnahmen insbesondere bei komplexen zahnärztlichen Behandlungen beinahe zwingend vonnöten, was insbesondere bei der Begutachtung parodontologischer und prothetischer Leistungen von großer Wichtigkeit sein kann. Hier und mehr noch bei Mängelrügen ist eine erforderlichenfalls auch umfangreiche Röntgendiagnostik gefragt. Insbesondere im Nachhinein offenbaren sich mitunter erschreckende Lücken in der klinischen und röntgenologischen Dokumentation von Ausgangsbefunden beziehungsweise Zwischenschritten, welche dem geprüften Kollegen leicht zum Verhängnis werden können. Die in solchen Momenten über das Handeln des betroffenen Praktikers richtenden Personen und Instanzen hätten am liebsten für jede ursprünglich noch so nichtig erscheinende Kleinigkeit einen entsprechenden bildgebenden Beleg, wohlwissend, dass sich hierin für den Zahnarzt ein exorbitantes Konfliktpotential zu den bestehenden Strahlenschutzbestimmungen verbirgt.

!

> Somit ergibt sich für den praktizierenden Zahnarzt ein enormer Spagat zwischen Röntgenverordnung, Wirtschaftlichkeit und angemessener Dokumentationspflicht, welcher sich mitunter nur schwer bewerkstelligen lässt.

Zahnersatzrichtlinien

Denken Sie in diesem Zusammenhang nur einmal an die geltenden Zahnersatzrichtlinien. Demnach werden in Vorbereitung prothetischer Versorgungen unter anderem die Diagnostik und Therapie apikaler Prozesse und pathologischer Veränderungen im Kieferknochen, aber auch das Auffinden und gegebenenfalls eine rechtzeitige Entfernung verlagerter Zähne beziehungsweise impaktierter Wurzelreste gefordert. In der Regel lassen sich diese Ansprüche jedoch nicht ohne eine angemessene röntgenologische Diagnostik befriedigen. Auch wenn die Gremien im Prüfverfahren gern auf einer gewissen Homogenität innerhalb der sogenannten Vergleichsgruppe insistieren, kann es in einem oder auch mehreren Einzelfällen bezüglich dieser Leistungen leicht zu respektablen Überschreitungen der Durchschnittswerte kommen. Für den Zahnarzt ist in der Wirtschaftlichkeitsprüfung daher die genaue Kenntnis der Indikationen für derartige Vornahmen unerlässlich.

Indikationen

So sollte das diagnostische Spektrum bei begründetem Verdacht auf pathologische Prozesse an Zähnen und Zahnhalteapparat ausgeschöpft und bei Erfordernis auch auf radiologische Untersuchungsverfahren zurückgegriffen werden. Darüber hinaus erfordern komplexe parodontologische, kieferorthopädische und prothetische Verrichtungen im Zuge ihrer Planung, oftmals aber auch im Verlauf der Behandlung verschiedentliche Röntgenaufnahmen. Dasselbe gilt für endodontische Maßnahmen; hier fallen in der Regel wenigstens zwei bis drei Zahnfilmprojektionen (diagnostische, Instrument- und letztlich Kontrollaufnahme) pro Fall an. Verzichtet der vermehrt in dieser Richtung agierende Zahnmediziner auf eine angemessene radiografische Befundung, läuft er möglicherweise Gefahr, einen schwerwiegenden Behandlungsfehler zu begehen. Arbeitet er jedoch fachlich gesehen gewissenhaft, so können daraus leicht veritable Überschreitungen des KZV-Schnitts und entsprechende Auseinandersetzungen mit den Prüfinstanzen resultieren.

Obligatorische Röntgenaufnahmen

Auch sollte man nicht vergessen, dass Röntgenbilder in der Leistungsbeschreibung mancher zahnmedizinischer Verrichtungen geradezu verpflichtend gefordert werden. So ist zum Beispiel eine Kontrollaufnahme nach erfolgter Wurzelkanalfüllung als Teil endodontischer Vornahmen für den Nachweis einer ordnungsgemäßen Ausführung selbiger obligat. Bei diesbezüglich verstärkt tätigen Kollegen ist jener Umstand aber zugleich geeignet, die Quantität der damit verbundenen Leistungsziffer immens in die Höhe zu treiben. Ferner kann vor einer notwendigen Zahnentfernung auf eine angemessene Absicherung – nicht zuletzt aus forensischen Gründen – nur selten verzichtet werden. Dasselbe gilt bei diversen chirurgischen Eingriffen, bei denen Vorab-Aufnahmen unerlässlich sind. In diesem Zusammenhang sei beispielhaft an den röntgenologischen Nachweis radikulärer Zysten (Bema-Nummern 56a-d/Zy1-4), impaktierter und retinierter Zähne oder Wurzeln beziehungsweise deren Resten (Ost2/48) erinnert. Aber auch bei Wurzelspitzenresektionen (WR1-3/54a-c), einer Hemisektion (Hem/47b) oder Reimplantation (RI/55) von Zähnen ist eine ausreichende bildgebende Diagnostik indiziert.

!

Insbesondere bei festsitzenden beziehungsweise hochwertigen prothetischen Restaurationen sollten neben der klinischen Befundung zugleich exakte röntgenografische Untersuchungen erfolgen.

Hochwertige prothetische Restaurationen

Diese sind sowohl in der Planungsphase als auch im Fall einer möglichen späteren Ausführungsbegutachtung von eminenter Bedeutung. In Praxen mit entsprechender therapeutischer Ausrichtung können allein aus diesem Umstand heraus die Röntgenleistungen vehement über dem allgemeinen Vergleichswert liegen. Auch in der Kieferorthopädie und bei pathologischen Prozessen des Zahnhalteapparats sind solche Maßnahmen nahezu unverzichtbar. So sind bereits bei der Erstellung des Parodontalstatus die Diagnose unterlegende Aufnahmen von großer Wichtigkeit.

Hat die Kasse schließlich einem Antrag auf Zahnersatz, Systematische PAR-oder KFO-Behandlung erst einmal entsprochen, so lässt sich hieraus ohne Vorbehalt die Zusage für alle weiteren mit der geplanten Therapie signifikant einhergehenden Schritte (wie auch erforderliche

Röntgenaufnahmen) ableiten. Man spricht dann von einer sogenannten Bindungswirkung. Diese umfasst sämtliche an die genehmigte Hauptleistung gekoppelten Maßnahmen, wie zum Beispiel Anästhesien, Röntgen und sonstige begleitende Verrichtungen.

Bindungswirkung

!

Mit Befürwortung des eingereichten Heil-und Kostenplanes gelten auch diese de facto als genehmigt und sind somit nachträglich kaum mehr angreifbar.

Als weitere Indikationen für eine bildgebende Diagnostik seien an dieser Stelle traumatische Prozesse oder Erkrankungen der Kiefergelenke erwähnt, wobei hier die Panoramatechniken im Vordergrund stehen dürften. Bei einer Überschreitung dieser Positionen kann es im Prüfverfahren hilfreich sein, sich auf die entsprechend gelagerten Behandlungsfälle zu berufen. Auch diesbezüglich ist eine exakte Führung der Patientenakten unentbehrlich.

Erkrankungen der Kiefergelenke

Desweiteren haben in den letzten Jahren Implantate und darauf fußende prothetische Konstruktionen zunehmend an Bedeutung gewonnen. Dabei sollte man allerdings die Grenzen der Leistungspflicht gesetzlicher Kostenträger nicht aus den Augen verlieren. Hier gilt der Grundsatz, dass nur bei gegebener Zuständigkeit der Kasse für die Hauptleistung über diese auch begleitende Maßnahmen abgerechnet werden können. Andernfalls wird sich der betreffende Praktiker des Vorwurfes der Unwirtschaftlichkeit nur schwer erwehren können.

Implantate

Unter abrechnungstechnischen Aspekten unterscheidet man abhängig von der Anzahl der maximal vorgenommenen Projektionen die Gebührenpositionen Rö2, Rö5 und Rö8 (Bema-Nummern Ä925a–c) sowie bei mehr als acht erforderlichen Einzelbildern den Zahnfilmstatus (Stat/Ziffer Ä925d). Darüber hinaus kommen spezielle Röntgenleistungen zur partiellen oder vollständigen Darstellung des Schädels (Gebührennummern Ä934a–c beziehungsweise Ä935a–d) in Betracht, wobei für den praktizierenden Zahnarzt vorrangig Übersichtsaufnahmen (und hier besonders das Orthopantomogramm/OPG) nach Ziffer Ä935d von Bedeutung sein dürften.

Abrechnungstechnische Aspekte

Zahnfilm

Doch wenden wir uns zunächst noch einmal dem Zahnfilm als noch immer gängigste zahnärztliche Röntgenmethode zu. Von wenigen anatomischen Ausnahmen abgesehen, sollte sich das Gebiet von bis zu *drei* nebeneinanderstehenden Zähnen in der Regel mit einer Projektion darstellen lassen. Werden bei gleicher klinischer Situation bis zu *zwei* Bilder in derselben Sitzung gefertigt, so zieht dieser Sachverhalt den einmaligen Ansatz der Bema-Ziffer Ä925a/Rö2 nach sich. Anders verhält es sich, wenn mehrere Aufnahmen in Verbindung mit unterschiedlichen Therapieschritten (beispielsweise bei endodontischen Behandlungen zunächst zur Diagnostik, dann für die Längenbestimmung und später schließlich zur Verlaufs- und Nachkontrolle) vonnöten sind. Hier darf die vorerwähnte Leistungsposition gegebenenfalls auch in ein und demselben Termin auf jeder Stufe und somit also mehrfach abgerechnet werden. Statistisch besteht folglich quantitativ eine enge Korrelation zwischen der Häufigkeit von Wurzelbehandlungen (Vitalexstirpation/Bema-Nummer 28-VitE, Devitalisation/29-Dev oder Trepanation eines pulpentoten Zahnes/31-Trep1 und sich anschließenden Therapieschritten) einerseits und Einzelzahnaufnahmen andererseits. Auch die Behandlung profunder kariöser Läsionen (Überkappungen/CP beziehungsweise P und Pulpotomie/Pulp; Leistungsziffern 25-27) kann ein erhöhtes Aufkommen derartiger Vornahmen bedingen. Diesbezüglich sollte die Zusammensetzung der betreuten Klientel insbesondere hinsichtlich der Altersstruktur genauestens analysiert werden. Gerade bei Kindern, Jugendlichen und jungen Erwachsenen dürften letztgenannte Leistungsziffern deutlich höher anfallen als bei einem eher älteren Patientengut. Der betroffene Zahnarzt sollte entsprechend geartete Umstände in einem Prüfverfahren unbedingt darlegen, um so anzuerkennende Praxisbesonderheiten zu untermauern.

Korrelation mit Wurzelbehandlungen

Zusammenhang mit der Altersstruktur

Kronen und Brücken

Wie bereits weiter oben erwähnt, wird auch die Versorgung mit Kronen und Brücken häufig von derartigen Leistungen tangiert, wobei in Abhängigkeit von Art und Umfang der jeweiligen Behandlung neben den singulären Aufnahmen auch die höherwertigen Röntgenpositionen einschließlich der Panoramatechniken in Betracht kommen. In jedem Fall kann ein Blick auf das therapeutische Spektrum der betreffenden Praxis von Interesse sein.

Schließlich ist auch im Zusammenhang mit verschiedenen chirurgischen Eingriffen (zum Beispiel Extraktionen und Osteotomien) ein gehäuftes Auftreten besonders der Bema-Ziffer Ä925a/Rö2 zu verzeichnen. So können in der Leistungsbeschreibung bestimmter operativer Maßnahmen bindend vorgeschriebene Zahnfilmaufnahmen (wie zum Nachweis von Zysten oder impaktierten Zähnen beziehungsweise Wurzelresten) die Anzahl dieser Gebührennummer zusehends in die Höhe treiben.

Chirurgische Eingriffe

Grundsätzlich ist bei Röntgenaufnahmen aller Art neben den Strahlenschutzbestimmungen das Wirtschaftlichkeitsgebot strengstens zu befolgen.

!

Entsprechend eng sollte letztendlich die Indikation gestellt werden. Die Prüfgremien untersuchen vorrangig, ob die jeweiligen Einzelbilder gerechtfertigt waren und mehrere benötigte Aufnahmen den gegebenen Umständen entsprechend regelkonform zu einer Gebührenposition zusammengefasst wurden. Auch stellt sich mitunter die Frage, ob im Einzelfall tatsächlich eine dritte Projektion (und damit die Abrechnung der höherwertigen Ziffer Ä925b/Rö5) zwingend erforderlich war oder aber zwei Aufnahmen (und folglich die niedriger bewertete Nummer Ä925a/Rö2) für eine angemessene Diagnostik ausgereicht hätten. Bei einem deutlich erhöhten Aufkommen der Bema-Nummer Ä925a/Rö2 ist im Prüfverfahren abzuklären, ob und inwieweit aufwendigere Röntgenleistungen (ab Ä925b/Rö5 aufwärts) eingeschränkt und daraus resultierende kompensatorische Einsparungen erzielt werden konnten. Umgekehrt können aber auch vermehrt angefallene höherwertige radiodiagnostische Maßnahmen eine nachhaltige Reduzierung erbrachter Einzelaufnahmen zur Folge haben.

Kriterien des Prüfverfahrens

Eine gehäufte Anfertigung von bis zu *fünf* Projektionen (Bema-Nummer Ä925b/Rö5) kommt unter anderem für die Fahndung nach verlagerten beziehungsweise retinierten Weisheitszähnen und im Zusammenhang mit kieferorthopädischen Ausgleichsextraktionen in Betracht. In beiden Fällen ist oft eine gleichzeitige Diagnostik in allen Quadranten angebracht, sodass hier in der Regel bis zu vier Aufnahmen erforderlich sein können. Gegenüber der Anfertigung von Einzel-

Bis zu fünf Projektionen

bildern (nach Rö2) in mehreren Sitzungen ist dabei der einmalige Ansatz der höherwertigen Leistungsposition allemal die wirtschaftlichere Variante, was auch von den Ausschüssen so gesehen und entsprechend gewürdigt werden sollte.

!

Im Prüfverfahren ist außerdem zu bedenken, dass die Leistungsziffer Ä925b/Rö5 von zirka einem, die nächsthöherwertigen Positionen Ä925c und d (Rö8 und Stat) gar durch zwei Drittel der praktizierenden Zahnärzte überhaupt nicht zur Abrechnung gebracht werden.

Negativstatistiken

Insofern sind die entsprechenden Negativstatistiken angemessen zu würdigen. Weiterhin sollte der geprüfte Zahnarzt seine Abrechnung intensiv nach wechselseitigen kompensatorischen Einsparungen zwischen den einzelnen Röntgenpositionen durchforsten und diese angemessen darstellen.

Bema-Positon Ä925c/Rö8

Die Bema-Position Ä925c/Rö8 beinhaltet maximal *acht* Aufnahmen. Solch umfangreiche radiodiagnostische Maßnahmen können insbesondere bei größeren prothetischen Sanierungen oder im Zuge Systematischer Parodontose-Behandlungen anfallen. Folglich darf auch hier eine gewisse Abhängigkeit zwischen diesen Eingriffen und dazugehörigen Röntgenleistungen unterstellt werden. Mithin können wiederum eine kritische Analyse der altersmäßigen Zusammensetzung des Patientenstammes und eine exakte Aufarbeitung der im fraglichen Zeitraum abgerechneten ZE- beziehungsweise PA-Behandlungen für eine sachgerechte Beurteilung aufschlussreich sein. Erweist sich allerdings die Hauptleistung, wie etwa eine durchgeführte Parodontaltherapie, im Nachhinein als unökonomisch, so stellen die Ausschüsse konsequenterweise auch die damit einhergehenden Begleitleistungen in Frage. Dies trifft gegebenenfalls auf alle in diesem Kontext abrechenbare Röntgenpositionen – vom Einzelbild (Ä925a/Rö2) über Mehrfachprojektionen (Ä925b/Rö5 bis Ä925d/Stat) bis hin zu den infrage kommenden Übersichtsaufnahmen – zu.

Bildgebende Verfahren

Die vorerwähnten bildgebenden Verfahren ermöglichen eine äußerst komplexe Beurteilung des Gesamtbefundes im Hinblick auf Zähne und Parodontium. Dabei wird die Detailgenauigkeit des bei über acht

Aufnahmen ansatzfähigen Zahnfilmstatus allgemein höher eingestuft, während den Panoramatechniken ein größerer Informationsgehalt bei geringerer Strahlenbelastung zueigen ist.

> In jedem Fall bedarf es – unabhängig der radiologischen Methodik – einer strikten Beachtung der geltenden Strahlenschutzregularien sowie einer besonders engen Indikationsstellung.

!

Verifikation bestimmter Details

Dies gilt umso mehr, wenn nach einer Übersichtsaufnahme zur Verifikation bestimmter Details zusätzlich noch Zahnfilme angefertigt werden. Ein solches Vorgehen kann aus praktischer Sicht durchaus sinnvoll sein, ist aber lediglich in wenigen begründbaren Fällen angezeigt und sollte sich somit auf wenige gezielte singuläre Bilder beschränken. Hier ist eine exakte Dokumentation in den Patientenunterlagen selbstredend unverzichtbar.

Indikationen für OPG

Die Anfertigung von Panoramadarstellungen kommt mitunter bei einer Erstuntersuchung neuer Patienten in Betracht. Die rein routinemäßige Durchführung einer solchen diagnostischen Maßnahme wäre hingegen alles andere als wirtschaftlich. Gut geeignet ist dieses Verfahren bei Erkrankungen der Nebenhöhlen oder der Kiefergelenke. Auch im Zusammenhang mit Zysten und Tumoren kann ein OPG äußerst informativ sein. Darüber hinaus ist auch die fachliche Befassung mit Unfällen und Frakturen erwähnenswert. Schließlich können auch bei kieferorthopädischen Behandlungen und umfangreichen prothetischen Sanierungen derartige übersichtsgebende Aufnahmetechniken sehr hilfreich sein.

Ausgeprägte Praxisbesonderheiten

In der Wirtschaftlichkeitsprüfung sollten die radiologischen Verrichtungen insgesamt sehr differenziert betrachtet werden. Da einerseits Einzelaufnahmen gemäß der Bema-Nummer Ä925a/Rö2 erfahrungsgemäß von den Zahnmedizinern unter fachlichen Aspekten oft zu wenig erbracht werden, andererseits umfangreichere Maßnahmen (Ä925b-d/Rö5, Rö8, Stat) bei einem beträchtlichen Teil (immerhin bis zu zwei Drittel) der Therapeuten gar nicht vorkommen und schließlich Panoramageräte bisher gerade einmal in der Hälfte der vergleichsweise herangezogenen Praxen installiert sind, lassen sich die röntgenografischen Leistungen unter ökonomischen Aspekten nur schwer einordnen. Von einer Homogenität der Zahnarztgruppe kann diesbezüglich kaum die Rede sein. Der Geprüfte sollte diesen Umstand kennen und in der wirtschaftlichen Analyse für sich – insbesondere durch die Darlegung entsprechender Praxisspezifika, welche ein Mehr der einen und ein Weniger der anderen Röntgenposition und daraus gegebenenfalls resultierende kompensatorische Einsparungen begründen – zu nutzen versuchen.

Provisorische Füllungen
(Bema-Nummer 11/pV)

Indikation

Hierbei handelt es sich um eine relativ selten anfallende Gebührenposition, welche nur in Notfällen beziehungsweise bei auf der Durchreise befindlichen Patienten in Betracht kommt. Der Ansatz dieser Bema-Ziffer setzt voraus, dass der diese abrechnende Mediziner an dem betreffenden Zahn zeitnah keine definitive Füllung mehr vornimmt. Die Maßnahme darf nicht für den provisorischen Verschluss im Anschluss an eine Überkappung (CP/Bema-Nummer 25 oder P/26), eine Pulpotomie (Pulp/27) oder endodontische Verrichtungen (wie zum Beispiel medikamentöse Einlagen nach Ziffer 34/Med) abgerechnet werden. Hier ist gegebenenfalls die jeweilige Hauptleistung anzusetzen. In der Wirtschaftlichkeitsprüfung dürfte diese rare Position jedoch kaum eine Rolle spielen.

Überkappungen
(Bema-Nummern 25/CP und 26/P)

Maßnahmen zur Vitalerhaltung

Bei den Maßnahmen zur Vitalerhaltung von Zähnen unterscheidet man die indirekte (CP) von der direkten Überkappung (P). Im erstgenannten Fall ist die Pulpa trotz profunder Karies noch verschlossen, sodass durch Aufbringen eines geeigneten Medikaments (in der Regel eines Calciumhydroxyd-Präparates) die Devitalisation des betroffenen Zahnes vermieden werden kann.

!

Die Leistung darf – was vielen nicht bekannt ist – je Kavität, mithin also gegebenenfalls auch *mehrfach* pro Zahn abgerechnet werden.

Wiederholung der CP

Auch eine Wiederholung der CP an ein und derselben Präparationsstelle innerhalb eines kurzen zeitlichen Intervalls ist durch die hierfür geltenden Bema-Richtlinien zwar gedeckt, sollte aber eine extreme Ausnahme bleiben. Keinesfalls kann ein gezieltes expektatives Vorgehen durch mehrfachen Ansatz der Bema-Ziffer 25 den gesetzlichen Kostenträgern in Rechnung gestellt werden.

Überschreitung des Durchschnitts

Eine Überschreitung des Fachgruppendurchschnitts bezüglich dieser Position ist insbesondere bei einer stark von Kindern, Jugendlichen und jungen Erwachsenen durchsetzten Klientel recht schnell möglich. Im Prüfverfahren sollte der betroffene Zahnarzt einen derartigen Umstand anhand entsprechender statistischer Erhebungen als anzuerkennende Praxisbesonderheit herausstellen.

Direkte Überkappung

Bei einer direkten Überkappung liegt bereits eine artifizielle oder traumatisch bedingte minimale Perforation der Pulpenkammer vor, welche mit entsprechenden Medikamenten abgedeckt werden kann, sodass deren Vitalerhaltung möglich erscheint. Ein solcher therapeutischer Schritt ist gemäß den diesbezüglich geltenden Abrechnungsbestimmungen auf *punktförmige* Eröffnungen beschränkt. Sollte dieses Maß überschritten sein, wäre eine Überkappung kontraindiziert und stattdessen weiterreichende Vornahmen vonnöten. Auch wenn bei offenem

Cavum pulpae bereits eine entzündliche Veränderung am Nerv vorliegt, ist eine solche Behandlung nicht mehr angezeigt.

Abrechnung je Zahn

Ein Ansatz der Bema-Nummer 26 ist nur an bleibenden Zähnen zulässig, im Milchgebiss hingegen ausgeschlossen. Im Unterschied zum indirekten Verfahren erfolgt deren Abrechnung je Zahn. Allerdings sind hier in seltenen Ausnahmen beide Positionen nebeneinander in derselben Sitzung zulässig, solange es sich um getrennte Läsionen handelt. Weiterhin darf an einer Kavität nach einer erbrachten indirekten Überkappung in der Folgesitzung bei Bedarf ein direktes Vorgehen liquidiert werden. Allerdings sollte man von solchen Optionen nur äußerst dezent Gebrauch machen. Um einer wirtschaftlichen Analyse standhalten zu können, ist diesbezüglich eine exakte Dokumentation von eminenter Bedeutung.

Signifikante Korrelationen

Zwischen den Überkappungsleistungen einerseits und weiteren therapeutischen Maßnahmen andererseits bestehen signifikante Korrelationen. So geht die Behandlung profunder Defekte – ganz gleich, ob eine Eröffnung des Pulpenkavums vorliegt oder nicht – recht häufig mit entsprechenden Lokalanästhesien einher. Folglich kommt es in der Regel auch zu einem Anstieg der diesbezüglichen Leistungszahlen (Bema-Nummern 40/I beziehungsweise 41a und b/L1 und L2). Weiter können vermehrt Sensibilitätstests (Vipr/8) und/oder diverse Röntgenleistungen (zumeist Einzelaufnahmen nach Ä925a/Rö2) vonnöten sein; und zwar nicht nur vorab, sondern auch zum Zweck der Verlaufskontrolle *nach* Beendigung der eigentlichen Caries-profunda-Behandlung. Somit lassen sich in einem Prüfverfahren unter Umständen auch erhöhte Werte bezüglich dieser Verrichtungen schlüssig begründen. Da insbesondere bei der direkten Überkappung aus Gründen der Keimfreiheit eine absolute Trockenlegung empfohlen wird, ist mit einem weitgehend proportionalen Anstieg der Gebührennummer 12/bMF zu rechnen. Natürlich besteht letztendlich auch ein unmittelbarer Zusammenhang zwischen der erbrachten Menge an vitalerhaltenden Maßnahmen und der Anzahl darauf folgender abschließender konservierender Verrichtungen.

Caries-profunda-Behandlung

Absolute Trockenlegung

!

> Allgemein werden von den Prüfgremien etwa dreißig indirekte beziehungsweise zirka sechs direkte Überkappungen auf 100 Füllungen ohne größere Bedenken akzeptiert.

Orientierung am statistischen Mittel

Demnach empfiehlt es sich für den praktizierenden Zahnarzt, anhand vorliegender KZV-Statistiken das durchschnittliche Verhältnis zwischen den jeweiligen Leistungsgruppen (Bema-Nummern 25/26 und 13a bis g) zu ermitteln und sich im Rahmen des Möglichen zumindest grob an den entsprechenden Mittelwerten zu orientieren. Andererseits ist dies insbesondere dann nicht erforderlich, wenn größere Überschreitungen durch entsprechende Praxisbesonderheiten begründbar sind oder nachhaltige ausgleichende Ersparnisse vorgetragen werden können. Dabei lassen sich unter Umständen hohe CP-Zahlen durch ein Weniger an direkten Überkappungen oder Wurzelbehandlungen kompensieren. Ein über dem Durchschnitt liegendes Aufkommen vitalerhaltender Maßnahmen insgesamt sollte dagegen nachweisbar eingeschränkte Leistungsmengen bei endodontischen Verrichtungen sowie ein Minus bezüglich Zahnentfernungen und sich daran anschließendem prothetischen Ersatz zur Folge haben. Grundsätzlich kann davon ausgegangen werden, dass Überkappungen insbesondere bei unregelmäßig in der Sprechstunde erscheinenden Patienten vorkommen. Darüber hinaus sind in Praxen mit vorwiegend kindlicher und jugendlicher Klientel erhöhte Leistungszahlen zu erwarten.

Ausgleichende Einsparungen

Problematische Überkappungen

Nur äußerst ungern werden durch die Prüfgremien Überkappungsleistungen im Zusammenhang mit Füllungen unter Kronen akzeptiert. Generell sollte der kujonierte Zahnarzt imstande sein, die Indikation solcher Maßnahmen genauestens zu belegen. Es kommt insbesondere darauf an, dass allein durch derartige Vornahmen eine Devitalisierung des betreffenden Zahnes verhindert werden kann. Eine eher vorsorgliche Überkappung zum Schutz der Pulpa bei einer dünnen Dentinschicht dürfte unter ökonomischen Aspekten dagegen kaum Anerkennung als Kassenleistung finden.

Pulpotomie

Abschließend möchte ich an dieser Stelle noch kurz auf die Vitalamputation beziehungsweise Pulpotomie (Pulp/Bema-Nummer 27) als eine Sonderform der vitalerhaltenden Verrichtungen eingehen.

> Diese Behandlung darf nur an Milch- beziehungsweise symptomlosen permanenten Zähnen mit nicht abgeschlossenem Wurzelwachstum zulasten der Krankenkasse vorgenommen werden.

!

Sie beinhaltet das Abtragen des Pulpendaches, die Amputation der Kronenpulpa und schließlich das Aufbringen eines geeigneten Überkappungsmittels. Bei Milchzähnen hat zudem noch in derselben Sitzung eine definitive Füllung zu erfolgen, was sich unter wirtschaftlichen Gesichtspunkten freilich nicht hundertprozentig nachvollziehen lässt, da ein solcher Eingriff einigermaßen risikobehaftet ist.

Verhältnis zu anderen Leistungen

Das Verhältnis zu anderen Leistungen betreffend lassen sich die vorab zur CP/P getroffenen Aussagen weitgehend übertragen. Auch im Zusammenhang mit der Pulpotomie dürfte ein vermehrtes Aufkommen an Vitalitätskontrollen, Röntgenleistungen und Anästhesien, aber auch von Füllungen und diese tangierenden Maßnahmen nachvollziehbar sein. Schließlich bestehen auch bezüglich möglicher kompensatorischer Einsparungen Parallelen. Insgesamt gesehen spielt diese seltenere Leistungsziffer in der Wirtschaftlichkeitsprüfung aber wohl eine eher untergeordnete Rolle.

Endodontische Maßnahmen
(Bema-Nummern 28 bis 35)

Wurzelkanal-behandlung

Bei Wurzelkanalbehandlungen ist die Frage der Vitalität eines Zahnes von zentraler Bedeutung. Dementsprechend sind Sensibilitätsprüfungen sowohl für eine angemessene Diagnostik als auch Verlaufskontrolle geradezu obligat. Auch auf begleitende, zum Teil recht umfassende röntgenologische Maßnahmen kann kaum verzichtet werden. Dies hat zur Folge, dass insbesondere in Praxen mit vermehrter endodontischer Tätigkeit gleichzeitig ein erhöhtes Aufkommen der vorerwähnten, die eigentliche Haupttherapie tangierenden Leistungen zu verzeichnen ist. Dabei können sowohl Vitalitätsnachweise als auch radiodiagnostische Schritte vor, während und sogar noch nach einer Wurzelbehandlung wiederholt angezeigt sein. In einer Wirtschaftlichkeitsprüfung sollte der betroffene Praktiker bei einer erklärbaren auffälligen Überschreitung der entsprechenden Durchschnittswerte stichhaltige Argumente anbringen können. Ähnliches gilt auch für andere, die Endodontie flankierende Maßnahmen wie Anästhesien, Füllungen und damit eventuell verbundene weitere Verrichtungen. All diese können quasi im Schlepptau der eigentlichen Behandlung vermehrt auftreten, sodass entsprechende Darlegungen des überprüften Zahnarztes unentbehrlich sind.

Devitalisation

Fördert die vorab essenzielle Vitalitätsprüfung für einen endodontisch zu therapierenden Zahn ein positives Ergebnis zutage, so bleiben unter der Prämisse seiner Erhaltung im Wesentlichen zwei Möglichkeiten. Zum Ersten käme eine Devitalisation (Gebührennummer 29/Dev) in Betracht. Dabei wird durch Einbringung eines geeigneten Präparates die zunächst noch vitale Pulpa abgetötet, sodass in darauffolgenden Sitzungen weiterführende Schritte wie die Kanalaufbereitung (WK/32) sowie eine oder erforderlichenfalls mehrere medikamentöse Einlagen (Med/34) erfolgen können. Bei günstigem Verlauf ist dann die Wurzelfüllung (WF/35) möglich.

> Diese den Mortalverfahren zuzuordnende Methodik wird in der heutigen Zeit unter wissenschaftlichen Aspekten zwar eher kritisch gesehen, verdient jedoch vor allem angesichts neuerdings stark eingeschränkter Abrechenbarkeit endodontischer Leistungen dennoch Erwähnung.

!

Ausschaltung akuter Schmerzzustände

Schließlich kann ein solches Vorgehen zur zügigen Ausschaltung akuter Schmerzzustände eine praktikable Versorgung nicht zuletzt im Rahmen des Notdienstes darstellen. Auch eine Devitalisierung zerstörter Milchzähne, deren Existenz zeitlich limitiert ist, mag trotz mancher fachlichen Kontroverse unter ökonomischen Gesichtspunkten durchaus sinnvoll sein.

Exstirpation der lebenden Pulpa

Wiederholte medikamentöse Einlage

Zum Zweiten gibt es als sogenanntes Vitalverfahren die Exstirpation der lebenden Pulpa (VitE/28). Auch dieser schließen sich in der Regel noch in derselben Sitzung die Aufbereitung (WK/32) und schlussendlich die Abfüllung (WF/35) des Kanalsystems an. Nach geltenden Bema-Richtlinien sollte eine zwischenzeitliche medikamentöse Einlage (Med/34) bei dieser Methodik nur in Ausnahmefällen, wie etwa bei einer Infektion oder Blutung des Canalis radicis dentis, erfolgen. Ein wiederholter Ansatz der Gebührennummer 34/Med im Zusammenhang mit einer Vitalexstirpation dagegen wird von den Prüfgremien in der Regel als Nachweis dafür angesehen, dass die Indikation für diese bereits überschritten war. Hier lassen sich gegebenenfalls durch den Ansatz der Bema-Ziffer 31/Trep1 in entsprechend gelagerten Fällen unnötige Auseinandersetzungen vermeiden. Auch bei einer bereits weit fortgeschrittenen Zerstörung, durch welche prognostisch eine Zahnerhaltung nicht mehr zu erwarten ist, sind ausufernde endodontische Verrichtungen nicht mehr angezeigt. Darüber hinaus dürften solch kostenintensive Maßnahmen an funktionell und ästhetisch wenig bedeutsamen Zähnen, wie etwa den dritten Molaren, unter ökonomischen Aspekten nur in extrem seltenen Ausnahmefällen zu vermitteln sein. Ebenso stehen die Gremien einer Vitalexstirpation an Milchzähnen in der Regel eher skeptisch gegenüber.

!

Unter wirtschaftlichen Überlegungen ist eine endodontische Therapie nur dann zulässig, wenn eine Aufbereitung und Abfüllung bis in die Nähe der Wurzelspitze möglich ist.

Topografische Gesichtspunkte

Ferner sind gewisse topografische Gesichtspunkte zu beachten. Demnach ist ein solch aufwendiger Eingriff nur indiziert, wenn eine geschlossene Zahnreihe erhalten beziehungsweise eine unilaterale Freiendsituationen vermieden werden kann. Auch für den Erhalt von funktionstüchtigem Zahnersatz sind derartige Eingriffe statthaft. Besonders kritisch wird die Behandlung von Molaren gesehen. Sollten bei mehrwurzligen Zähnen etwa nicht *alle* Kanäle angemessen zugänglich sein, so wäre der endodontische Behandlungsfall in Gänze zu verwerfen. Überhaupt ist – abgesehen von schmerzausschaltenden Notmaßnahmen – eine insgesamt günstige Gesamtprognose Grundvoraussetzung für eine derartige Versorgung.

Trepanation

Sofern der betrachtete Zahn zwischenzeitlich seine Vitalität eingebüßt haben, dennoch aber Beschwerden verursachen sollte, käme nur noch eine Trepanation nach Ziffer 31/Trep1 in Betracht. Hierbei kann es sich einerseits um eine reine Notfallmaßnahme handeln, an welche sich oft die Zahnentfernung anschließt. Dementsprechend liegt es nahe, dass diese Leistung überdurchschnittlich in Praxen vorkommen kann, welche relativ häufig zum Bereitschaftsdienst eingeteilt werden oder andere Kollegen vertreten. Ein solcher Umstand sollte gegebenenfalls im Prüfverfahren vorgetragen und durch geeignetes Zahlenmaterial unterlegt werden, um eventuelle ungerechtfertigte Regresse abwehren zu können. In derartigen Notfällen sollte allerdings auf den kostenintensiven Schritt einer Kanalaufbereitung (WK) weitestgehend verzichtet werden. Nur in begründeten Ausnahmen, zum Beispiel, wenn zur Schaffung eines Abflussweges eine vorhandene Wurzelfüllung entfernt werden muss, wären über die Trepanation hinausgehende Vornahmen vermittelbar.

Weitere Behandlungsschritte

Kann der betreffende Zahn jedoch erhalten werden, so sind weitere Behandlungsschritte grundsätzlich zulässig. Leistungen nach der Gebührennummer 32/WK sind dann sowohl in derselben als auch in einer nachfolgenden Sitzung liquidabel. Auf diese können dann möglicherweise auch wiederholt vorzunehmende medikamentöse Einlagen (Bema-Nummer 34/Med) sowie abschließend die Abfüllung des Kanalsystems (WF/35) folgen.

Platzhalter im Wechselgebiss

Obwohl neueren fachlichen Publikationen zufolge das sogenannte Planschleifen von Milchzähnen weitgehend obsolet sei, soll an dieser Stelle nicht unerwähnt bleiben, dass eine Eröffnung pulpentoter Zähne für die Schaffung von Platzhaltern im Wechselgebiss noch immer weit verbreitete Praxis ist. Unter dieser Prämisse kann in der Wirtschaftlichkeitsprüfung somit vor allem ein Blick auf die Altersstruktur der behandelten Klientel von Nutzen sein.

Begleitende chirurgische Eingriffe

Im Zusammenhang mit endodontischen Vornahmen kommt es darüber hinaus immer wieder auch zu notwendigen begleitenden chirurgischen Eingriffen. So kann bei einer entzündlich-putriden Schwellung neben der Trepanation eine Inzision (Inz1/Ä161) dem Patienten Erleichterung verschaffen. Zeitnah mit dem Abschluss einer Wurzelbehandlung sind außerdem Resektionen an der apikalen Region (Bema-Positionen 54a bis c/WR1 bis 3) oder die Entfernung radikulärer Zysten (56 a bis d/Zy1 bis 4) keine Seltenheit. Gelegentlich kommen auch eine Teilextraktion/Hemisektion (Hem/47b) oder Reimplantation (RI/55) als eskortierende operative Vornahmen in Betracht. Entsprechende Korrelationen sollten in einem Prüfverfahren gegebenenfalls vorgetragen und durch die Gremien angemessen gewürdigt werden.

Medizinische Indikation

Bezüglich endodontischer Maßnahmen hat der betroffene Zahnarzt in einer Wirtschaftlichkeitsprüfung mitunter zahlreiche Klippen zu umschiffen. So steht aufgrund der Kostenintensität dieser Eingriffe stets die Frage nach der jeweiligen medizinischen Indikation im Vordergrund. Dabei darf nicht übersehen werden, dass die Ausschüsse bei ihrem Aktivwerden in der Regel darüber Bescheid wissen, ob ein einstmals wurzelbehandelter Zahn auch nach Jahren noch erhalten ist oder zwischenzeitlich entfernt werden musste. Dieses Wissen war dem Prüfling zum Zeitpunkt der Erbringung seiner Leistungen hingegen nicht beschieden.

!

Gern versuchen die Gremien eine Wurzelbehandlung als Ganzes anzuzweifeln, wenn bekannt geworden ist, dass ein ursprünglich unter Umständen aufwendig versorgter Zahn in der Zwischenzeit nicht mehr vorhanden ist.

Fachgerechte Ausführung

Dabei schuldet ein Mediziner bekanntermaßen einzig und allein die fachgerechte Ausführung einer Therapie, nicht aber deren Erfolg. All dies setzt natürlich voraus, dass ein positiver Verlauf unter Berücksichtigung der anatomischen und klinischen Gegebenheiten grundsätzlich möglich war und die für Wurzelbehandlungen gültigen Abrechnungsbestimmungen eingehalten wurden. Im Fall einer langfristigen Zahnerhaltung hingegen könnten mit Fug und Recht teils erhebliche kompensatorische Einsparungen bei den Extraktionen beziehungsweise Osteotomien und mit diesen verbundenen Leistungen sowie im prothetischen Bereich geltend gemacht werden.

Aufbereitung des radikulären Systems

Ein weiterführender Schritt im Rahmen einer endodontischen Behandlung stellt die Aufbereitung des radikulären Systems dar. Die Abrechnung der entsprechenden Gebührenposition (Bema-Nummer 32/WK) erfolgt in Abhängigkeit von der tatsächlichen Anzahl der Kanäle. Für diese Verrichtung bedarf es in der Regel einer umfangreichen Röntgendiagnostik, sodass vor allem mit einem erhöhten Aufkommen an Einzelaufnahmen (Rö2) gerechnet werden muss. Auch eine überdurchschnittliche Häufung der Gebührenziffer 12/bMF wäre in diesem Zusammenhang darstellbar, da aus Gründen der Keimfreiheit eine Behandlung unter Kofferdam sinnvoll sein kann. An die WK schließen sich häufig eine oder mehrere medikamentöse Einlagen (Med/34) sowie abschließend die Abfüllung des Kanalsystems (WF/35) an. Auch die Abrechenbarkeit der Nummer 32 zulasten der Kasse ist nur gegeben, wenn damit der Bestand einer geschlossenen Zahnreihe gesichert, eine einseitige Freiendlücke vermieden beziehungsweise funktionstüchtiger prothetischer Ersatz erhalten werden kann.

!

Im Prüfverfahren legt man insbesondere Wert darauf, dass zumindest etwa zwei Drittel der aufbereiteten Kanäle abgefüllt werden.

Dabei sollte der geprüfte Zahnarzt allerdings auf eine quartalsübergreifende Betrachtung drängen, da nicht selten die WK in dem einen und die WF in einem späteren Abrechnungsvierteljahr erfolgen.

Quartals-übergreifende Betrachtung

Als Kassenleistung kontraindiziert sind diese Bema-Ziffern immer dann, wenn die oben genannten Richtlinien nicht erfüllt sind und/oder keine angemessene Aufbereitbarkeit gegeben ist. Letzteres ist insbesondere bei starker Krümmung beziehungsweise teilweiser oder vollständiger Obliteration der Fall. Bei mehrwurzligen Zähnen reicht ein solches ausschließendes Kriterium bereits für einen Kanal aus, um diesen in Gänze als nicht behandlungswürdig auszuweisen. Auch im Milchgebiss können Aufbereitungen angezeigt sein; allerdings nur dann, wenn nachfolgend auch eine Abfüllung möglich erscheint.

Kontra-indikationen

In einem Prüfverfahren kommt es neben der annähernden Wahrung des erwähnten quantitativen Verhältnisses zwischen den Bema-Ziffern 32 und 35 darauf an, gegebenenfalls eine verstärkte endodontische Tätigkeit (möglicherweise auch durch Überweisungen anderer Kollegen katalysiert) als zu berücksichtigende Praxisbesonderheit nachzuweisen und so unnötige Kürzungen zu vermeiden. Weiterhin sollten Fälle herausgestellt werden, in denen Patienten nach erfolgter Aufbereitung nicht mehr erschienen sind und so eine Fortsetzung der Behandlung nicht möglich war. Kompensatorische Einsparungen bezüglich notwendiger Zahnentfernungen und im prothetischen Bereich einschließlich damit einhergehender Begleitmaßnahmen sollten ebenso vorgebracht werden.

Verstärkte endodontische Tätigkeit

Wenden wir uns nun den medikamentösen Einlagen (Bema-Ziffer 34/Med) zu. Hierbei handelt es sich um eine je Zahn und Sitzung liquidable Vornahme, welche nach einer Aufbereitung von Wurzelkanälen folgen kann. Die Leistung sollte bei zuvor durchgeführten Vitalverfahren (VitE/28) nur in begründeten Ausnahmefällen zulasten der gesetzlichen Kassen abgerechnet werden. Nach einer Devitalisation (Dev/29) oder Trepanation (Trep1/31) mit nachfolgender Aufbereitung (WK/32) hingegen ist dieser Behandlungsschritt die Regel, jedoch auf bis zu dreimal pro Zahn beschränkt. Darüber hinausgehende medikamentöse Einlagen sind ebenso wie physikalisch-chemische

Medikamentöse Einlagen

Maßnahmen (gemäß der früheren Bema-Nummer 33/Phys) bei Erfordernis dem Patienten privat in Rechnung zu stellen.

Bezüglich dieser Leistungsziffer ist regelmäßig von Regressen auszugehen, wenn die Kammer zu der Auffassung gelangt, die gesamte Wurzelbehandlung hätte zu keiner Zeit angemessenen Erfolg verheißen.

!

So kann im ungünstigsten Fall gar die nachträgliche Aberkennung *aller* an dem betreffenden Zahn erbrachten endodontischen Vornahmen die Konsequenz sein.

Extraktion als ökonomischere Variante

Dies gilt insbesondere bei erkennbar schwer zugänglichen Kanälen, chirurgisch nicht revidierbaren Herdgeschehen und starkem parodontalen Abbau. Hier wird dann meist eine Extraktion als die ökonomischere Variante angesehen. Können infolge langwieriger Wurzelbehandlungen hingegen letztlich Zähne erhalten werden, so kann der Prüfling auch bei einer bemängelten Überschreitung der Bema-Position 34/Med die bereits erwähnten kompensatorischen Einsparungen (Zahnentfernungen und Prothetik) zu seiner Verteidigung anführen.

Wurzelfüllung

Am Ende einer endodontischen Behandlung steht in den meisten Fällen die Wurzelfüllung. Die hierfür ansetzbare Gebühr nach Nummer 32/WF richtet sich – wie auch die WK – nach der Anzahl der vorab aufbereiteten Kanäle. Wie bereits an anderer Stelle dargelegt, wird in einem Prüfverfahren zwischen beiden Vornahmen (WK zu WF) eine mengenmäßige Relation von 1,5 zu 1 üblicherweise toleriert. Allerdings bedarf es diesbezüglich einer quartalsübergreifenden Beurteilung, da schließlich nicht jeder aufbereitete Kanal im selben Abrechnungszyklus zugleich auch abgefüllt wird. Außerdem sind Patienten zu berücksichtigen, welche nach einmal erfolgter Schmerzausschaltung zur Weiterbehandlung ausbleiben oder selbige von einem Kollegen vornehmen lassen (zum Beispiel bei Notdienst oder Vertretung). Hier schlagen in der Statistik des geprüften Zahnarztes lediglich die ersten Schritte zu Buche, sodass es zu erheblichen Verschiebungen der Relation zwischen den einzelnen endodontischen Positionen kommen kann und die vermeintliche Homogenität der Vergleichsgruppe nicht mehr gegeben ist.

> Den maßgeblichen Abrechnungsbestimmungen zufolge gilt eine Wurzelfüllung nur dann als lege artis ausgeführt, wenn sie bis in die Apexnähe reicht.

!

Kontrollaufnahme

Um die Leistung verifizieren und erforderlichenfalls qualitativ beurteilen zu können, ist eine abschließende röntgenologische Überprüfung – die so bezeichnete Kontrollaufnahme – bindend vorgeschrieben. Dementsprechend kann insbesondere in einer auf Endodontie spezialisierten Praxis auch von einer signifikanten Korrelation zwischen Wurzelfüllungen und Zahnfilmaufnahmen ausgegangen werden.

Chirurgische Eingriffe

Auch stellen, wie bereits erwähnt, diverse chirurgische Eingriffe im engen zeitlichen Zusammenhang mit endodontischen Vornahmen gängige Praktiken dar. Ein vermehrtes Aufkommen von Resektionen, Zystenoperationen und anderen eher selteneren Verrichtungen (wie Hemisektion oder Reimplantation) in diesem Kontext sollte gegebenenfalls genauestens analysiert werden.

> Grundsätzlich kann eine vermehrt von Wurzelbehandlungen geprägte Tätigkeit als eine durchaus beachtenswürdige Praxisbesonderheit angesehen werden.

!

Endodontische Behandlungen als Praxisbesonderheit

Schließlich vermag die endodontische Versorgung eines oder gar mehrerer Zähne den betreffenden Patienten zu einem abrechnungstechnisch „schweren Fall“ mutieren zu lassen. Eine Häufung derartiger Konstellationen kann eine veritable Überschreitung statistischer Vergleichszahlen, insbesondere aber des Fallwertes nach sich ziehen. Demgegenüber sind oft spürbare kompensatorische Einsparungen hinsichtlich der Entfernung von Zähnen und nachfolgend notwendiger Maßnahmen zum Lückenschluss zu verzeichnen.

Konservierende Behandlung

An die Wurzelfüllung schließt sich in der Regel eine konservierende Behandlung (gegebenenfalls mit weiteren tangierenden Leistungen), mitunter aber auch eine prothetische Versorgung (zum Beispiel ein konfektionierter oder gegossener Stumpfaufbau oder eine Wurzelstiftkappe) an. Sofern auch hier die Durchschnittswerte der Vergleichsgruppe maßgeblich übertroffen werden sollten, kann für den geprüften Zahnarzt eine exakte statistische Aufbereitung der relevanten Zahlen von großem Nutzen sein.

Füllungen
(Bema-Nummern 13a-g/F1-F4)

Den vermutlich größten Raum innerhalb des Behandlungsspektrums der meisten Praxen dürfte die Füllungstherapie einnehmen. Dabei wird im Bema zunächst nach der Anzahl der zu versorgenden Zahnflächen (ein- bis vierflächig, daher F1-4) differenziert. Die Leistungsbeschreibung beinhaltet alle in der Regel mit einer solchen Vornahme verbundenen Schritte, beginnend mit der Präparation der jeweiligen Kavität über die Einbringung einer Unterfüllung, das Anlegen einer Matrize oder die Nutzung anderer Hilfsmittel bis hin zum Verschluss mittels plastischer Materialien. Zu diesen gehören neben dem – jeglicher negativer Kampagne zum Trotze – nach wie vor meistverwendeten Amalgam diverse alternative Werkstoffe (wie zum Beispiel Composites, Compomere oder Glasionomerzemente), welche jedoch allgemein anerkannt sein sollten. Auch eine gebührende Nachbearbeitung (Glättung/Politur) ist in der betreffenden Gebühr bereits enthalten.

Berechenbare Schritte

Die Abrechnung der jeweiligen Leistungsziffer erfolgt pro Kavität, sodass an demselben Zahn parallel mehrere Füllungen zulässig sind. Mitunter kommen bei getrennten Läsionen sogar auf *einer* Fläche multiple F-Positionen nebeneinander in Betracht, so zum Beispiel bei örtlich abgegrenzten okklusalen Defekten, zwischen denen eine ausreichend breite intakte Zahnhartsubstanz belassen werden kann. Allerdings werden solche Versorgungen von den Ausschüssen in der Regel nicht besonders gern gesehen und bei gehäuftem Aufkommen oft mit schmerzlichen Regressen belegt.

Abrechnung

Bei mehreren kariösen Läsionen an ein und demselben Zahn wird üblicherweise eine Überkronung als die langfristig wirtschaftlichere Alternative empfunden.

!

Eine solche Auffassung dürfte aus fachlicher Sicht allerdings diskutabel sein. Unter der Prämisse einer möglichst Substanz schonenden Präparation sollte man im Zweifelsfall mehrere kleine Füllungen an

Substanz schonende Präparation

einem Zahn einer einzigen großen konservierenden oder gar prothetischen Versorgung vorziehen.

Beidseitige Eckenaufbauten

Dennoch kann es vor dem Hintergrund gängiger Praktiken im Prüfverfahren für den Zahnarzt von Vorteil sein, sich in bestimmten Situationen doch für die kostenintensivere Variante, hier also die Eingliederung einer Krone, zu entscheiden. Wenn beispielsweise an einem Frontzahn beidseitige Eckenaufbauten (F4/13d) – womöglich tangiert von parapulpären Stiften (St/16) und/oder besonderen Maßnahmen (bMF) – vonnöten und unter Umständen eine oder mehrere dieser Verrichtungen innerhalb eines kürzeren Intervalls zu wiederholen waren, dürften die Gremien leicht zu der Ansicht gelangen, dass hier eine Überkronung die auf längere Sicht ökonomischere Lösung gewesen wäre. Für den Zahnarzt ist in diesem Kontext natürlich nicht ganz unerheblich, dass die konservierenden Leistungen – im Gegensatz zu prothetischen Verrichtungen – einer Budgetierung durch entsprechende Honorarverteilungsvereinbarungen unterliegen. Dennoch sollte die Anzahl insbesondere mehrflächiger Füllungen stets mit der Menge der durch die geprüfte Praxis zeitnah eingegliederten Kronen aufgerechnet und auf diese Weise abgewogen werden, inwieweit sich gegenseitige kompensatorische Einsparungen ergeben.

Aufrechnung mit prothetischen Leistungen

Problematisch stellt sich jedoch das Nebeneinander *beider* Vornahmen an ein und demselben Zahn dar. Dabei ist es durchaus möglich, dass sich erst nach beziehungsweise während einer konservierenden Versorgung deren Grenzwertigkeit offenbart und somit eine prothetische Behandlung erforderlich wird oder aber aus wichtigem Grund bei bereits bestehender Zahnersatz-Planung übergangsweise zunächst eine größere Füllung vonnöten ist. Hier erwarten die Gremien im Allgemeinen eine Beschränkung auf die geringwertigen Positionen (maximal Aufbaufüllung nach F2/ZE); allerdings wäre in seltenen begründbaren Ausnahmefällen auch die Abrechnung beider Verrichtungen denkbar.

Beschränkung auf geringwertige Positionen

Drei- und mehrflächige Restaurationen

Eigentlich sind selbst drei- und mehrflächige Restaurationen mit plastischen Werkstoffen gegenüber der Kronen- und Brückentherapie als wesentlich ökonomischer anzusehen. Dem Bema-Kommentar hierzu ist zu entnehmen, dass letztere Behandlungsform zulasten der Kassen ausscheide, solange ein Zahn durch andere Maßnahmen (beispielsweise Füllungen) erhalten werden könnte.

Ferner stören sich die Prüfungsinstanzen häufig an in kurzen zeitlichen Abständen wiederholten Füllungen an ein und derselben Kavität. Dabei gelten bezüglich der allgemeinen zweijährigen Gewährleistungsfrist bekanntermaßen Ausnahmeregelungen für Milchzähne, mindestens vier Flächen umfassende Restaurationen, Eckenaufbauten unter Einbeziehung der Schneidekante in der Front, die Versorgung zervikaler Läsionen sowie sonstige besondere Umstände (ausgeprägter Bruxismus, relevante Allgemeinerkrankungen wie Anfallsleiden und andere). Aber auch hier sollte der Praktiker eher vorsichtig agieren, da die Kammern eine übermäßige Anhäufung derartiger Abnormitäten nur selten akzeptieren. Dennoch sollten die im Hinblick auf eine eventuelle Einzelprüfung selektierten Behandlungsfälle auf das Vorliegen ebensolcher Ausnahmeindikationen durchforstet werden.

Ausnahmen von Gewährleistungspflicht

Darüber hinaus kann eine tiefgreifende Analyse der Altersstruktur des betreuten Patientenstammes Teil einer wirksamen Verteidigungsstrategie sein.

Altersstruktur

> Schließlich steht außer Frage, dass bei einer von Jüngeren dominierten Klientel die Füllungsleistungen in der Regel einen weitaus größeren Raum einnehmen als bei älteren Patienten.

!

Für Kinder und Jugendliche entfallen prothetische Alternativen – abgesehen von extrem seltenen Exzeptionen – naturgemäß gänzlich. Dem Therapeuten bleibt somit oft gar nichts anderes übrig, als lädierte Zähne – gegebenenfalls auch mittels mehrerer Füllungen – rein konservativ zu versorgen. Nachhaltige Ersparnisse im Bereich Zahnersatz sind die naheliegende Konsequenz. Sie sollten entsprechend vorgetragen und auf eine Anerkennung gedrängt werden.

Entfallen prothetischer Alternativen bei Jüngeren

In Verbindung mit den Bema-Ziffern 13a bis g sind auch verschiedene mit diesen gelegentlich einhergehende Vornahmen zu betrachten. Hierzu gehören insbesondere Anästhesien (I/40, L1/41a, L2/41b) oder auch die jeweilige Präparation beziehungsweise Füllung tangierende besondere Maßnahmen (bMF/12). Darüber hinaus kommt bei größe-

Begleitende Verrichtungen

ren Defekten beziehungsweise jungen Patienten ein erhöhtes Volumen an Überkappungen (CP/25 und P/26) infrage. In diesem Kontext sollte dann wiederum an weitere begleitende Verrichtungen wie Sensibilitätsprüfungen, Röntgenleistungen, Injektionen oder auch endodontische Behandlungen gedacht werden.

Aufbaufüllungen

Eine Besonderheit stellen schließlich die Aufbaufüllungen von beschliffenen Stümpfen unter Kronen oder Brückenankern dar, für welche maximal die Gebühr nach 13b (hier F2/ZE) ansatzfähig ist.

!

Bei vermehrt prothetischer Ausrichtung der geprüften Praxis kann demnach durchaus ein erhöhtes Aufkommen der entsprechenden Leistungsziffern die Folge sein, da auch drei- und mehrflächige Restaurationen unter festsitzendem Ersatz nach diesen abzurechnen sind.

Kunststoff-Füllungen im Seitenzahnbereich

Weiterhin dürfen – allerdings nur in nachgewiesenen Fällen schwerer Niereninsuffizienz beziehungsweise bei real bestehender Amalgam-Allergie – für Kunststoff-Füllungen im Seitenzahnbereich flächenabhängig die Bema-Nummern 13e bis g angesetzt werden. Der Austausch intakter plastischer Versorgungen wie auch der Einsatz von Composites aus lediglich kosmetischen Gründen auf Wunsch des Patienten stellen prinzipiell keine Vertragsleistungen dar und sind folglich mit dem Patienten privat zu verrechnen.

Besondere Maßnahmen beim Präparieren oder Füllen
(Bema-Nummer 12/bMF)

Der entsprechenden Leistungsbeschreibung zufolge gehören Separationen, die Beseitigung störender Gingiva, das Anlegen von Spanngummi und bei Bedarf die Stillung einer starken Papillen-Blutung zu den nach dieser Position abrechenbaren Verrichtungen. Sie kann je Kieferhälfte oder Frontzahnbereich angesetzt werden. Wichtig ist, dass es sich inhaltlich um *besondere* – also nicht in der Gebühr für die eigentliche Hauptleistung bereits enthaltene – Maßnahmen handeln muss. So gehört beispielsweise das bloße Anlegen einer Matrize oder die Verwendung ähnlicher Hilfsmittel für die Einbringung einer Füllung zu den üblichen begleitenden Schritten und ist daher *nicht* nach Bema-Ziffer 12 liquidierbar.

Ansatz je Kieferhälfte oder Frontzahnbereich

Im Prüfverfahren wird von einer durchschnittlichen Relation zwischen bMF und Füllungen von 1:4 ausgegangen, wobei geringfügige Abweichungen durchaus tolerabel sind.

!

Das tatsächliche Verhältnis hängt nicht zuletzt auch vom Sanierungsgrad der jeweiligen Klientel ab. Wurde diesbezüglich erst einmal ein gewisses Niveau erreicht, so sind nachfolgend oftmals nur noch vereinzelte konservierende Restaurationen nötig. Sofern diese von besonderen Maßnahmen tangiert werden, kann sich auch die zahlenmäßige Beziehung zwischen beiden Positionen zugunsten der bMF verschieben. Den umgekehrten Effekt bewirken hingegen umfassende quadrantenweise Behandlungen. Diese können vermehrt in Anlaufpraxen erforderlich sein, um so erst einmal einen gewissen Versorgungsstand zu erreichen. Aber auch an Einrichtungen, in denen besonders häufig komplexe Sanierungen sogenannter schwerer Behandlungsfälle (eventuell gar in Intubationsnarkose oder unter Hypnose) durchgeführt werden, sei in diesem Zusammenhang zu denken. Grundsätzlich

Relevante Praxisbesonderheiten

ist im Sinne einer wirtschaftlichen Behandlungsweise die Versorgung benachbarter Zähne in einem Zuge anzustreben.

Ungeachtet dessen bedingt eine erhöhte Anzahl von Füllungen zumeist auch ein Mehr an Leistungen nach Ziffer 12.

!

Für eine sachliche Beurteilung der entsprechenden Abrechnungsmengen ist daher eine Analyse des jeweiligen Patientengutes unerlässlich.

So dürfte besonders bei einer verstärkt von Kindern und Jugendlichen durchsetzten Klientel eine vorwiegend konservierende Ausrichtung mit den entsprechenden Konsequenzen bezüglich der bMF naheliegen.

Weitere Verrichtungen mit möglichen bMF

Die Abrechnungsbestimmungen reduzieren die Ansatzfähigkeit dieser Position jedoch nicht auf die Füllungstherapie. So kommt die Leistung auch für das unter Umständen erforderliche Anlegen von Spanngummi bei der Fissurenversiegelung in Betracht. Ferner kann eine absolute Trockenlegung zur Sicherstellung der notwendigen Keimfreiheit bei direkten Überkappungen (P/Bema-Ziffer 26) oder endodontischen Maßnahmen (Nummern 28 und folgende) indiziert sein und ist dann ebenfalls als bMF abzurechnen. Auch für das Separieren von Zähnen bei kieferorthopädischen Behandlungen kann die Leistung angesetzt werden. Schließlich wären noch diverse prothetische Verrichtungen zu erwähnen, in deren Kontext besondere Maßnahmen erforderlich sein können. Hierzu gehören die konfektionierten beziehungsweise gegossenen Aufbauten nach den Bema-Ziffern 18a und b, Einzelkronen (20a bis c) sowie Brückenpfeiler (91a bis d). In diesen Fällen können zusätzliche Aufwendungen für die Erkennung unter sich gehender Stellen beim Beschleifen oder die Darstellung der Präparationsgrenze vonnöten sein. Eine Abrechnung der Nummer 12 zum Zwecke einer Gingivaverdrängung für eine ordnungsgemäße Abformung hingegen ist nicht zulässig.

Grundsätzlich ist jedoch von einer Korrelation zwischen den bMF und den vorerwähnten Leistungsbereichen auszugehen. Im Prüfverfahren wird diese Position allgemein sehr kritisch gesehen, da sie leicht vermehrt und kaum kontrolliert werden kann. Daher ist eine exakte Dokumentation einschließlich der im Einzelfall bestehenden Indikation sowie der jeweils angewandten Maßnahme von großer Wichtigkeit.

Exakte Dokumentation

Stiftverankerung von Füllungen (Bema-Nummer 16/St)

Möglich bei drei- und mehrflächigen Füllungen

Eine Verankerung durch parapulpäre (bei marktoten Zähnen gegebenenfalls auch intrakanaläre) Stifte ist grundsätzlich bei *allen* Füllungen möglich. Im Zusammenhang mit ein- und zweiflächigen Restaurationen (F1 und 2) dürfte diese begleitende Maßnahme allerdings eher selten vonnöten sein. In diesen Fällen ist die Nummer 16 dann auch nicht ansatzfähig. Stattdessen können aber die real entstandenen Kosten für die verwendeten Pins abgerechnet werden. Bei darüber hinausgehenden Versorgungen (F3 und 4) hingegen ist die Bema-Ziffer 16 liquidabel, dies allerdings – unabhängig von der Zahl der eingebrachten Stifte – lediglich einmal pro Zahn. Hier gelten die Materialkosten mit der Gebühr als abgegolten. Auf den gegebenenfalls indizierten Einsatz von Composites (13e/f beziehungsweise 13g) lassen sich die vorgenannten flächenzahlabhängigen Regularien analog anwenden.

Einwände gegen parapulpäre Stifte

Unter fachlichen Aspekten wird der Einsatz parapulpärer Stifte gegenwärtig eher kritisch gesehen. Einerseits ist die Adhäsivtechnik in den letzten Jahren kontinuierlich weiterentwickelt worden, sodass zusätzliche Verankerungen plastischer Füllungen durch derartige Retentionselemente weitgehend entbehrlich erscheinen. Andererseits wird in der Fachliteratur auch ein hoher Anteil an Perforationen des Pulpenkavums beschrieben, wodurch sich das einer solchen Verrichtung innewohnende Risiko offenbart. Die konträren Auffassungen bezüglich dieser Vornahme erschweren eine Bewertung erbrachter Leistungsmengen; schließlich ist hier die stets implizierte Homogenität der Vergleichsgruppe ein Muster ohne jeglichen Wert. Außerdem ist zu beachten, dass etwa ein Drittel aller Praktiker dieses therapeutische Mittel ablehnt und es folglich *nicht* anwendet. Für eine korrekte Beurteilung müssten somit auch Negativstatistiken herangezogen beziehungsweise die Nullabrechner berücksichtigt werden.

Einfluss des Patientenguts

Darüber hinaus sollte in der Auseinandersetzung mit dieser Gebührennummer das jeweilige Patientengut genau analysiert werden. So könnte eine bestimmte altersmäßige, aber auch soziale Struktur ein vermehrtes Aufkommen derartiger Vornahmen bedingen. Innerhalb einer von wirtschaftlich schwachen Personen dominierten Klientel dürften solche Verrichtungen gegenüber alternativ zu diskutierenden prothetischen Varianten oft allein aus Gründen der Kostenreduktion in den Vordergrund treten. Auch bei Kindern und Jugendlichen gelangen bei größeren Defekten vermehrt Füllungen – gegebenenfalls tangiert von Stiftverankerungen und anderen Begleitleistungen – zur Abrechnung. In den vorerwähnten Patientengruppen sind dagegen in der Regel vor allem bei Kronen veritable kompensatorische Ersparnisse zu verzeichnen, welche der Zahnarzt im Prüfverfahren unbedingt anbringen sollte.

Entfernung harter Zahnbeläge
(Bema-Nummer 107/Zst)

Lediglich einmal jährlich

Mit der Umstrukturierung des Bema wurde die Möglichkeit der Entfernung harter Zahnbeläge zulasten der gesetzlichen Kostenträger auf lediglich einmal jährlich limitiert. Eine solche Beschränkung dürfte fachlichen Überlegungen indes kaum standhalten. Bei vielen Patienten wäre eine wiederholte Vornahme dieser Leistung dringend angebracht, scheitert aber oft an der Nichterstattung der Kassen. Die Folge ist entweder eine Unterlassung dieser medizinisch eigentlich indizierten Verrichtung oder aber deren private Liquidation. Ein verantwortungsbewusster Therapeut sollte in jedem Fall den Patienten – am besten aktenkundig – auf die Notwendigkeit einer gegebenenfalls mehrmals per anno vorzunehmenden Zahnsteinentfernung aufmerksam machen.

Keine Abhängigkeit von Zahnanzahl

Abrechnungstechnisch gesehen ist eine von der Anzahl vorhandener eigener Zähne unabhängige Honorierung dieser Leistung schwer nachvollziehbar. Unverständlicherweise differenziert der Bema diesbezüglich noch immer nicht zwischen einem stark reduzierten Restgebiss einerseits und nahezu vollbezahnten Patienten andererseits. Eine Änderung bislang geltender Bestimmungen im Sinne einer Staffelung in Abhängigkeit von der Zahnanzahl (wie in der GOZ längst Usus) würde nicht nur den realen Gegebenheiten besser Rechnung tragen, sondern wäre unter Umständen auch geeignet, mehr Spielraum für eine gegebenenfalls wiederholte Ausführung dieser Maßnahme zulasten der GKV innerhalb ein und desselben Kalenderjahres zu schaffen. Aufgrund der gegenwärtig bestehenden Restriktionen dürfte diese Leistungsposition in der Wirtschaftlichkeitsprüfung allerdings keine Rolle mehr spielen.

Einschleifen scharfer Kanten
(Bema-Nummer 106/sK)

Schwer kontrollierbare Leistung

Eine schwer kontrollierbare und daher leicht zu vermehrende Leistung stellt die Beseitigung scharfer Kanten, störender Prothesenränder oder ähnlich gelagerte Verrichtungen dar. Über diese Gebührenposition können so auch notwendige Glättungen nach Schmelzabsplitterungen oder Einschleif-Maßnahmen im Zusammenhang mit der Umgestaltung von Milchzähnen als Platzhalter abgerechnet werden. Vor diesem Hintergrund wäre bei einer auffälligen Vermehrung dieser Leistungsposition eine eventuelle Anhäufung von Kindern innerhalb des betreffenden Patientengutes zu prüfen.

!

Unter der Prämisse einer wirtschaftlichen Vorgehensweise sollten nach Möglichkeit *alle* unter diese Leistungsziffer fallenden Eingriffe in einer Sitzung erfolgen, sodass es in der Regel nur einmal pro Behandlungsfall zum Ansatz der Nummer 106 kommt.

Parallele Maßnahmen

Häufig sind parallele Maßnahmen zur Behandlung überempfindlicher Zahnflächen (Bema-Nummer 10/üZ) oder von Schleimhauterkrankungen (105/Mu) angezeigt.

Wiederholte Entfernung von Druckstellen

Bei einer wiederholt notwendigen Entfernung von Druckstellen an herausnehmbaren Prothesen ist gegebenenfalls auch die erneute Liquidation der zugehörigen Gebühr(en) zulässig. Ausgenommen davon ist jedoch Zahnersatz, welcher innerhalb der letzten drei Monate durch den behandelnden Zahnarzt eingegliedert oder wiederhergestellt wurde. Demgegenüber gilt diese Frist selbstverständlich *nicht*, wenn es sich um zwingend nötige Nachbehandlungen an von einem Kollegen gefertigten Prothesen (zum Beispiel im Rahmen einer Vertretung oder des Notdienstes) handelt. Grundsätzlich dürften derartige Verrichtungen bei älterer Klientel gehäuft zu beobachten sein, sodass auch hier die Altersstruktur des jeweiligen Patientengutes erhöhte Beachtung verdient.

Im Prüfverfahren wird insbesondere in dieser Generation oftmals ein vermehrter Ansatz der sogenannten therapeutischen Trias bemängelt.

Therapeutische Trias

Hierunter versteht man die gleichzeitige Abrechnung einer eingehenden Untersuchung (U/01), der Entfernung scharfer Kanten (sK/106) und eine lokale Schleimhautbehandlung (Mu/105) in einer Sitzung, welche mitunter gehäuft bei wenig oder unbezahnten Patienten vorkommt. Im Praxisalltag sollte dieser Umstand zur Vermeidung unnötiger Auseinandersetzungen angemessene Beachtung finden.

Polieren von Füllungen

Für das Finieren oder Polieren von Füllungen kommt die Bema-Nummer 106 nur dann in Betracht, wenn es sich um ältere oder von einem anderen Zahnarzt gelegte Restaurationen handelt. Ansonsten gehört die Nachbearbeitung zum Inhalt der Hauptleistung.

Behandlung von Schleimhaut-erkrankungen
(Bema-Nummer 105/Mu)

Örtliche Schleimhauterkrankungen

Unter dieser Position lassen sich Behandlungen örtlicher Schleimhauterkrankungen wie das Aufbringen von Salben oder ähnlichen Medikamenten auf die orale Mukosa abrechnen. Im Zusammenhang mit Prothesendruckstellen ist eine Liquidation jedoch frühestens drei Monate nach Eingliederung des Ersatzes zulässig, sofern es sich nicht – wie zum Beispiel bei Vertretung oder Notdienst – um die Arbeit eines Kollegen handelt.

Kritische Begutachtung

Die Leistung ist schwer kontrollierbar und lässt sich daher leicht vermehren, weswegen sie gegebenenfalls äußerst kritisch begutachtet wird.

!

Deshalb ist bei mehr als fünf derartigen Verrichtungen innerhalb eines Abrechnungsintervalls die Angabe einer Diagnose obligat.

Alternative Verrichtungen

Allerdings zieht nicht jede Munderkrankung automatisch einen ausufernden therapeutischen Bedarf nach sich. Mitunter reicht bereits die Entfernung von Zahnstein (Bema-Nummer 107/Zst), tangiert von Instruktionen zu einer adäquaten Parodontalhygiene, für die Ausheilung leichter Entzündungen aus, sodass weiterreichende Maßnahmen entbehrlich sind. Diese sind vor allem dann angezeigt, wenn Schmerz- oder Reizzustände der Mundschleimhaut ausgeschaltet werden müssen oder der Patient über einen anhaltenden Foetor ex ore klagt.

Indikation bei Allgemeinerkrankungen

Ferner können solche Verrichtungen zum Erhalt funktionstüchtiger prothetischer Restaurationen vonnöten sein. Hier erfolgt dann häufig ein paralleler Ansatz der Bema-Ziffer 106/sK. Auch verschiedene Allgemeinerkrankungen (zum Beispiel Tumoren), hormonelle Veränderungen (Gravidität und andere) oder Medikationen (wie etwa bei einer Chemotherapie) können einen erhöhten Bedarf entsprechender Leistungen mit sich bringen. Schließlich vermag eine lokale Schleimhautbehandlung meist auch bei einer Dentitio difficilis Linderung verschaffen.

Analyse der Altersstruktur

Um den wirtschaftlichen Umgang mit der Gebührenposition 105 adäquat beurteilen zu können, bedarf es oftmals einer näheren Analyse der Altersstruktur der durch die geprüfte Praxis betreuten Klientel. So kann einerseits das infolge eines hohen Anteils älterer Patienten gesteigerte prothetische Aufkommen den quantitativen Umfang dieser Position spürbar in die Höhe treiben. Andererseits dürfte aber auch bei Kindern und Jugendlichen ein mitunter deutlich verstärkter Bedarf an Schleimhautbehandlungen, zum Beispiel bei aphtomatösen Läsionen, bestehen.

Motivation zur angemessenen Mundpflege

Bei einem überdurchschnittlichen Aufkommen dieser Leistungsziffer muss sich der Zahnarzt in einem Prüfverfahren unter Umständen mit dem Vorwurf auseinandersetzen, seine Patienten bezüglich einer angemessenen Mundpflege möglicherweise nicht ausreichend motiviert zu haben. Allein schon deshalb sollte er diesen gegenüber regelmäßig auf eine aktive Kooperation drängen und entsprechende Instruktionen exakt dokumentieren.

!

Problematisch stellt sich oft eine gleichzeitige Abrechnung der Gebührenziffern 107 (Zst) und 105 (Mu) dar.

Parallele Liquidation mit Zahnsteinentfernung

Daher sollte eine solche Parallel-Liquidation auf wenige begründbare Ausnahmen beschränkt bleiben. Auch in Fällen, in denen eine Zahnsteinentfernung zulasten der Kasse nicht mehr möglich ist, hat diese bei Bedarf (gegebenenfalls als Privatleistung) einer Schleimhautbehandlung voranzugehen. Im Zusammenhang mit Vornahmen nach Teil vier des Bema (Parodontaltherapie) kommt ein Ansatz der Bema-Nummer 105 ebenso wenig in Betracht wie bei der Nachsorge infolge operativer Eingriffe. Für letztere ist stattdessen Ziffer 38/N vorgesehen, wobei ein Nebeneinander beider Leistungen im Prüfverfahren meist recht kritisch gesehen wird. Hinsichtlich der bereits weiter oben erwähnten therapeutischen Trias ist nochmals dezente Zurückhaltung zu empfehlen.

Behandlung überempfindlicher Zahnflächen
(Bema-Nummer 10/üZ)

Eine Leistung nach Ziffer 10 ist einmal pro Sitzung ansatzfähig und häufig bei empfindlichen Zahnhälsen und Abrasionen infolge von Parafunktionen wie Bruxismus erforderlich. Auch Putzdefekte oder Schädigungen durch Haltevorrichtungen an herausnehmbarem Ersatz können solche Verrichtungen bedingen. Weiterhin kommen entsprechende Nachbehandlungen im Anschluss an Einschleif-Maßnahmen bei einer prothetischen oder parodontalen Therapie in Betracht.

Indikationen

Schließlich rechtfertigt auch eine in der Folge von Präparationen eingetretene Hypersensibilität die Abrechnung dieser Gebührenposition. Allerdings gehört eine adäquate Versorgung beschliffener Zahnstümpfe zum Inhalt der jeweiligen Leistung.

Für die prophylaktische Fluoridierung zur Verhütung eines kariösen Befalls ist ein Ansatz der Nummer 10 grundsätzlich unzulässig, sodass folglich eine erhöht vorsorgeorientierte Behandlungsstrategie *nicht* zur Begründung diesbezüglich überdurchschnittlicher Leistungsmengen taugt. Dementsprechend sollte auch eine klare Abgrenzung zur Gebührenziffer IP4 erkennbar sein.

Prophylaktische Fluoridierung

Obgleich die Abrechnungsbestimmungen keine Einschränkungen hinsichtlich der Häufigkeit dieser Position vornehmen, ist unter kostenökonomischen Aspekten nach Möglichkeit die Versorgung *aller* überempfindlichen Flächen in einem Termin anzustreben. Für eine neuerliche Behandlung derselben Zähne ist die Nummer 10 dagegen auch wiederholt liquidabel. Hierzu sollte allerdings eine gut nachvollziehbare Dokumentation geführt werden.

Versorgung aller Flächen

Darüber hinaus lassen sich übermäßige Leistungszahlen durch gezielte Instruktionen zu einer individuellen Eigenbehandlung vermeiden. Eventuelle kompensatorische Einsparungen wären im Bereich endodontischer Behandlungen zu suchen.

Kompensatorische Einsparungen

Entfernung von Kronen
(Bema-Nummer 23/EKr)

Liquidable Leistungen

Diese Gebühr ist für die Entfernung von Kronen und Brückenankern, aber auch das Abtrennen eines Zwischengliedes oder Steges berechnungsfähig. Ferner kommt diese Position bei frakturierten Wurzelstiften oder Stift-/Stumpfaufbauten in Betracht.

Zahl der Trennstellen maßgeblich

Die Liquidation hat abhängig von der Zahl der notwendigen Trennstellen zu erfolgen. Ein Ansatz der Bema-Ziffer 23 neben einer Extraktion beziehungsweise Osteotomie für denselben Zahn sollte eine extrem seltene Ausnahme bilden. Dies kann zum Beispiel bei besonderen anatomischen Verhältnissen oder dann der Fall sein, wenn sich die Indikation zur Zahnentfernung erst *nach* der Ausgliederung der Krone oder des Ankers ergibt. Eine entsprechende Situation sollte sich eindeutig aus den Aufzeichnungen des Behandlers nachvollziehen lassen.

Entfernung alter festsitzender Restaurationen

Zweifelsohne hängt die Häufigkeit solcher Verrichtungen maßgeblich vom prothetischen Leistungsaufkommen der jeweiligen Praxis ab. Sofern die Krankenkasse einen Heil- und Kostenplan zur Erneuerung von Kronen, Brücken oder kombiniertem Ersatz genehmigt hat, gilt für das damit verbundene Entfernen alter festsitzender Restaurationen eine Bindungswirkung, sodass die EKr hier nachträglich nicht mehr angreifbar ist.

Die Regelungen zu Ziffer 23 lassen sich generell *nicht* auf Provisorien oder gegossene Einlagenfüllungen/Inlays anwenden. Hier muss gegebenenfalls auf die entsprechenden ZE-Positionen zurückgegriffen oder aber eine private Liquidation vorgenommen werden.

Anästhesieleistungen
(Bema-Nummern 40/I, 41a/L1 und 41b/L2)

Verfahrenstechnisch muss grundsätzlich zwischen Infiltrations- und Leitungsanästhesie unterschieden werden. Bei erstgenannter Methode wird das Betäubungsmittel direkt in das Operationsgebiet injiziert, wobei die Abrechnungsbestimmungen implizieren, dass – mit Ausnahme der mittleren Inzisiven – eine Ausschaltung von zumindest zwei benachbarten Zähnen möglich sei. Das Verfahren ist nach Bema-Richtlinien vorrangig für den Oberkiefer vorgesehen, obzwar diese Auffassung aus fachlicher Sicht durchaus streitbar sein dürfte. Schließlich werden hier oft verschiedene Äste des Nervus maxillaris ausgeschaltet, was dem Inhalt nach eigentlich einer Leitungsblockade gleichkommt. Die nicht seltene Injektion im Bereich der Papilla incisiva, der Nervi infraorbitales oder der Foramina palatina sind in diesem Zusammenhang ebenso zu erwähnen wie das allgemein anerkannte Verfahren der Tuber-Anästhesie.

Infiltrationsanästhesie

Bei einer Vornahme nach den Bema-Nummern 41a und b (L1 und 2) wird das Betäubungsmittel im Verlauf des entsprechenden Nervs injiziert, sodass die Ausschaltung einer umschriebenen Region die Folge ist. Eine solche Vornahme ist rein abrechnungstechnisch im Unterkiefer das Mittel der Wahl. Selbstredend kann zur Stilllegung unterer Molaren eine Leitungsanästhesie durchaus hilfreich sein; für die restlichen Zähne indes reicht oft eine Infiltration aus. Unter dem Strich lassen sich hinsichtlich der Injektionsmethoden fachliche Aspekte und Abrechnungsbestimmungen mitunter nur schwer in Einklang bringen.

Leitungsanästhesie

In begründeten Fällen, zum Beispiel bei länger dauernden Eingriffen und/oder entzündlichen Prozessen können die Bema-Ziffern 40 und 41 innerhalb einer Region auch nebeneinander beziehungsweise wiederholt angesetzt werden. Gelegentlich kommen auch intraligamentäre Anästhesien in Betracht; dann darf die Gebühr erforderlichenfalls auch für unmittelbar benachbarte Zähne angesetzt werden. Allerdings sollte sich der Therapeut diesbezüglich auf Ausnahmen

Intraligamentäre Anästhesie

beschränken und diese in einem Prüfverfahren entsprechend untermauern können.

!

Eine örtliche Betäubung ist bei vielen konservierenden und prothetischen sowie den meisten parodontalen und nahezu allen chirurgischen Maßnahmen erforderlich.

Intubationsnarkose und Hypnose

Somit ergeben sich entsprechende statistische Korrelationen. Eine Ausnahme bildet die Behandlung unter Intubationsnarkose oder in Hypnose. Beide Verrichtungen sind in der Regel mit dem Patienten privat zu liquidieren, ermöglichen ihrerseits jedoch die Vornahme teilweise umfangreicher Eingriffe, ohne dass hierfür eine Anästhesie vonnöten ist.

Schwierige Prüfung der Notwendigkeit

Auch die Abrechnungspositionen 40 und 41 lassen sich im Hinblick auf ihre Notwendigkeit schlecht überprüfen und sind daher leicht vermehrbar. Gewiss ist nicht für jede Füllung oder alle Zwischenschritte im Rahmen einer prothetischen Versorgung eine Betäubung erforderlich. Aus ökonomischen Gründen sollten nach Möglichkeit *alle* notwendigen Behandlungen im Wirkungsbereich einer Anästhesie in einem Zug ausgeführt werden.

Schmerz ausschaltende Injektionen

Prinzipiell sind Schmerz ausschaltende Injektionen nicht routinemäßig beziehungsweise ohne entsprechende Indikation ausschließlich auf Wunsch oder Verlangen des Patienten zulasten des gesetzlichen Versicherungsträgers vorzunehmen. Andererseits müssen dolente Eingriffe für den Betroffenen erträglich gestaltet werden, sodass eine Lokalanästhesie oftmals unumgänglich und dann natürlich auch von der Krankenkasse zu tragen ist.

Anästhesiebedürftige Verrichtungen

Insbesondere zu Extraktionen und anderen chirurgischen, aber auch endodontischen Interventionen stehen diese Leistungen in enger Korrelation. Wenn die Ausschüsse ein vermehrtes Aufkommen bestimmter anästhesiebedürftiger Verrichtungen – zum Beispiel Überkappungen, Wurzelbehandlungen, Zahnentfernungen und andere operative Eingriffe sowie diverse prothetische oder parodontologische Maßnahmen – erst einmal anerkannt haben, so gelten auch die damit einhergehenden Injektionen als akzeptiert.

!

Grundsätzlich sind solche aber nur dann Kassenleistung, wenn auch die damit verbundene Hauptmaßnahme Bestandteil des Bema ist.

Private Liquidation

So sind Anästhesien im Zusammenhang mit außervertraglichen Behandlungen wie auch bei einer andersartigen Zahnersatzversorgung unter gewissen Umständen privat zu liquidieren. Nur wenn eine solche Maßnahme auch bei einer Regelleistung vonnöten gewesen wäre, kann sie über die gesetzlichen Kostenträger abgerechnet werden. Insgesamt gesehen spielen die örtlichen Betäubungen in der Wirtschaftlichkeitsprüfung jedoch eine eher untergeordnete Rolle, sofern es sich nicht um Praxen mit spezifischer therapeutischer Ausrichtung handelt.

Inzisionen
(Bema-Nummer Ä161/Inz1)

Leistungsbeschreibung

Noch bis vor wenigen Jahren wurde im Bema zwischen der Inzision oberflächlicher und tiefgelegener Abszesse differenziert. Mit der Neustrukturierung dieser Gebührenordnung im Jahre 2004 ist jedoch die letztgenannte Position (Inz2/Ä164) ersatzlos gestrichen worden. In der Leistungsbeschreibung der schlussendlich noch verbliebenen Abrechnungsnummer Ä161/Inz1 ist von der Eröffnung einer *oberflächlichen*, unmittelbar unter der Haut oder Schleimhaut gelegenen entzündlich-putriden Schwellung die Rede. Damit wird zumindest die Behandlung submuköser Prozesse weitgehend abgedeckt. Unbeantwortet bleibt jedoch die Frage, wie sich der Therapeut bei tieferreichenden Eiteransammlungen verhalten mag. Die früher hierfür ansetzbare Gebühr war immerhin mit 32 Punkten dotiert. Rechnet man in einem solchen Fall die verbliebene deutlich geringer bewertete Nummer Ä161 ab, käme dies einem Verzicht auf gut die Hälfte des ursprünglich fälligen Honorars gleich. Eine private Liquidation dürfte bei einer solchen Vornahme indes keine wirkliche Alternative darstellen.

Unumgängliche Notmaßnahme

Im Prüfverfahren sollte diese Bema-Ziffer eigentlich von eher untergeordneter Bedeutung sein, da es sich hierbei um eine im jeweiligen Behandlungsfall in der Regel unumgängliche Notmaßnahme handelt. Der Zahnarzt kann seine fachliche Hilfe schließlich nicht an Statistiken ausrichten oder gar mit einem entsprechenden Hinweis verweigern. Andernfalls hätte er schlimmstenfalls mit zivil- beziehungsweise strafrechtlichen Konsequenzen zu rechnen.

Mehrfache Abrechnung

Allerdings wissen viele Zahnärzte gar nicht, dass bei örtlich getrennten Abszessen die Gebühr gegebenenfalls auch mehrfach in derselben Sitzung berechenbar ist. Dies wiederum hat zur Folge, dass vereinzelt zwar indikationsgerecht multiple Inzisionen vorgenommen, die fällige Bema-Ziffer aber lediglich einmal angesetzt wird. Selbst bei einer erneuten Eröffnung putrider Prozesse innerhalb desselben Gebietes in einer Folgesitzung darf die Ä161 dann ein zweites Mal abgerechnet werden. Derartige Zurückhaltungen führen jedoch zu einer „künstlichen“ Leistungsreduktion. Das heißt, bestimmte Vornahmen fließen unter Umständen deutlich weniger als tatsächlich erbracht in die Statistiken ein. Korrekt abrechnende Kollegen können demzufolge weitaus früher über dem Durchschnittswert der Vergleichsgruppe liegen.

Keine Abrechnung mit Exzisionen

Der Vollständigkeit halber sei noch darauf hingewiesen, dass eine Nebeneinanderberechnung der Inzision mit Exzisionen (Exz1 und 2/Nummern 49 und 50) nicht statthaft ist und gegebenenfalls Honorarkürzungen zur Folge haben kann.

Zahnentfernungen
(Bema-Nummern 43-45/X1-3, 47a/ Ost1, 48/Ost2)

Extraktion

Für die Entfernung von Zähnen sind im Bema mehrere Gebührenpositionen vorgesehen. Zunächst wäre in diesem Kontext die einfache Extraktion zu erwähnen, welche abhängig von der Wurzelanzahl abzurechnen ist. Dabei ist nicht die tatsächliche, sondern die nominelle Zahl der Radizes maßgebend. Demzufolge ist für sämtliche Frontzähne und Prämolaren (außer 14 und 24) generell die Ziffer 43/X1 anzusetzen. Für alle Molaren sowie die oberen Vierer ist hingegen die Nummer 44/X2 liquidabel. Im Milchgebiss gelten diesbezüglich Inzisiven und Eckzähne als ein-, die Backenzähne hingegen als mehrwurzlig.

Aufklappung

Sollte ein operativer Eingriff mit Aufklappung unumgänglich sein, so stehen hierfür die Bema-Ziffern 47a/Ost1 beziehungsweise 48/Ost2 zur Verfügung.

!

> Für jedwede Form der Zahnentfernung fordern die allgemeinen Behandlungsrichtlinien das Vorliegen einer medizinischen Indikation.

Letzte therapeutische Option

Sie sollte die letzte therapeutische Option sein und erst dann gewählt werden, wenn konservierende und andere Alternativen nicht von Erfolg gekrönt waren oder einen solchen nicht mehr erwarten lassen. Dies kann insbesondere bei einer starken kariös oder traumatisch bedingten Zerstörung, fortgeschrittenem parodontalen Abbau und apikalen Prozessen (Herdgeschehen, Zysten und Ähnlichem) der Fall sein. Auch bei nicht richtlinienkonform durchführbaren oder ins Leere gehenden endodontischen Eingriffen kann eine Extraktion angezeigt sein. Weiterhin ist in diesem Zusammenhang an kieferorthopädische oder prothetische Indikationen zu denken.

Frühzeitige Extraktion

Mithin dürfte es jedoch kaum wirtschaftlich sein, einem Zahn um jeden Preis zunächst die gesamte Palette des möglichen Behandlungsspektrums zukommen zu lassen, um ihn danach schlussendlich doch noch zu eliminieren. Eine frühzeitige Extraktion wäre hier vermutlich die ökonomischere Variante gewesen.

Nachhaltige Bemühungen zur Zahnerhaltung

Allerdings gehen die Prüfungsgremien mit ihren Prüflingen in dieser Hinsicht oftmals recht hart ins Gericht. So kann es unter gewissen Voraussetzungen durchaus erstrebenswert sein, einen Zahn mit nahezu allen Mitteln erhalten zu wollen, zum Beispiel, wenn dieser für die Verankerung funktionstüchtigen Ersatzes kaum entbehrlich ist. Aber auch zur Vermeidung einer mit konventionellen Mitteln schwer versorgbaren Freiendsituation oder geringer prothetischer Wertigkeit der für die Schließung einer Schaltlücke infrage kommenden Pfeiler können nachhaltige Bemühungen zur Zahnerhaltung in höchstem Maße sinnvoll sein.

Indikation

Aber nicht jede endodontische Maßnahme gelingt und nicht allen chirurgischen Eingriffen ist die erhoffte Fortune beschieden, sodass sich in bestimmten Fällen eine Zahnentfernung letztlich irgendwann nicht mehr abwenden lässt. Sofern dies nicht die Regel darstellt, ist die betreffende Praxis dadurch noch lange nicht einer unwirtschaftlichen Behandlungsweise überführt.

Begleitende Vornahmen

Extraktionen und Osteotomien sind üblicherweise mit einem entsprechenden Aufkommen anästhetisierender Vornahmen verbunden. Ausnahmen sind durch den Einsatz alternativer Methoden, wie beispielsweise Hypnose oder Narkosebehandlungen, möglich. In Fällen schwieriger, länger dauernder Eingriffe (gegebenenfalls gar unter entzündlichen Verhältnissen) können auch zusätzliche schmerzausschaltende Injektionen angebracht sein. Auch die Erfordernis weiterreichender blutstillender Maßnahmen (Nbl1/Bema-Nummer 36 und Nbl2/37) beziehungsweise notwendiger Nachbehandlungen (N/38, XN/46 oder Alv/62) korreliert quantitativ mit den Zahnentfernungen. Ferner sind andere chirurgische Verrichtungen, zum Beispiel die Operation von Zysten, ein plastischer Verschluss bei Eröffnung der Kieferhöhle oder Korrekturen am Kieferkamm gelegentliche Begleitleistungen. Schließlich können auch vermehrt Röntgenleistungen vonnöten sein.

Durchschnittliche zahlenmäßige Relation

Während die „normalen" Extraktionen (X1/X2) im Prüfverfahren von eher untergeordneter Bedeutung sind, betrachten die Ausschüsse sowohl die Gebührenziffer 45 (X3) als auch operative Verfahren (Ost1/2) oft recht kritisch. Im Durchschnitt wird ein Verhältnis X1+X2 zur X3 von 6 zu 1 als wirtschaftlich bewertet. Eventuelle Überschreitungen ließen sich gegebenenfalls mittels entsprechender radiografischer Nachweise begründen. Voraussetzung für den Ansatz der Bema-Position 45/X3 ist eine tiefe Fraktur des betreffenden Zahnes, sodass dessen Entfernung einen erhöhten apparativen und zeitlichen Aufwand erfordert. Sollten die Prüfungsgremien zu der Auffassung gelangen, dass diese Voraussetzungen nicht erfüllt waren, käme neben einer Honorarkürzung anhand von Durchschnittswerten auch eine sachlich-rechnerische Korrektur in Betracht.

!

Eine operative Zahnentfernung hingegen setzt grundsätzlich die Aufklappung voraus, welche in der Regel von knochenabtragenden Maßnahmen tangiert wird.

Operative Zahnentfernung

Ein solcher Eingriff kann aufgrund des vorliegenden klinisch-röntgenologischen Befundes – unter Umständen auch als prophylaktische Osteotomie – geplant sein, sich aber auch erst während einer Extraktion ergeben. Insbesondere bei fortschreitender Zerstörung von Zähnen oder Wurzeln lässt sich ein derartiges Vorgehen mitunter kaum vermeiden. Für die Entfernung eines verlagerten und/oder retinierten Zahnes sehen die Abrechnungsbestimmungen den Ansatz der Gebührenziffer 48/Ost2 vor. Dasselbe gilt bei impaktierten Wurzelresten oder Zahnkeimen. Ein entsprechender Befund sollte allerdings röntgenologisch nachweisbar sein.

Relation von Extraktionen und Osteotomien

Die Prüfinstanzen gehen von einer durchschnittlichen Relation zwischen Extraktionen (X1 bis 3) und Osteotomien (Ost1 und 2) von etwa 2,5 bis 3 zu 1 aus. Der geprüfte Kollege sollte dabei analysieren, inwieweit sich ein Mehr der einen gegebenenfalls durch ein Weniger bezüglich anderer Leistungsziffern kompensieren lässt.

Plastischer Verschluss einer eröffneten Kieferhöhle (Bema-Nummern 51a/Pla1 und 51b/Pla0)

Für den notwendigen Verschluss einer eröffneten Kieferhöhle können die Leistungsziffern 51a/Pla1 oder 51b/Pla0 abgerechnet werden. Handelt es sich dabei um eine selbstständige Leistung beziehungsweise einen operativen Eingriff im Zusammenhang mit einer Extraktion, so stellt die Antrum-Plastik de facto die Hauptvornahme dar und ist damit nach der erstgenannten Bema-Nummer zu liquidieren. Anders verhält es sich, wenn die Perforation die Folge einer Osteotomie oder eines vergleichbaren chirurgischen Eingriffs (wie etwa Zysten-Operationen oder Wurzelspitzenresektionen) ist und für den anschließend notwendigen Verschluss lediglich ein zusätzlicher Aufwand betrieben werden muss. In diesem Fall wäre die geringer bewertete Ziffer (51b/Pla0) anzusetzen.

Antrum-Plastik

Sofern nicht permanent beträchtliche Überschreitungen dieser Leistungszahlen nachgewiesen werden, dürften diese Gebührenpositionen für die Prüfungsgremien eine eher untergeordnete Rolle spielen, da sie an durch den Praktiker schwer beeinflussbare Umstände geknüpft sind. Schließlich besteht bei einer Eröffnung der Kieferhöhle für den Therapeuten generell ein zwingender Handlungsbedarf, um nach Möglichkeit weiterreichende Komplikationen zu vermeiden.

Bedeutung für Prüfgremien

Aus naheliegenden Gründen dürften vor allem verstärkt chirurgisch tätige Zahnärzte ein deutlich erhöhtes Aufkommen derartiger Verrichtungen innerhalb ihres Leistungsspektrums zu verzeichnen haben. Eine solche Praxisbesonderheit sollte dann gegebenenfalls entsprechend ausgewiesen und anhand geeigneter statistischer Aufbereitungen verifiziert werden.

Chirurgische Tätigkeit als Besonderheit

Auch eine exakte Abgrenzung zwischen den Positionen Pla1 und Pla0 kann im Einzelfall recht problembehaftet sein, schließlich sind die realen Behandlungsabläufe in der Regel einer nachträglichen Überprüfung nur äußerst schwer zugänglich.

Problematische Abgrenzung

Wurzelspitzenresektionen
(Bema-Nummern 54a-c/WR1-3)

Abrechnung nach Front- oder Seitenzähnen

Bei der Wurzelspitzenresektion wird abrechnungstechnisch zwischen Front- (zu liquidieren nach 54a/WR1) beziehungsweise Seitenzähnen (54b/WR2) unterschieden. In letzterem Fall kann für jede weitere über denselben Zugang abzutragende Revisionsstelle eine zusätzliche Gebühr nach 54c/WR3 angesetzt werden. Sollte dagegen eine zweite Eröffnung erforderlich werden, so darf die Nummer 54b gegebenenfalls erneut abgerechnet werden.

!

Derartige Verrichtungen sind vor allem dann angezeigt, wenn sich Prozesse im Bereich der Wurzelspitze durch andere Verfahren nicht mehr angemessen therapieren lassen.

Bestimmungen analog zur Wurzelbehandlung

Aber auch in der Folge einer traumatisch bedingten Schädigung der Radix, wie etwa einer Fraktur im apikalen Drittel, wäre ein solcher Eingriff zu erwägen. Hinsichtlich der Abrechenbarkeit auf Kosten der gesetzlichen Versicherungen gelten analoge Bestimmungen wie für die Wurzelbehandlungen. An einem Zahn, für dessen endodontische Versorgung die Krankenkassen nicht aufkommen, scheidet in aller Regel auch eine Resektion zu deren Lasten aus. Vor allem bei Molaren sollte die Indikation für diese mitunter recht aufwendige operative Maßnahme äußerst streng gestellt werden.

Begleitende Vornahmen

Selbstverständlich lassen sich derartige chirurgische Interventionen – von seltenen Ausnahmen, wie zum Beispiel einer Behandlung unter Intubationsnarkose oder Hypnose, abgesehen – nicht ohne Anästhesie vornehmen. Nebenher dürften die entsprechenden endodontischen Leistungen erbracht werden. Darüber hinaus kann es bei Resektionen im Oberkiefer gelegentlich zu einer Antrum-Perforation kommen, sodass dann die Ziffer 54b/Pla0 anzusetzen wäre. Sofern parallel die Entfernung einer Zyste notwendig sein sollte, kämen hierfür neben der Wurzelspitzenentfernung die Bema-Positionen Zy3/56c beziehungsweise Zy4/56d in Frage.

Relevante Praxisbesonderheiten

In einem Prüfverfahren ist die therapeutische Orientierung des betroffenen Zahnarztes von großer Bedeutung. So dürfte eine vorwiegend chirurgische Ausrichtung eine größere Toleranz gegenüber möglicherweise umfänglichen operativen Verrichtungen begünstigen. Demgegenüber gibt es nicht wenige Praxen, die derartige Eingriffe nicht selbst vornehmen, sondern an dafür prädestinierte Kollegen überweisen. Daher sollte in einem Prüfverfahren auch die entsprechende Negativstatistik herangezogen werden.

Operation von Zysten
(Bema-Nummern 56a-d/Zy1-4)

Zystektomie und Zystostomie

Fachlich ist bei der Operation von Zysten zwischen einer totalen Exstirpation (Zystektomie) und einer Eröffnung (Zystostomie) zu unterscheiden. Abrechnungstechnisch stellt sich darüber hinaus die Frage, ob es sich um einen selbstständigen Eingriff beziehungsweise eine Vornahme in Verbindung mit einer Extraktion handelt oder die Verrichtung im Kontext mit anderen chirurgischen Leistungen (Osteotomie oder Wurzelresektionen) erfolgt. Zwischen den somit insgesamt vier für die Entfernung radikulärer Zysten in Betracht kommenden Abrechnungspositionen kann es zu gegenseitigen kompensatorischen Einsparungen kommen.

!

Die Existenz einer derartigen apikalen Veränderung sollte unbedingt röntgenografisch gesichert werden; auch histologisch-zytologische Untersuchungen können deren Vorliegen bestätigen und so in der Wirtschaftlichkeitsprüfung hilfreich sein.

Begleitende Vornahmen

Im Zuge solcher Eingriffe sind anästhesierende wie auch endodontische Maßnahmen die Regel. Sollte zudem im Fall einer Antrum-Perforation ein plastischer Verschluss der Kieferhöhle erforderlich sein, so kann hierfür die Bema-Nummer 51b/Pla0 angesetzt werden.

Relevante Praxisbesonderheiten

Für die Beurteilung einer ökonomischen Behandlungsweise ist die therapeutische Ausrichtung des Zahnarztes von besonderem Interesse. Auch die relativ hohe Zahl der Nullabrechner, welche die Entfernung von Zysten lieber dem Spezialisten überlassen, sollte angemessene Würdigung finden.

Frenektomie
(Bema-Nummer 57/SMS)

Für die Beseitigung störender Schleimhautbänder, Muskelansätze oder eines Schlotterkammes kann die Leistungsziffer 57/SMS abgerechnet werden. Sie ist je Kieferhälfte beziehungsweise Frontzahnbereich ansatzfähig.

Abrechnung

Hierunter fallen die Durchtrennung oder Entfernung des Zungen- wie auch des Lippenbändchens. Letztere ist abzugrenzen von der Operation eines echten Diasthema mediale (Bema-Nummer 61/Dia), bei der neben einer Korrektur des Frenulums zusätzlich eine Durchtrennung des Septums erfolgt. Begleitende Maßnahmen können Anästhesie- und Röntgenleistungen, eventuelle besondere Aktivitäten zur Stillung übermäßiger Blutungen und erforderlichenfalls entsprechende Nachbehandlungen sein.

Begleitende Maßnahmen

Die Gebühr ist *nicht* für freie Schleimhaut-Transplantate oder einen koronalen Verschiebelappen ansatzfähig. Auch eine gleichzeitige Abrechnung dieser Leistung neben der Nummer 59/Pla2 für dasselbe OP-Gebiet ist unzulässig. Bei korrekter Indikationsstellung und nachvollziehbarer Dokumentation sollte diese Bema-Position für den geprüften Zahnmediziner kaum eine allzu große Hürde darstellen.

Ausgeschlossene Abrechnungen

Vestibulum- oder Mundboden-plastik
(Bema-Nummer 59/Pla2)

Indikationen

Beide Maßnahmen dienen einer Verbreiterung der fixen Gingiva und kommen sowohl aus parodontaler als auch prothetischer Indikation in Betracht. So kann bei stark atrophierten Alveolarfortsätzen insbesondere der Sitz von totalem Ersatz beträchtlich eingeschränkt sein. Mit Hilfe der genannten operativen Maßnahmen soll hier ein vergrößertes Prothesenlager geschaffen werden, welches einen höheren Tragekomfort ermöglicht. Aber auch bei über größere Zahnabschnitte reichenden progressiven Rezessionen ist häufig eine Vertiefung des Vestibulums angezeigt.

!

Neben den Gebührenziffern für eine Systematische PAR-Behandlung (P200 und folgende) ist diese Leistung allerdings nur dann zulässig, wenn es sich um örtlich getrennte OP-Regionen handelt.

Ausschlüsse

Dasselbe gilt für die parallele Liquidation mit anderen chirurgischen Vornahmen. Für koronale Verschiebelappen und freie Schleimhauttransplantate ist der Ansatz der Ziffer 59 *nicht* gestattet.

Hinweise für die Wirtschaftlichkeitsprüfung

In der Wirtschaftlichkeitsprüfung kommt es vor allem auf eine diesbezüglich exakte Differenzierung und entsprechend korrekte Indikationsstellung an. Die Gebühr nach Nummer 59 kann im Frontzahnbereich oder einer Kieferhälfte abgerechnet werden. Gebietsüberschreitende Eingriffe berechtigen ebenso zum zweimaligen Ansatz dieser Position wie eine notwendige Behandlung in beiden Seitenzahngegenden. Tangiert werden solche Verrichtungen in der Regel von Anästhesien und Röntgenaufnahmen, aber auch Leistungen zur Stillung verstärkter Blutungen sowie bei Bedarf entsprechenden Nachbehandlungen.

Exzisionen
(Bema-Nummern 49/Exz1 und 50/Exz2)

Entfernung von Gewebe

Für die Entfernung von Mundschleimhaut oder Granulationsgewebe im Bereich eines Zahnes ist die Bema-Ziffer 49/Exz1 ansetzbar. Hierunter fallen auch die Papillektomie sowie die Kauterisation und diverse elektrochirurgische Verfahren. Der Einsatz von Lasern hingegen für derartige Vornahmen wird – da in den Abrechnungsbestimmungen nicht explizit erwähnt – durch die Ausschüsse mitunter kritisch gesehen.

Indikationen

Im Zusammenhang mit vor allem festsitzendem und kombiniertem prothetischen Ersatz kann es zwecks korrekter Darstellung der Präparationsgrenzen zu einem vermehrten Aufkommen dieser Gebührenziffer kommen. Aber auch im Kontext mit Füllungen mag bei subgingivaler Ausdehnung der jeweiligen Kavität eine vorherige Exzision von Zahnfleisch erforderlich sein.

!

Unter statistischen Aspekten ist zu beachten, dass derartige Leistungen von etwa einem Fünftel aller Zahnärzte gar nicht erbracht werden, sodass gegebenenfalls im Falle einer Überprüfung die Bereinigung um diese Nullabrechner erfolgen sollte.

Begleitende Maßnahmen

Begleitend kann es zu einem erhöhten Aufkommen von Anästhesien, blutstillenden Maßnahmen und diversen Nachbehandlungen kommen.

Ausgeschlossene Abrechnung

Die Gebühr ist grundsätzlich nicht für Probe-Exzisionen, die Entfernung von Schleimhautwucherungen oder größeren Geschwülsten ansatzfähig. Auch Eingriffe, die lediglich eine Verdrängung der Gingiva zur Freilegung der Präparationsgrenze beinhalten oder zum Zwecke der Abformung dienen, sind *nicht* nach Nummer 49 abzurechnen. Weiterhin ist eine klare Abgrenzung zu den Leistungen aus Teil 4 des Bema (Systematische Behandlung von Parodontopathien) vorzunehmen. Im Prüfverfahren sollte eine eindeutige Differenzierung zwischen den entsprechenden Positionen erkennbar sein. Auch eine gleichzeitige andere chirurgische Verrichtung in demselben Gebiet ist unzulässig.

Exzision von Schleimhautwucherungen

Über die Gebührenposition 50/Exz2 ist die Exzision einer Schleimhautwucherung, beispielsweise einer Epulis oder eines lappigen Fibroms, abzurechnen. Dabei kann es sowohl zur diagnostischen Absicherung als auch im Interesse einer besseren Nachweisführung bei einer Wirtschaftlichkeitsprüfung empfehlenswert sein, entnommenes Gewebe einer histologischen Begutachtung zuzuführen. Ein solcher Eingriff ist je Operationsgebiet, gegebenenfalls also auch mehrfach in einem Kiefer, liquidabel. Auch für die Tunnelierung von Molaren – sofern nicht Bestandteil einer Systematischen PAR-Therapie – kommt diese Ziffer in Betracht.

Molaren-Tunnelierung

Lokaler parodontaler Eingriff

Bei wenigen betroffenen Einzelzähnen und guter Prognose kann die Leistung auch als lokaler parodontaler Eingriff vorgenommen werden. In solchen Fällen muss der Inhalt einer der Bema-Ziffern P200 bis 203 zunächst vollumfänglich erbracht werden. Nachfolgend sind die für diese üblichen Rekonvaleszenz-Zeiten zu beachten. Auch darf eine erforderliche Systematische PAR-Behandlung nicht auf diesem Wege umgangen werden. Aus ökonomischer Sicht sind aufwendige Maßnahmen nach Bema-Teil 4 erst ab mehr als vier Zähnen angebracht. Somit könnten sich unter Umständen kompensatorische Einsparungen in diesem Leistungsbereich ergeben.

Notfallbehandlung

Problematisch kann sich eine Abgrenzung beider Therapievarianten in der Versorgung von Notfällen (zum Beispiel im Bereitschaftsdienst oder bei Vertretung) gestalten. Hier wäre in seltenen Ausnahmefällen eventuell auch ein umfangreicheres Aufkommen der Nummer 50 darstellbar. Tangiert wird diese zumeist von den dazugehörigen Anästhesien, entsprechenden Vornahmen im Falle verstärkter Blutungen und eventuellen Nachbehandlungen.

Ausgeschlossene Abrechnungen

Die Gebühr ist *nicht* für das Abtragen eines Schlotterkamms oder bei Probe-Exzisionen anzusetzen. Auch ist eine klare Abgrenzung zur Entfernung von Schleimhaut beziehungsweise Granulationsgewebe nach Ziffer 49/Exz1 zu treffen.

> Ferner schließen die Nummern P200 bis 203 wie auch andere chirurgische Maßnahmen die gleichzeitige Liquidation von Exzisionsleistungen für dasselbe Operationsgebiet aus.

!

Einbeziehung der Negativstatistik

Untersuchungen haben gezeigt, dass lediglich die Hälfte der praktizierenden Zahnmediziner die Exz2 abrechnen, sodass in eine Wirtschaftlichkeitsprüfung unbedingt auch die Negativstatistik einbezogen werden sollte.

Seltenere chirurgische Eingriffe

Der Vollständigkeit halber soll im folgenden Abschnitt auf weitere chirurgische Eingriffe eingegangen werden, welche im Praxisalltag weniger verbreitet und daher in der Wirtschaftlichkeitsprüfung von eher untergeordneter Bedeutung sind.

Hemisektion und Teilextraktion

Hierzu gehört unter anderem die Hemisektion (Hem/Bema-Nummer 47b) beziehungsweise Teilextraktion. Eine solche Leistung kann generell nur bei mehrwurzligen Zähnen berechnet werden, und dies auch nur dann, wenn sie zum Erhalt einer geschlossenen Zahnreihe oder bestehender funktionstüchtiger prothetischer Versorgungen vonnöten ist. Eine Aufklappung ist hierzu nicht zwingend vorgeschrieben. Mit der Umstrukturierung des Bema im Jahre 2004 fällt das Verfahren der Prämolarisierung nicht mehr unter diese Gebührenziffer.

Prämolarisierung

Reimplantation

Auch die Reimplantation von Zähnen (RI/55) kommt bei der Mehrheit der praktizierenden Zahnärzte eher sporadisch vor. Eine solche ist nur nach traumatischen Ereignissen über die gesetzlichen Kostenträger abrechenbar. Das Paradebeispiel hierzu ist der typische Sport- oder Schulunfall, welcher oftmals mit dem Verlust eines oder mehrerer Schneidezähne verbunden ist. Weitere in diesem Zusammenhang erforderliche Verrichtungen (endodontische Behandlung und definitive Füllung, gegebenenfalls auch die vorherige Extraktion oder operative Entfernung, nicht aber eine Wurzelspitzenresektion) sind nebenher liquidabel. Einfache Schienungsmaßnahmen gehören dagegen zum Inhalt der Ziffer 55. Eine transdentale Fixation darf allerdings nicht nach dieser Gebührennummer abgerechnet werden.

Resektion am Alveolarfortsatz

Mitunter kann eine Resektion am Alveolarfortsatz indiziert sein. Sofern ein solcher Eingriff am *ausgeheilten* Kiefer erfolgt, wäre hierfür die Gebührenposition 58/KnR (Knochenresektion) anzusetzen. Aus naheliegenden Gründen lassen sich Zahnentfernungen – ganz gleich ob per extractionem oder auf operativem Wege – gleichzeitig für dasselbe Gebiet nicht abrechnen. Auch andere chirurgische Verrichtungen (Exzisionen/Exz1 und 2, Frenektomie/SMS oder eine Diasthema-

OP/Dia) scheiden unter diesen Prämissen als parallele Maßnahmen aus.

Alveolotomie

Demgegenüber steht eine Alveolotomie (Alv/62) in unmittelbarem Kontext mit Extraktionen beziehungsweise Osteotomien. Die Maßnahme kann für wenigstens vier bis acht Zähne einmal berechnet werden. Darüber hinaus ist ein zweifacher Ansatz der Gebühr möglich, wobei es sich nicht um ein zusammenhängendes Gebiet handeln muss. In einer gesonderten Sitzung kann die Nummer 62 auch für den Bereich eines einzelnen Zahnes liquidiert werden. Obgleich im Bema diese Möglichkeit für entsprechend geartete Nachbehandlungen explizit ausgewiesen ist, vertreten die Ausschüsse häufig die Meinung, dass für zeitnahe operative Wundrevisionen lediglich der Ansatz der Gebührenposition 46/XN angebracht sei. Solange aber der Leistungsinhalt einer Alveolotomie – nämlich ein zusätzlicher Aufwand zum Zweck der Freilegung beziehungsweise Aufklappung mit dem Ziel der Glättung des Knochens – erfüllt wird, dürfte diese Interpretation herzlich wenig mit den Regularien des Bema in Einklang zu bringen sein.

Tuber-Plastik

Eine weitere eher rare Leistung ist die Tuber-Plastik nach Bema-Ziffer 60/Pla3. Hierbei erfolgt durch geeignete operative Maßnahmen eine Veränderung am Tuber maxillare, welche im linken und rechten Oberkiefer jeweils einmal berechenbar ist. Solche Eingriffe sind in der Regel der präprothetischen Chirurgie zuzuordnen.

Korrektur bei Diasthema

Auf die Operation zur Korrektur bei echtem Diasthema (Dia/61) wurde bereits an anderer Stelle eingegangen. Hierbei ist eine Durchtrennung des Septums Bedingung und maßgeblich für die Abgrenzung zur Leistungsziffer 57/SMS.

Schrödersche Lüftung

In seltenen Fällen kann bei entzündlich-putriden Prozessen im Inneren des Kieferknochens eine Trepanation im Sinne einer Schröderschen Lüftung einen Abfluss in die Mundhöhle und damit Erleichterung für den Patienten verschaffen. Ein solcher Eingriff wäre dann nach Bema-Nummer 52/Trep2 abzurechnen. Bei einer gleichzeitigen Abszedierung darf zusätzlich die Ä167/Inz1 angesetzt werden. Operative Zahnentfernungen (Ost1 oder 2) oder Wurzelspitzenresektionen hingegen sind parallel nicht zulässig.

Osteotomie des Kiefers

Auch die Osteotomie des Kiefers verkörpert statistisch gesehen eine ausgesprochene Rarität. Hierunter versteht man die operative Entfernung von Sequestern (Sequestrotomie), welche vor allem bei einer Osteomyelitis in Betracht kommt und dann über Ziffer 53/Ost3 abzurechnen ist.

Freilegung retinierter bzw. verlagerter Zähne

Nur am Rande sei an dieser Stelle noch die Freilegung eines retinierten und/oder verlagerten Zahnes erwähnt (FL/63). Eine solche Maßnahme ist an eine entsprechende kieferorthopädische Therapie geknüpft und daher gemeinsam mit der Hauptleistung zu bewerten.

Begleitende Maßnahmen

Im Zusammenhang mit den vorerwähnten Eingriffen sind aus naheliegenden Gründen in der Regel entsprechende röntgendiagnostische Maßnahmen und Anästhesien, aber auch Nachbehandlungen sowie bei Erfordernis hämostatische Verrichtungen im Falle starker Blutungen zu erwarten.

!

> Bei einem überdurchschnittlichen Aufkommen derartiger Begleitleistungen sollte in einer Wirtschaftlichkeitsprüfung unter anderem auch die Menge seltener chirurgischer Eingriffe näher analysiert werden.

Negativstatistiken

Da die jeweiligen Hauptmaßnahmen von einem beträchtlichen Teil der praktizierenden Zahnärzte nur extrem spärlich oder oft gar nicht erbracht werden, sind bei einer Abrechnungskontrolle auch die entsprechenden Negativstatistiken heranzuziehen.

Nachblutungen
(Bema-Nummern 36/Nbl1 und 37/Nbl2)

Im Zusammenhang mit chirurgischen Eingriffen kommt es üblicherweise zu Blutungen. Bleiben diese im „normalen" Rahmen, so sind sie als Bestandteil der jeweiligen Hauptleistung zu sehen.

> Nur wenn ein beträchtlicher zusätzlicher Aufwand erforderlich ist, wäre der Ansatz der Bema-Ziffern 36 oder 37 neben einer Extraktion beziehungsweise Operation in derselben Sitzung in Betracht zu ziehen.

!

Blutungen bei der Nachsorge

Auch im Zuge der Nachsorge kann es zu übermäßigen Blutungen kommen. Dann allerdings ist gegebenenfalls lediglich die entsprechende Nbl-Position abzurechnen und der gleichzeitige Ansatz der Gebührennummern 38/N oder 46/XN ausgeschlossen.

Aufwendige blutstillende Maßnahmen

Insbesondere bei vorliegenden Hämophilien, hämorrhagischen Diathesen, Störungen der Leuko- und Hämatopoese oder der Einnahme von Antikoagulantien besteht zumeist die Notwendigkeit aufwendiger blutstillender Maßnahmen. Ferner können Unfälle solche Leistungen nach sich ziehen. Meist erfolgt dann die Abrechnung der Bema-Position 36/Nbl1. Ist jedoch das Abbinden beziehungsweise Umstechen eines Gefäßes vonnöten oder bedarf es einer Knochenbolzung, so wäre hierfür die höherwertige Ziffer 37/Nbl2 anzusetzen.

Wirtschaftliche Aspekte

Derartige Verrichtungen kommen im Allgemeinen nur bei größeren chirurgischen Eingriffen vor und sind statistisch gesehen eher selten. Ein gleichzeitiger Ansatz beider Nbl-Nummern in gleicher Sitzung für dasselbe Gebiet ist ausgeschlossen. Unter wirtschaftlichen Aspekten ist vor allem eine nachvollziehbare Dokumentation der durchgeführten Maßnahmen von Bedeutung. Außerdem legen die Prüfgremien auf eine genaue Abgrenzung der blutstillenden Verrichtungen untereinander und zu den Nachbehandlungen (N/38 und XN/46) großen Wert.

Nachbehandlungen nach chirurgischen Eingriffen (Bema-Nummern 38/N und 46/XN)

Folge von Zahnentfernungen und operativen Eingriffen

In der Folge von Zahnentfernungen und operativen Eingriffen sind mitunter einzelne oder in schwereren Fällen auch wiederholte Nachbehandlungen indiziert. Die Abrechnung solcher Vornahmen erfolgt abhängig vom jeweils notwendigen therapeutischen Umfang über die Gebührenziffern 38/N oder 46/XN. Beide sind je Kieferhälfte oder Frontzahnbereich einmal pro Sitzung ansatzfähig.

Gebührennummer 38/N

Laut Bema-Kommentar zu erstgenannter Position kommt diese nach chirurgischen Eingriffen sowie für das Tamponieren und dergleichen in Betracht.

!

Sie ist nicht für einfache Wund*kontrollen*, sondern nur bei tatsächlichen Nach*behandlungen* liquidierbar.

Dies bedeutet, dass der Leistungsbeschreibung entsprechende Verrichtungen ausgeführt werden müssen, zum Beispiel Spülungen, Drainage-Wechsel und Nahtentfernungen.

Gebührennummer 46/XN

Demgegenüber sieht die Nummer 46/XN eine chirurgische Wundrevision in Gestalt einer Knochenglättung beziehungsweise einer Kürettage der Alveole (siehe hierzu auch Abschnitt „Alveolotomie") vor, welche gegebenenfalls mit einem Nahtverschluss verbunden sein kann.

Durchschnittlich eine Nachbehandlung

Beide Leistungen stehen in enger Korrelation zu Extraktionen, Osteotomien und anderen operativen Eingriffen. In einem Prüfverfahren wird dem Zahnarzt statistisch gesehen durchschnittlich eine Nachbehandlung (N/38 oder XN/46) je chirurgischer Leistung zugestanden. Eine routinemäßige Abrechnung solcher Verrichtungen bei jedem „passenden" Ereignis wäre allerdings unwirtschaftlich und würde daher unweigerlich entsprechende Restriktionen auslösen.

Wundrevisionen nach Ziffer 46/XN sollten im Mittel nur bei jedem dreißigsten bis vierzigsten operativen Eingriff erfolgen. Bei einer bemerkenswerten Überschreitung dieser Durchschnittswerte wird durch die Ausschüsse mitunter auch die qualitätsgerechte Ausführung der zugehörigen Grundleistung in Zweifel gestellt.

Wundrevisionen

Nachbehandlungen – ganz gleich welcher Art – werden neben anderen Verrichtungen oft von zusätzlichen Röntgenaufnahmen und Anästhesien tangiert. Ein zeitliches Nebeneinander der Gebührenpositionen 36/Nbl1, 37/Nbl2, 38/N, 46/XN, 58/KnR und 62/Alv innerhalb einer OP-Region ist ausgeschlossen. Andererseits sind hier gegenseitige kompensatorische Einsparungen möglich und sollten vom Prüfling gegebenenfalls vorgetragen werden. Weiterhin ist eine Parallelabrechnung der Nummer 111 (Nachsorge im Rahmen einer Systematischen PAR-Therapie) einerseits und einer N beziehungsweise XN für dasselbe Gebiet in einer Sitzung nicht zulässig.

Begleitende Maßnahmen

Kompensatorische Einsparungen

Nebenleistungen bei ZE- und PAR-Behandlungen

Konservierend-chirurgische Begleitleistungen

Für die meisten prothetischen Versorgungen muss die zuständige Krankenkasse ebenso wie für eine geplante Systematische Parodontose-Behandlung vorab verbindlich die vollständige oder zumindest anteilige Übernahme der anfallenden Kosten erklären. In der Regel gehen derartige Verrichtungen mit diversen konservierend-chirurgischen Begleitleistungen einher. Dabei gilt der Grundsatz, dass mit Genehmigung der jeweiligen Hauptleistung eine Bindungswirkung auf alle diese tangierenden Maßnahmen eintritt und ihnen somit abrechnungsmäßige Akzeptanz zugestanden wird.

!

Sofern sich also ein Mehr bestimmter KC-Positionen auf ein erhöhtes Aufkommen von zuvor gestatteten Eingriffen aus anderen Bema-Teilen gründet, kann hieraus *keine* unökonomische Vorgehensweise abgeleitet werden.

Nachträglich festgestellte Unwirtschaftlichkeit

Allerdings gelten bei nachträglich festgestellter Unwirtschaftlichkeit einer ZE- oder PAR-Behandlung zugleich alle damit verbundenen Verrichtungen als nicht vertragsgerecht. In solchen Fällen muss unter Umständen mit erheblichen Restriktionen gerechnet werden.

Mögliche Nebenleistungen

In Verbindung mit prothetischen Versorgungen können vor allem Vitalitätsprüfungen, Röntgenleistungen, Anästhesien, Füllungen unter Kronen und Brückenankern und diese tangierende Schritte, Entfernung alter Restaurationen sowie Exzisionen häufiger zum Ansatz kommen. Auch im Zuge einer Systematischen Parodontaltherapie ist vermehrt mit Sensibilitätstestungen und radiodiagnostischen Maßnahmen zu rechnen. Darüber hinaus kann es zu einer Häufung anästhesierender Verrichtungen kommen.

Kritisch betrachtete Umstände

Bei einer Überprüfung vorgenommener PAR-Behandlungen wird durch die Ausschüsse oft das Fehlen notwendiger Röntgenaufnahmen beanstandet. Auch eine unzureichende Vorbehandlung sowie die nicht richtlinienkonforme Abrechnung der Nummern 107/Zst beziehungsweise 105/Mu geben häufig Anlass zur Kritik. Die Folge können dann auch Kürzungen begleitender Maßnahmen sein.

Weitere Leistungsbereiche

Bislang war ausschließlich von der Überprüfung konservierend-chirurgischer Verrichtungen und damit möglicherweise verbundenen Regressforderungen die Rede. Darüber hinaus unterliegen aber auch andere Leistungsbereiche der Wirtschaftlichkeitskontrolle. Mit der Einführung der befundorientierten Festzuschüsse spielt eine solche für die prothetische Versorgung de facto keine Rolle mehr.

Befundorientierte Festzuschüsse

Systematische PAR-Behandlung

Dagegen muss der geprüfte Zahnarzt bei der Analyse Systematischer Parodontose-Behandlungen mit einschneidenden Kürzungen rechnen, wenn ihm vorzuwerfen ist, nicht ausreichend auf Motivation und vorbereitende Maßnahmen gedrungen zu haben. In diesem Kontext sollte es tunlichst vermieden werden, den Therapieplan und damit einhergehende diagnostische Leistungen wie Röntgenaufnahmen oder Modelle gleich beim Erstkontakt mit dem Patienten zu erstellen. Schließlich – so die durchaus nachvollziehbare Argumentation der Ausschüsse – kann man die Kooperationsbereitschaft des potenziellen PAR-Behandlungsfalles anfangs noch gar nicht verlässlich einschätzen.

Vorherige Ausschaltung von Reizfaktoren

Darüber hinaus wird häufig die Auffassung vertreten, dass es im näheren zeitlichen Zusammenhang mit einer Systematischen Parodontose-Behandlung nicht angebracht sei, konservierende Leistungen zu erbringen. Begründet wird dies mit der Bema-Regelung, wonach alle denkbaren Reizfaktoren *vor* einer parodontalen Therapie auszuschalten seien. Selbst wenn man sich als Praktiker dieser Interpretation nicht vorbehaltlos anzuschließen vermag, kann es zur Vermeidung unnötiger Ärgernisse nicht schaden, sein therapeutisches Gebaren entsprechend zu optimieren.

Schienentherapie

Auch betreffs der Erbringung und Abrechnung von Leistungen im Zusammenhang mit Erkrankungen der Kiefergelenke – vorrangig also der Schienentherapie – ist der überprüfte Kollege vor rückwirkenden Honorarabzügen keinesfalls gefeit. Eine strenge und anhand einer exakten Dokumentation jederzeit nachvollziehbare Indikationsstellung sollte auch hier unbedingt beachtet werden. Da dieser Sektor freilich im Regelfall eine eher geringwertige Position innerhalb des Spektrums zahnmedizinischer Verrichtungen ausmachen dürfte, soll hier diesbezüglich nicht weiter ins Detail gegangen werden.

Individualprophylaktische Maßnahmen

Eine Sonderstellung innerhalb der Wirtschaftlichkeitsprüfung nehmen indes die Individualprophylaktischen Maßnahmen (IP1 bis 5) ein, was insbesondere für Praxen mit einem hohen Patientenanteil an Kindern und Jugendlichen von Interesse sein dürfte. Von wenigen Ausnahmen (wie etwa Zivildienstleistenden) abgesehen, sind die IP-Leistungen lediglich für gesetzlich Versicherte ansatzfähig, welche das sechste, aber noch nicht das achtzehnte Lebensjahr vollendet haben.

Prophylaktische Vornahmen

Hinsichtlich der Positionen IP1 (Mundhygienestatus) und IP2 (Aufklärung und Motivation zur Mundhygiene) sollte aufgrund der diesbezüglich bestehenden engen Abrechnungsbeschränkungen – beide sind jeweils einmal pro Kalenderhalbjahr liquidationsfähig – kaum Ungemach drohen. Anders verhält es sich jedoch bei der lokalen Fluoridierung (IP4). Auch deren Ansatz ist eigentlich analog zu den vorgenannten Positionen limitiert. Ausnahmen sind jedoch schon vor dem sechsten Geburtstag bei nachweisbar deutlich erhöhtem Kariesrisiko gestattet; dies wäre aber gegebenenfalls mittels geeigneter Indizes (dmf/t bzw. /s, DMF/T bzw. /S) zu verifizieren. Ferner darf die IP4 (wie auch die IP5) im Falle eines vorzeitigen Durchbruchs der ersten bleibenden Molaren altersunabhängig erbracht werden.

Praxisbesonderheiten dokumentieren

Eine Häufung derartiger Fälle ist in einer vermehrt mit Patienten der entsprechenden Generationen durchsetzten Klientel sehr gut möglich, kann jedoch, sofern hier nicht detaillierte Aufzeichnungen vorliegen, gegenüber den Ausschüssen leicht zur Erklärungsnot führen.

!

Dabei sollte man sich stets vor Augen führen, dass die herkömmliche Zahnarzt-Statistik zur Beurteilung und zum Abgleich individualprophylaktischer Verrichtungen im Grunde genommen völlig unbrauchbar ist.

Probleme der Statistik

Immerhin bezieht sich diese lediglich auf die jeweilige Gesamtfallzahl und erlaubt somit keine Rückschlüsse auf die Altersstruktur der einzelnen Praxen. Gerade aber für die Analyse von IP-Leistungen, welche nur einem begrenzten Personenkreis zustehen, wären tiefergehende Untersuchungen unbedingt vonnöten.

Fissuren-versiegelungen

Besonders deutlich wird dieser Sachverhalt bei den Fissurenversiegelungen. Ein einziger Prophylaxefall kann hier bis zu acht (bei Zivildienstleistenden sogar sechzehn) solcher Verrichtungen mit sich bringen. Bei einem in Relation zu der herangezogenen Vergleichsgruppe deutlich erhöhten Aufkommen entsprechender Patienten – wie zum Beispiel in vorwiegend mit der pädiatrischen Zahnmedizin befassten Einrichtungen – kann hier eine mitunter ganz beträchtliche Überschreitung der Durchschnittswerte dieser Bema-Position die naheliegende Konsequenz sein.

Beweismittel zur Darstellung von Praxis-besonderheiten

Altersgruppenspezifische Leistungsübersichten sind allerdings in der Regel im Prüfverfahren nicht verfügbar. Zumindest aber hinsichtlich des Anteils der Sechs- bis Achtzehnjährigen an der Gesamtbevölkerung könnten geeignete Erhebungen der zuständigen Behörden, zum Beispiel des betreffenden Landesjugendamtes, Aufschluss geben. Sind diese Generationen in der kontrollierten Einrichtung quantitativ spürbar überrepräsentiert, ließe dies den Schluss auf eine unbedingt zu beachtende Praxisbesonderheit zu und würde gegebenenfalls auch deutliche Überschreitungen der IP-Leistungen, insbesondere bei den Fissurenversiegelungen, begründen. Auch Negativstatistiken der betreffenden KZV könnten diesbezüglich hilfreich sein. War die Individualprophylaxe lange Zeit von der Wirtschaftlichkeitsprüfung ausgeschlossen, nimmt die Zahl der von zum Teil massiven Kürzungen auf diesem Sektor betroffenen Kollegen mittlerweile immer mehr zu. Dabei steht nach fachlichem Ermessen eine Limitierung solch wirksamer Vorsorgemaßnahmen deren Sinn und Zweck völlig konträr entgegen.

Kritische Punkte in der Wirtschaftlich-keitsprüfung

Neben der Gesamtzahl der durch die geprüfte Praxis erbrachten Versiegelungen achten die Gremien dabei besonders auf eventuelle in kurzen Intervallen erfolgte Wiederholungen derartiger Vornahmen an ein und demselben Zahn, vor allem dann, wenn diese gehäuft auftreten sollten. Dabei sind weder im Bema noch in der auf die IP5 anwendbaren Leitlinie diesbezüglich einschränkende Bestimmungen zu finden. Bei einer Abrechnungskontrolle wird dem betroffenen Zahnarzt mitunter auferlegt, den vermeintlichen Grund für den Verlust und die folglich notwendige Erneuerung einer oder mehrerer Versiegelungen darzulegen. Daher ist es ratsam, möglichst alle in dieser Hinsicht infrage kommenden Parameter detailliert in den Behandlungsunterlagen zu dokumentieren.

Nebeneinander von IP5 und Füllung

Auch ein Nebeneinander der IP5 mit einer Füllung wird höchst kritisch gesehen, selbst wenn ein solches Vorgehen durch die einschlägigen Abrechnungsbestimmungen ursprünglich gedeckt ist. Derartige Parallelabrechnungen sollten, vor allem in Praxen mit hohen individualprophylaktischen Leistungszahlen, auf wenige Ausnahmen beschränkt bleiben. Selbst wenn einige Monate nach der Versiegelung an demselben Zahn eine womöglich gar mehrflächige beziehungsweise von einer Überkappung begleitete konservierende Behandlung vonnöten sein sollte, kann dies auf Unverständnis bei den Prüforganen stoßen. Es dürfte daher im Interesse des Zahnarztes liegen, derartige zeitnahe therapeutische Abfolgen nach Möglichkeit zu vermeiden beziehungsweise deren Gründe in der Patientenkartei festzuhalten.

9 Mögliche Ergebnisse einer Wirtschaftlichkeitsprüfung

Prüfung ohne Auffälligkeiten

Entkräftung des Vorwurfs

Eine Auseinandersetzung mit den Prüfinstanzen vermag für den betroffenen Zahnarzt mit unterschiedlichen Ergebnissen zu enden. Im günstigsten Fall kann der Vorwurf einer vermeintlichen Unwirtschaftlichkeit vollumfänglich entkräftet werden. Ein solches, für den geprüften Zahnarzt in höchstem Maße wünschenswertes Resultat kommt vor allem dann in Betracht, wenn es ihm gelingt, signifikante Praxisbesonderheiten und/oder kompensatorische Einsparungen überzeugend darzulegen, und wenn diese durch die Ausschüsse bei ihrer Entscheidungsfindung hinreichend berücksichtigt werden. Für den betroffenen Zahnarzt sind dazu detaillierte Analysen des eigenen Handelns, begleitet von gegebenenfalls tiefgründigen statistischen Aufbereitungen, unverzichtbar. Allerdings stellen Überprüfungen, die ohne jegliche Beanstandung enden, erfahrungsgemäß eine eher rare Exzeption dar. In derartigen Fällen ist das Verfahren in der Regel mit dem Bescheid der Prüfungsstelle beendet, sofern deren Erlass nicht seitens der KZV beziehungsweise eines daran beteiligten Kassenverbandes noch einmal angefochten werden sollte. Dann wäre eine Fortsetzung zunächst präjudizial vor dem Beschwerdeausschuss und gegebenenfalls später auch auf gerichtlicher Ebene die naheliegende Konsequenz.

Seltenes Resultat

Beratungsverfahren

Stärkere Gewichtung der Beratung

Mit dem im Zuge der Gesundheitsreform 2004 verabschiedeten Gesetz zur Modernisierung der gesetzlichen Krankenversicherung (GMG) wurde der Beratung von Medizinern im Rahmen einer Wirtschaftlichkeitsprüfung eine deutlich stärkere Gewichtung zugestanden. Demnach obliegt den Ausschüssen geradezu eine *Verpflichtung*, die Zahnärzte hinsichtlich der von ihnen erbrachten Leistungen und Verordnungen unter ökonomischen und qualitativen Aspekten zu instruieren.

!

Gezielte Aufklärungen bezüglich eventueller unökonomischer Handlungsweisen sollten daher in der Regel weiterreichenden restriktiven Maßnahmen vorangehen.

Insbesondere bei erstmaliger Überprüfung beziehungsweise Auffälligkeit in einem bestimmten Bereich sollte eine entsprechende Unterweisung vor jedweden Beschneidungen ursprünglich erarbeiteter Honorare stehen.

Pro und Contra der Beratung

Allerdings liegen über dem Grundsatz Beraten vor Kürzen Fluch und Segen gleichermaßen. In Ausnahmefällen kann die kujonierte Praxis hierdurch möglicherweise einer schmerzhaften finanziellen Belastung entgehen. Hält sich der Betroffene andererseits gar zu sehr an einem solchen Strohhalm fest, werten die Ausschüsse derartiges Gebaren gern als Eingeständnis eigenen Fehlverhaltens (nach dem Motto: „Ich hätte es ja anders gemacht, wäre ich nur rechtzeitig auf meine Unzulänglichkeiten hingewiesen worden“) und nehmen dies mitunter zum Anlass, sogleich gegebenenfalls harsche Regresse zu verhängen.

Großer terminlicher Abstand

Darüber hinaus ist der zum Teil enorme terminliche Abstand zwischen Erbringung und Kontrolle abgerechneter Leistungen, welcher oft sogar einige Jahre beträgt, nicht unproblematisch. Kommt es zum Beispiel Ende 2007 betreffs anno 2005 erbrachter Verrichtungen zu einer erstmaligen Konfrontation mit den Prüfungsorganen, so liegt das monierte

Abrechnungsintervall schon sehr lange zurück. Seither sind mehrere Quartale vergangen, in denen der betreffende Kollege im Vergleich zum streitgegenständlichen Zeitraum vermutlich nicht wesentlich anders gehandelt und liquidiert haben dürfte, sodass die Wahrscheinlichkeit, auch diesbezüglich ins Visier der Kontrolleure zu gelangen, vergleichsweise hoch erscheint. Schließlich blieb das therapeutische Gebaren des Geprüften bis dato unbeanstandet, sodass er keinen triftigen Grund hatte, etwas daran zu ändern.

Umsetzung erst nach Prüfung möglich

Die dem Zahnarzt nun im Nachhinein erteilten Ratschläge zu einer wirtschaftlichen Behandlungs- und Verordnungsweise lassen sich somit frühestens nach der Überprüfung berücksichtigen, während sie sich aus objektiven Gründen in den Leistungsstatistiken für 2006 und 2007 noch nicht niederschlagen können. Kommt es in einer solchen Konstellation zu der befürchteten Honorarkürzung, muss man dieser eher skeptisch gegenüberstehen, denn der kujonierte Kollege hatte gar keine Chance, die Hinweise der Entscheidungsträger zwischenzeitlich umzusetzen.

Vergleich

Für viele Praxen stellen die mit einem Prüfverfahren häufig verbundenen, mitunter enormen Rückforderungen eine gewaltige betriebswirtschaftliche Hypothek dar. Werden gar innerhalb relativ kurzer Zeit mehrere aufeinanderfolgende Jahre kontrolliert und daraus herrührende Regresse gegen die betroffene Einrichtung verhängt, können sich diese leicht zu horrenden Beträgen aufsummieren.

Betriebswirtschaftliche Belastung

Die gegen den Zahnarzt gerichteten Ansprüche lassen sich dann meist nicht mehr ohne Weiteres aus den laufenden Einnahmen begleichen und können so für ihn zu einer erheblichen materiellen oder gar existenziellen Bedrohung entarten.

!

In einer solchen Situation mag ein Vergleich für den gefährdeten Kollegen durchaus sinnvoll sein. Eine solche einvernehmliche Lösung ist prinzipiell auf jeder Ebene, das heißt sowohl während der extrajudiziären Phase als auch im Rahmen einer späteren gerichtlichen Auseinandersetzung, möglich. In eine derartige Übereinkunft können gegebenenfalls auch weitere laufende Vorgänge einbezogen werden. Unter Umständen kommen hierfür selbst Abrechnungszeiträume in Betracht, für die bis dato noch nicht einmal ein Bescheid erlassen wurde. Mitunter wird betroffenen Zahnärzten auch seitens der Gremien ein derartiger Kompromiss angetragen. Allerdings sollte, ehe man einer solchen Offerte folgt, die Faktenlage genauestens abgewogen werden. Häufig resultiert die Bereitschaft zu einer Einigung auf diesem Wege allein aus dem Bestreben des Mediziners, schnellstmöglich Ruhe zu haben, und führt so oftmals voreilig zu unangemessenen finanziellen Zugeständnissen.

Vergleich sinnvoll

Genaue Abwägung der Lage

Es ist daher ratsam, eine entsprechende Vereinbarung stets, insbesondere wenn sie von den Prüfungsgremien initiiert wurde, mit dem schriftlich fixierten Vorbehalt eines nachträglichen Widerrufs zu versehen. Nicht selten wird nämlich erst in der Retrospektion deutlich, dass sich die Sachlage für den betroffenen Zahnarzt eigentlich gar nicht so

Vorbehalt des Widerrufs

negativ darstellt und insbesondere entscheidungsrelevanten Praxisbesonderheiten beziehungsweise kompensatorischen Ersparnissen nur unzureichende Würdigung zugebilligt wurde. Hat man sich aber bereits auf einen bedingungslosen Vergleich eingelassen, können die Kompromissparteien, also auch der kujonierte Zahnarzt, hiergegen im Nachhinein kaum mehr wirksam vorgehen. Allerdings behalten die KZV beziehungsweise die Kassen(verbände) die Möglichkeit, die getroffene Übereinkunft gegebenenfalls durch Widerspruch oder Klage anzufechten.

Verfahren beim Vergleich

Bei einem Vergleich muss der ausgehandelte Schlichtungsbeschluss den Verfahrensbeteiligten, verbunden mit einer ordnungsgemäßen Rechtsbehelfsbelehrung, zunächst schriftlich zugestellt werden. Diese können dann binnen eines Monats gerichtlich gegen die Vereinbarung vorgehen; anderenfalls wäre die zwischen den beteiligten Parteien getroffene Übereinkunft bestandskräftig. Bei einer Anfechtung allerdings besteht auch für den betroffenen Zahnarzt keine Bindungswirkung mehr. Somit ist die Höhe der angedachten Honorarreduzierung für diesen durch das Vorbringen relevanter Praxisbesonderheiten und/oder kausalkompensatorischer Einsparungen erneut bestreitbar. Grundsätzlich können dann auch alle Vorbehalte gegen einen Regress nochmals geäußert und jedweder Kürzung widersprochen werden.

Rückwirkende Honorarkürzung

Rückwirkende Honorarkürzung

Eine weitere Option innerhalb des möglichen Entscheidungsspektrums der Prüfungsgremien ist die Festsetzung einer rückwirkenden Honorarkürzung wegen vermeintlicher Unwirtschaftlichkeit. Dabei ist es aufgrund der bestehenden gesetzlichen Regularien durchaus entbehrlich, dem Geprüften ein entsprechendes Fehlverhalten tatsächlich eindeutig nachzuweisen. Vielmehr schuldet dieser für seine Exkulpation einen Entlastungsbeweis, ein Umstand, der sich mit allgemeinem Rechtsverständnis nur schwer vereinbaren lassen dürfte. Selbst für einschneidende Sanktionen reicht es in der Regel aus, lediglich den *Anschein* einer möglicherweise unwirtschaftlichen Behandlungsweise nachzuweisen.

Weiter Ermessensspielraum

Grundsätzlich steht den Ausschüssen bei der Festsetzung restriktiver Maßnahmen ein ziemlich weit gefächerter Ermessensspielraum zu.

!

Nicht jede vermeintliche unökonomische Handlungsweise muss daher zwangsläufig gleich zu einer Kürzung führen.

Anerkennung von Besonderheiten

Weiterhin gibt es betreffs der Anerkennung maßgeblicher Praxisbesonderheiten beziehungsweise kausalkompensatorischer Ersparnisse eine beträchtliche Entscheidungsbreite. Andererseits sind die Gremien aber auch verpflichtet, das verfügbare Spektrum sanktionierender Maßnahmen in jedem einzelnen Verfahren umfassend auszuloten und gegebenenfalls auch anzuwenden.

Rückforderung unberechtigter Honorare

Bei festgestellter nichtökonomischer Behandlungs- und Verordnungsweise ist indes eine Rückforderung zu viel gezahlter Honorare geradezu unabwendbar. Dabei sollte die Höhe der Regressbeträge dem Ausmaß der ermittelten Unwirtschaftlichkeit entsprechen. Für die Festsetzung restriktiver Maßnahmen infolge vermeintlich unökonomischen Handelns bedarf es nicht zwingend eines schuldhaften Vergehens des betroffenen Praktikers. Höchstrichterlicher Auffassung zufolge liegt das Spezifikum der Wirtschaftlichkeitsprüfung von (Zahn-)Ärzten gerade darin, dass es auf eine bestimmte Vorwerfbarkeit eben *nicht* ankommt. Mithin ist es unerheblich, ob der betroffene Therapeut vorab imstande war, die ökonomischen Unzulänglichkeiten seines Tuns zu erkennen. Hierin besteht de jure ein wesentlicher Unterschied gegenüber einem herkömmlichen Schadensregress.

Keine Berufung auf Gewohnheitsrecht

Grundsätzlich sind zulasten der GKV abgerechnete, erkennbar medizinisch nutzlose Leistungen selbst dann anfechtbar, wenn sie über längere Zeit erbracht und ohne Beanstandung abgerechnet wurden. Der Zahnarzt kann sich hier also nicht auf etwaiges Gewohnheitsrecht berufen.

Rückabwicklung von Heil- und Kostenplänen

Sogar bei vorheriger Genehmigung durch die zuständigen Kostenträger kann sich der Behandler nicht generell vor einer Rückabwicklung sicher fühlen. Dieser Umstand allerdings bietet reichlich Ansatzpunkte für fachlich kontroverse Diskussionen. Schließlich hatte die Krankenkasse durch die Vorlage eines entsprechenden Heil- und Kostenplanes (HKP) – ganz gleich, ob für Prothetik, Parodontose-Behandlung, Kieferorthopädie, die Versorgung mit Schienen oder welche Behandlung auch immer – die Chance, eine angedachte Therapie vorab eingehend, im Zweifel sogar gutachterlich prüfen zu lassen. Somit bestand ausreichend Gelegenheit zur Schadensminimierung durch gegebenenfalls ablehnende Bescheidung. Wenn sich die betreffende Versicherung aber nach Ausschöpfung all dieser Möglichkeiten letztendlich zu einer Kostenübernahmeerklärung bereiterklärt, sollte diese in jedem Fall sowohl für den Patienten als auch für den Zahnarzt verbindlichen Charakter haben. In der alltäglichen Praxis ist jedoch immer wieder zu erleben, dass es trotz erteilter HKP-Bewilligung zu Regressen gegenüber den Leistungsträgern kommt.

Prüfbescheid

Den Abschluss des erstinstanzlichen präjudizialen Verfahrens bildet stets ein formeller Prüfbescheid. Dieser hat generell schriftlich zu erfolgen und unterliegt darüber hinaus weiteren verbindlichen Anforderungen. So ist zunächst der kontrollierte Abrechnungszeitraum eindeutig auszuweisen. Weiterhin sind Angaben zu Inhalt und Gegenstand der Untersuchung erforderlich. Die Darstellung zugrundegelegter Grenzwerte und Abweichungen zum Durchschnitt der für die Gegenüberstellung herangezogenen Fachgruppe ist ebenso essenziell wie schlüssige Aussagen zu anerkannten Übertretungen der entsprechenden Vergleichszahlen.

Der Erlass muss exakt begründet und inhaltlich nachvollziehbar sein.

!

Bestandteile der Begründung

Hierzu gehört die eingehende Befassung mit durch den betroffenen Zahnarzt vorgetragenen und von dem mit der Entscheidung befassten Senat letztlich anerkannten beziehungsweise zurückgewiesenen Praxisbesonderheiten sowie kompensatorischen Einsparungen. Im Falle einer nachträglichen Rückforderung von Honoraren sind ein etwaiger Betrag der vermeintlich unökonomischen Mehrkosten und die letztlich daraus resultierende Höhe des vorgesehenen Regresses anzugeben. Dabei ist eine Schätzung des auf ungenügende Wirtschaftlichkeit basierenden zusätzlichen finanziellen Aufwandes ausreichend und wird vom Gesetzgeber explizit gebilligt, sofern sich deren genaue Höhe nicht oder nur mit einem unverhältnismäßig großen Aufwand ermitteln ließe. Eine Kürzung kann sich dabei auf einzelne Bema-Positionen, bestimmte Leistungsgruppen, bei maßgeblichen Beanstandungen bezüglich der Praxisführung in ihrer Gänze aber auch auf das komplette Honorar der kujonierten Praxis beziehen.

Nachvollziehbarkeit

Die angemessene und nachvollziehbare Begründung ist nötig, da der betroffene Zahnarzt schließlich durch einen solchen Verwaltungsakt in mitunter einschneidender Weise (vor allem in finanzieller oder gar existenzieller Hinsicht) belastet wird. Allein aus diesem Grund hat er einen Anspruch darauf, die wesentlichen inhaltlichen und rechtlichen Motive für eine durch die zuständige Instanz getroffene Entscheidung zu erfahren. Dabei sind die Prüfgremien gehalten, die jeweiligen den Schluss auf eine unökonomische Behandlungsweise untermauernden Tatbestände detailliert und verständlich darzustellen und sich nicht auf allgemeine Wertungen und Einschätzungen zurückzuziehen.

Detaillierte und verständliche Darstellung

Unwirksamkeit bei unzureichender Begründung

Eine unzureichende Begründung kann nach höchstrichterlicher Auffassung die Unwirksamkeit des betreffenden Bescheids zur Folge haben. Dem betroffenen Zahnarzt kann allerdings nicht empfohlen werden, sich im Falle eines Widerspruches gegen die erstinstanzliche

Verfügung allein auf etwaige formelle Mängel zurückzuziehen. Erschwerend kommt für ihn hinzu, dass eine inhaltliche Fundierung für den Beschluss der Prüfungsstelle noch bis zur letzten Tatsacheninstanz nachgereicht werden darf. Mithin können hier gegebenenfalls selbst noch vor dem jeweils mit der Angelegenheit befassten Landessozialgericht Korrekturen und Ergänzungen durch die zuständige Kammer vorgetragen werden.

Rechtsbehelfsbelehrung

Zu den unverzichtbaren Formalien eines rechtswirksamen Prüfbescheides gehört schließlich eine entsprechende Rechtsbehelfsbelehrung, welche üblicherweise an dessen Ende zu finden ist. Selbstverständlich muss der Erlass abschließend handschriftlich unterzeichnet sein.

Prüfung auf Einhaltung der Regularien

Der geprüfte Zahnarzt sollte die ihm zugestellte Verfügung grundsätzlich genauestens auf die Einhaltung eben dieser Regularien analysieren und dann für sich entscheiden, wie er auf die darin ausgesprochenen Sanktionen – in der Regel handelt es sich dabei um mehr oder minder heftige pekuniäre Strafen – zu reagieren gedenkt. Makabererweise gestaltet sich deren Akzeptanz am leichtesten, da in diesem Fall nichts weiter zu tun ist.

!

Mit dem bloßen Verzicht auf einen Einspruch wird die Kürzung wirksam und in aller Regel mit dem nächstfolgenden Honorarbescheid per Aufrechnung abgezogen.

Widerspruchsverfahren

Verzicht auf Beschwerde

Sofern der Betroffene durch inhaltliche Befassung mit den prüfungsrelevanten Sachverhalten seinerseits zu der Erkenntnis gelangen sollte, tatsächlich in bestimmten Bereichen unwirtschaftlich gearbeitet zu haben, und ihm vor diesem Hintergrund die beabsichtigte Regressforderung der Höhe nach angemessen erscheint, mag ein Verzicht auf Beschwerde führende Schritte gegebenenfalls sinnvoll sein. Auch bei eher dezenten Sanktionen könnte eine Weiterverfolgung unter Umständen aufwendiger sein als deren stillschweigende Anerkenntnis. Dennoch sollte man nicht vergessen, dass allzu oft rechtmäßig erarbeitete Gelder ohne ausreichenden Grund zurückgefordert werden. Schließlich ist der Zahnarzt zugleich Unternehmer und hat als solcher auch betriebswirtschaftlich zu denken und zu handeln. Er muss die laufenden Praxisaufwendungen (unter anderem Raum-, Personal- und Materialkosten sowie Steuern und Sozialabgaben) aus seinen Einnahmen bestreiten und zusehen, dass am Ende noch ein angemessener Überschuss für einen adäquaten Lebensunterhalt verbleibt. Er hat folglich absolut nichts zu verschenken.

Ungerechtfertigte Rückforderungen

Ist er sich also selbst nach kritischer Analyse des eigenen therapeutischen Gebarens weiterhin keiner Schuld bewusst, so sollte auch bei kleineren Beträgen gegebenenfalls ein Widerspruch erwogen werden. Außerdem leiten die Prüfgremien aus der Hinnahme eines Regresses mitunter eine damit einhergehende inhaltliche Akzeptanz der von ihnen getroffenen Feststellungen durch die kujonierte Praxis ab, um in einem Folgeverfahren dann damit gegen diese zu argumentieren. Allein schon deshalb kann es ratsam sein, sich dem Bescheid erst einmal zu widersetzen oder zumindest schriftlich darauf hinzuweisen, dass mit der Annahme der Kürzung nicht automatisch die Zustimmung zu den sachlichen Argumentationen der Prüfungsstelle verbunden ist. Im laufenden Verfahren ändert dies freilich nichts mehr am beschlossenen Abzug, kann aber bei einer möglichen Kontrolle späterer Abrechnungszeiträume für den Betroffenen noch von Nutzen sein.

Gründe für einen Widerspruch

Antrag auf Ratenzahlung

Bedingungen für Anerkennung

Erkennt der kujonierte Praktiker allerdings die Rückforderung an, so bliebe ihm immer noch die Option, einen Antrag auf Ratenzahlung bei der zuständigen KZV zu stellen. Eine solche Aufteilung in mehrere Teilbeträge kann allein zur Schonung der eigenen Liquidität höchst sinnvoll sein. In der Regel wird derartigen Ersuchen vor allem dann stattgegeben, wenn die Regresse einen größeren Abrechnungszeitraum umfassen und eine Verrechnung mit dem Honorarbescheid eines einzigen Quartals für den betroffenen Zahnarzt unter betriebswirtschaftlichen Gesichtspunkten nicht tragbar wäre. Insbesondere bei hohen Berichtigungssummen kann sogar eine existenzielle Gefährdung der betroffenen Praxis die Folge sein. Sinnvoll wäre es dann, die Anzahl der Raten an die der geprüften Vierteljahre anzupassen. Unter Umständen kann auch eine noch größere Quantelung aus liquiditätsmäßigen Erwägungen indiziert sein. Mit dem entsprechenden Antrag sollten diesbezüglich ernstliche Schwierigkeiten im Falle einer sofortigen vollumfänglichen Vollstreckung der angedachten restriktiven Maßnahmen glaubhaft dargelegt und begründet werden.

Laufende Betriebsausgaben

Schließlich lässt sich schwer ignorieren, dass trotz etwaiger Regresse die laufenden Betriebsausgaben auch weiterhin in dem bislang üblichen Umfang zu bestreiten sind. So sind selbst bei deftigen Honorarkürzungen regelmäßige Steuerzahlungen ebenso wie Miet- und Raumnebenkosten, Aufwendungen für Versicherungen, die Altersvorsorge und vieles Andere mehr in der ursprünglichen Höhe fällig. Auch dringend benötigte Praxismaterialien lassen sich nicht unter Wert erwerben und die Personalkosten bleiben, sofern man nicht aus betriebsökonomischen Zwängen heraus sogar zum Abbau von Mitarbeitern gezwungen sein sollte, auf weitgehend konstantem Niveau.

Zahlungsfluss zwischen KZV und Leistungserbringern

Andererseits verläuft der Zahlungsfluss zwischen KZV und Leistungserbringern im Allgemeinen eher behäbig. Nicht selten vergehen viele Wochen oder gar Monate, ehe die Honorare für längst erbrachte Vornahmen endlich auf dem Geschäftskonto eingehen. Unter regulären Verhältnissen sind solche Außenstände für den Zahnarzt aus seinen laufenden Einnahmen zumeist kompensierbar. Werden diese aber durch Regresse nachhaltig verringert, kann das bislang funktionierende Gefüge alsbald durcheinandergeraten und eine betriebswirtschaftliche Schieflage der Praxis die schmerzliche Konsequenz sein.

> !
>
> Bei akuten Liquiditätsproblemen bleibt dem in die Bredouille geratenen Zahnmediziner oftmals gar nichts anderes übrig, als – selbst bei noch so geringen Erfolgschancen – zunächst in Widerspruch zu gehen.

Aufschiebende Wirkung eines Widerspruches

Schließlich hat ein solcher in diesem Stadium erst einmal aufschiebende Wirkung, sodass der Betroffene schon allein dadurch wertvolle Zeit zu gewinnen vermag. Oft ziehen sich Folgeverfahren über mehrere Monate oder gar Jahre hin, sodass Regresse erst (wenn überhaupt) sehr viel später greifen und die Solvenz der betroffenen Praxis so lange geschont bleibt.

Anrufung des Beschwerdeausschusses

Ist die Entscheidung der Prüfungsstelle für den hierdurch belasteten Zahnarzt inhaltlich nicht akzeptabel, bleibt diesem letzten Endes nur der Weg, den Beschwerdeausschuss als die nächsthöhere Instanz anzurufen. Dies dürfte insbesondere dann in Betracht zu ziehen sein, wenn Praxisbesonderheiten und/oder kompensatorische Einsparungen nach Auffassung des Betroffenen nicht angemessen gewürdigt wurden beziehungsweise die Kürzungssumme unverhältnismäßig hoch erscheint. Auch bei nicht richtlinienkonformen Ausführungen im erlassenen Bescheid ist ein Widerspruch geradezu unerlässlich.

Konformität mit den Abrechnungsbestimmungen

Bei einer Einzelfallprüfung sollte zudem die Argumentation des entscheidungsführenden Gremiums hinsichtlich ihrer Bema-Konformität genauestens analysiert werden. So kann es durchaus vorkommen, dass die Wiederholung von Milchzahnfüllungen oder die erneute Versorgung ein und derselben (womöglich gar vierflächigen) Kavität in einem Abrasionsgebiss während der zweijährigen Gewährleistungsfrist, obwohl durch die Abrechnungsbestimmungen ausdrücklich gedeckt, von den Kammern moniert werden. Selbst wenn hieraus resultierende Honorarberichtigungen auf den ersten Blick lediglich Bagatellbeträge ergeben sollten, kann man derartige Kürzungen nicht widerspruchslos akzeptieren. In der Regel wird das vermeintliche Fehlverhalten nämlich zu allem Überfluss auf die Gesamtzahl der in dem geprüften Zeitraum erbrachten Füllungen reflektiert, sodass selbst ein noch so kleiner Fauxpas letztendlich eine recht üppige Regressfestsetzung zur Folge haben kann. Die Kenntnis wichtiger

Regularien bei der vertragszahnärztlichen Liquidation ist dabei natürlich unverzichtbare Voraussetzung für eine adäquate Verteidigungsstrategie des geprüften Zahmediziners.

Unverständlicherweise sind viele Kollegen jedoch selbst in derart eindeutigen Fällen oftmals bereit, gegen sie verhängte Sanktionen stillschweigend über sich ergehen zu lassen, nur um schnellstmöglich ihre Ruhe vor den Prüfinstanzen zu haben. Dabei zeigen gerade solche Beispiele, dass es sinnvoll sein kann, einen entsprechenden Erlass inhaltlich genauestens zu analysieren. Gerade bei eklatanten Fehlauslegungen des Bema dürfte der belastete Zahnarzt in einem weiterführenden Verfahren nicht chancenlos sein.

Inhaltliche Analyse sinnvoll

!

Der Widerspruch gegen den erstinstanzlichen Bescheid bildet eine zwingende Voraussetzung für die Zulässigkeit einer später gegebenenfalls anzustrebenden Klage.

Regularien des Widerspruchs

Der Widerspruch muss innerhalb eines Monats nach Zustellung des Erlasses der Prüfungsstelle erfolgen und kann in der Regel schriftlich oder zur Niederschrift beim zuständigen Beschwerdeausschuss eingelegt werden. Üblicherweise sind Hinweise zum Einspruchsverfahren auch in der jeweiligen Rechtsbehelfsbelehrung enthalten. Lässt der betroffene Zahnarzt die genannte Frist allerdings tatenlos verstreichen, wäre die Entscheidung auf erster Ebene rechtskräftig und gegebenenfalls umgehend vollstreckbar.

Wiedereinsetzung in den vorherigen Stand

Eine Ausnahme könnte bei längerer Abwesenheit aus wichtigem Grunde bestehen. Hier käme unter Umständen ein Antrag auf Wiedereinsetzung in den vorherigen Stand in Betracht, wie er auch in vielen gerichtlichen Verfahren Usus ist. Ein solches Ersuchen ist dann schriftlich an die zuständige zahnärztliche Stelle zu richten, welche letztlich auch über dieses zu entscheiden hat. Voraussetzung für eine Bewilligung ist, dass *kein* Verschulden des betreffenden Arztes für das eingetretene Fristversäumnis vorliegt und er die Gründe hierfür hinreichend glaubhaft machen kann. Die bislang ausgebliebene Handlung (hier also der Einspruch) ist zudem unverzüglich nachzuholen. Allerdings sollte man sich in dieser Phase besser juristischen Beistandes bedienen, da die Kammern eine zusätzliche Verzögerung des Verfahrens nur ungern dulden. Wird dem Antrag der Praxis entsprochen, so wäre dadurch die Wirksamkeit der mit dem verpassten Rechtsbehelf angefochtenen Entscheidung zunächst einmal gehemmt. Das heißt, der Kollege wird rückwirkend wieder so gestellt, als wäre die Frist für seine Beschwerde noch nicht verstrichen.

Ein Widerspruch gegen die Entscheidung der Prüfungsstelle kann allerdings nicht nur von der betroffenen Praxis eingelegt werden. Als sogenannte Verfahrensbeteiligte stehen auch den Krankenkassen und deren Landesverbänden sowie der KZV selbst eigene Antrags- und Prozessrechte zu, sodass diese ebenfalls den erstinstanzlichen Erlass anfechten können, wenn sie die Sanktionen gegen den in die Bredouille geratenen Mediziner als nicht adäquat empfinden. Mit einem Veto gegen den Erlass der Prüfungsstelle, ganz gleich von welcher Seite dieses auch initiiert sein mag, verbindet sich stets eine aufschiebende Wirkung. Das heißt, der angekündigte Verwaltungsakt darf bis auf Weiteres nicht vollzogen werden.

Widerspruchsmöglichkeit aller Verfahrensbeteiligter

!

Die Durchsetzung jedweder Kürzungsmaßnahmen hat bis zu weiterreichenden Entscheidungen durch den Beschwerdeausschuss zu unterbleiben.

Dessen Aufgabe ist es nunmehr, den in erster Instanz ergangenen Bescheid bezüglich formeller wie auch inhaltlicher Fragen eingehend zu analysieren. Neben der näheren Befassung mit den Feststellungen der Prüfungsstelle sollten darüber hinaus auch eigene Erwägungen in die Beurteilung der kontrollierten Praxis einbezogen werden. Fernerhin mögen hier die Einlassungen des geprüften Zahnarztes angemessene Würdigung finden. Spätestens auf dieser Ebene sind dem Zahnarzt und/oder seinem Bevollmächtigten auf Verlangen Akteneinsicht und darüber hinaus rechtliches Gehör zu gewähren. Hierzu sind die Verfahrensbeteiligten mit einer Frist von mindestens zwei Wochen zu einer nichtöffentlichen Sitzung zu laden. Der betroffene Kollege darf sich dabei anwaltlichen beziehungsweise kollegialen Beistandes bedienen.

Verfahren des Beschwerdeausschusses

Zusammensetzung und abschließender Bescheid

Der Beschwerdeausschuss muss neben einem unabhängigen Vorsitzenden paritätisch mit je zwei bis vier Vertretern von KZV und Kassen besetzt sein. Auf dieser Ebene ist dann – zum vorerst letzten Mal – weiterer Sachvortrag zulässig; erst wieder vor dem Landessozialgericht dürfen diesbezüglich neue Argumente nachgereicht werden. Abschließend ergeht auch jetzt ein schriftlicher Bescheid, dem zu entnehmen ist, ob der ursprüngliche Erlass bestätigt, teilweise abgeändert oder vollständig aufgehoben wird beziehungsweise wie eingegangene Widersprüche behandelt wurden. Das Urteil ist zu begründen und durch eine entsprechende Rechtsbehelfsbelehrung zu vervollständigen. Nach der Sitzung bleibt der Kammer in der Regel ein Zeitraum von fünf Monaten, um dem Zahnarzt ihren Entschluss zukommen zu lassen.

Verböserungsverbot

Die Entscheidung der zweiten außergerichtlichen Instanz darf für die widerspruchsführende Partei nicht nachteiliger ausfallen als im ursprünglichen Prüferlass; vielmehr besteht ein sogenanntes Verböserungsverbot. Hat demnach allein der Zahnarzt Rechtsmittel eingelegt, so darf er durch den nachfolgenden Beschluss nicht schlechter gestellt werden. So gesehen ist ein einseitiges Veto für die betreffende Praxis mit keinerlei zusätzlichen Risiken behaftet. Geht die Anfechtung dagegen von einer Krankenkasse und/oder der KZV aus, so muss unter Umständen sogar mit einer noch höheren Honorarkürzung gerechnet werden. Haben sowohl der Geprüfte als auch gegnerische Verfahrensbeteiligte Widerspruch eingelegt, so ist der Entscheidungsspielraum für den Beschwerdeausschuss nach beiden Seiten offen.

Vergleich

Auch in diesem Stadium könnten sich die Parteien natürlich auf einen Vergleich verständigen. Ein häufiges Szenario ist das dem betroffenen Zahnarzt von einzelnen Senatsmitgliedern angetragene kollegiale Gespräch am Rande der eigentlichen Sitzung. Wesentlicher Inhalt einer solchen Unterredung ist oftmals ein Vorschlag zur einvernehmlichen Beilegung des Konflikts. Dennoch sollte man derartige Offerten sorgsam abwägen und sich nicht vorschnell darauf einlassen. Schließlich steht der Zahnarzt durch die während der Anhörung herrschende Prüfungsatmosphäre unter einem enormen psychischen Druck, was ihn leicht zu irrationalen Entscheidungen verleiten kann.

Aus Sicht der Verfahrensbeteiligten mag eine solche Lösung zwar geeignet sein, einem langwierigen zähen Schlagabtausch zu entgehen, jedoch erweist sich eine auf diese Weise getroffene Vereinbarung für den kujonierten Zahnarzt im Nachhinein oft als nicht angemessen. Sofern man dennoch einer gütlichen Beilegung der Streitigkeiten zugetan sein sollte, ist dringend zu empfehlen, sich das Recht eines späteren Widerrufs innerhalb einer angemessenen Frist auszubedingen. Dadurch bleibt allen Parteien die Möglichkeit, die vorgesehene Regelung nochmals in aller Ruhe zu überdenken und gegebenenfalls einer nachträglichen anwaltlichen Prüfung zu unterziehen. Gelangt man danach zu der Erkenntnis, der angedachte Vergleich sei tatsächlich akzeptabel, so sind in der Regel für dessen Inkrafttreten keine weiteren Aktivitäten vonnöten. Andernfalls wäre das vorbehaltene Veto einzulegen, woraufhin der Ausschuss seine Entscheidung treffen möge.

Recht auf späteren Widerruf

Gerichtsverfahren

Klage beim zuständigen Sozialgericht

Im Anschluss an das Widerspruchsverfahren bleibt dem Zahnarzt – wie auch allen anderen Prozessbeteiligten (sofern sie dem erstinstanzlichen Bescheid frist- und formgerecht widersprochen hatten) – die Möglichkeit, gegen den Erlass des Beschwerdeausschusses Klage beim zuständigen Sozialgericht zu erheben. Allerdings hat ein solcher Schritt jetzt keine aufschiebende Wirkung mehr.

!

In der Konsequenz sind beabsichtigte Regresse nunmehr ungehemmt durchsetzbar, selbst wenn hiergegen eine Berufung auf judiziärer Ebene anhängig sein sollte.

Einstweiliger Rechtsschutz

Immerhin kann unter bestimmten Voraussetzungen auch dann noch durch Antrag auf einstweiligen Rechtsschutz einer Vollstreckung entgangen werden, wofür anwaltlicher Beistand jedoch kaum mehr entbehrlich sein dürfte. Außerdem muss der Zahnarzt in diesem Fall seine betrieblichen und finanziellen Verhältnisse schonungslos offenlegen, um auf diese Weise stichhaltig zu belegen, dass ihn die Realisierung des avisierten Verwaltungsaktes in nachhaltige existenzielle Schwierigkeiten bringen würde. Angesichts der zunehmend angespannten wirtschaftlichen Lage vieler Praxen dürfte eine solche Intervention neuerdings jedoch immer häufiger erforderlich sein.

Rückzahlung unrechtmäßig entzogener Beträge

Ungeachtet dessen werden zu Unrecht entzogene Beträge bei erfolgreichem Einschreiten gegen einen Regress zurückgezahlt. Für die Solvenz des Betriebes freilich kann es dann bereits zu spät sein. Außerdem werden dem Mediziner günstigstenfalls stets nur die eigentlichen Honorare und nicht die (bei längerer Verfahrensdauer unter Umständen zu einer beachtlichen Summe) akkumulierten Zinsen erstattet, ganz zu schweigen von Fahrtkosten, Einnahmeausfällen infolge entfallener Sprechstunden und diversen anderen Ausgaben. Darüber hinaus ist für eine adäquate Verteidigung oft ein hoher persönlicher Aufwand vonnöten, welcher das berufliche und nicht zuletzt auch das familiäre Umfeld des Betroffenen unter Umständen massiv belasten kann. Selbst bei einem uneingeschränkten Obsiegen des kujonierten Kollegen ist eine angemessene Entschädigung nicht vorgesehen, sodass ein Prüfverfahren für diesen sogar im denkbar positivsten Fall noch mit spürbaren finanziellen Nachteilen verbunden sein kann.

Empfehlungen für eine erfolgreiche Klage

Bevor man sich letztlich zum Gang vor das zuständige Sozialgericht entschließt, sollten sowohl inhaltliche Aspekte als auch die formellen Fragen des bisherigen Verfahrens noch einmal einer eingehenden Analyse unterzogen werden. Dazu ist es unbedingt zu empfehlen, einen versierten Rechtsbeistand zurate zu ziehen, um gemeinsam mit diesem die Chancen und Risiken einer gerichtlichen Auseinandersetzung abzuwägen.

Fristen und Formalien

Eine Klage muss generell innerhalb eines Monats nach Bekanntgabe der Entscheidung des Beschwerdeausschusses erhoben werden. Jener förmlich zuzustellende Bescheid muss mit einer Rechtsbehelfsbelehrung versehen sein, welche explizit auf die Möglichkeit einer Weiterverfolgung hinweist, das hierzu gegebenenfalls anzurufende Gericht benennt und über die einzuhaltende Frist informiert.

!

Da eine Honorarkürzung durch die Prüfinstanzen generell einen die betreffende Praxis belastenden Verwaltungsakt darstellt, steht dieser uneingeschränkt das Recht zu, dagegen auf gerichtlichem Wege vorzugehen.

Klage seitens KZV und GKV

Aber auch die KZV und die am Verfahren beteiligten Krankenkassen(verbände) können, wenn ihnen die gegen den Zahnarzt ausgesprochenen Sanktionen inadäquat erscheinen, die zuständigen Sozialgerichte anrufen. Deren Überprüfung beschränkt sich jedoch an dieser Stelle auf mögliche Ermessensfehler; weiterer Sachvortrag ist auf dieser Ebene nicht vorgesehen.

Ausschließliche Prüfung des Erlasses

Der Senat befasst sich jetzt nicht mehr mit dem einstmals ergangenen Prüfbericht, sondern ausschließlich mit dem Erlass des Beschwerdeausschusses, welchem nun de jure die Rolle des Beklagten zukommt. Um dessen Abwägungsentscheidung beurteilen zu können, kommt es dabei weniger auf fachliche Inhalte als vielmehr die korrekte Anwendung wesentlicher juristischer Formalien an. Letztendlich ist zu bewerten, ob das durch die Kammer gefällte Urteil der Rechtsauffassung des Gerichts entspricht oder andernfalls wiederholt zu bescheiden wäre. Mithin geht der Vorgang im für den Kläger günstigsten Fall an die vorhergehende Instanz zwecks einer neuerlichen Beurteilung zurück. Man darf freilich davon ausgehen, dass nunmehr allenfalls eventuelle Verfahrensfehler korrigiert werden und schlussendlich nur höchst selten vorteilhaftere Ergebnisse für den geprüften Zahnmediziner zu erwarten sind.

Berufungsverfahren vor dem Landessozialgericht

Allerdings ist gegen die erstinstanzliche richterliche Entscheidung auch eine Berufung zum Landessozialgericht (LSG) möglich. Voraussetzung ist jedoch, dass die Überprüfung mehrere sich wiederholende Leistungen für einen Zeitraum von mehr als einem Jahr umfasst beziehungsweise der zugrunde liegende Gegenstandswert laut derzeitiger Rechtsprechung 750 Euro übersteigt. Unterhalb dieser Summe wäre ein weiterführendes Verfahren nur dann möglich, wenn der Angelegenheit eine grundsätzliche Bedeutung zukommt oder das bisherige Urteil von einem bestehenden höchstinstanzlichen Erlass abweichen sollte. Das LSG überprüft dabei den gesamten Fall in sachlicher und juristischer Hinsicht von Neuem und kann diesen sowohl an die erste Instanz zurückverweisen als auch selbst entscheiden.

Revision zum Bundessozialgericht

Weiterhin hat der Senat darüber zu befinden, ob es gegen seinen eigenen Erlass eine Revision zum Bundessozialgericht zulässt. Eine solche kommt nur in Betracht, wenn grundsätzlich ein allgemeines Interesse gegeben ist, ungeklärte Rechtsfragen im Raum stehen oder das Berufungsurteil erheblich von bisherigen höchstrichterlichen Erlassen abweicht. Die Revision ist innerhalb eines Monats nach Erhalt der Verfügung des LSG zu beantragen und angemessen zu begründen. Hierzu ist die Beiziehung eines entsprechend zugelassenen und qualifizierten Anwalts unverzichtbar. In Ausnahmefällen ist auch bereits gegen das erstinstanzliche Urteil eine sogenannte Sprungrevision unter Umgehung des LSG direkt zum Bundessozialgericht möglich.

Finanzielle Regelungen

Die Kosten für die Durchführung der Wirtschaftlichkeitsprüfung sind – zumindest bis hin zu einem möglichen außergerichtlichen Beschwerdeverfahren – generell von KZVen und Kassenverbänden zu tragen. Dies gilt auch, wenn der Zahnarzt mit einem Honorar-Regress belegt und somit quasi für schuldig befunden wird. Anders sieht es jedoch aus, wenn sich der kujonierte Kollege bereits in dieser Phase anwaltlichen Beistandes bedient. Die hieraus resultierenden Gebühren sind nur dann erstattungsfähig, wenn sein Widerspruch letztlich von Erfolg gekrönt sein sollte. Bei einem partiellen Obsiegen ist ein entsprechender anteiliger Ausgleich vorzunehmen.

Gerichtskosten

Im Falle einer sozialgerichtlichen Auseinandersetzung ist für die Bemessung der damit verbundenen Expensen der jeweilige Gegenstandwert entscheidend. Dieser wiederum richtet sich nach dem strittigen Kürzungsbetrag. Gerichtskosten sind dabei generell erst einmal durch den jeweiligen Kläger zu tragen. Eventuelle Honorare für die Tätigkeit eines juristischen Beistandes obliegen zunächst der jeweiligen Partei. Je nach Ausgang des Verfahrens hat der Obsiegende später gegen dem Unterlegenen Anspruch auf Erstattung seiner gesamten Prozesskosten (also Gerichts- und Anwaltsauslagen); bei einem Teilerfolg werden diese entsprechend quotisiert. Wird die Auseinandersetzung indes vor weiteren Instanzen fortgeführt, so sind die jeweiligen Gerichtsgebühren vorerst durch den Berufungskläger (Landessozialgericht) beziehungsweise den Antragsteller auf Revision (Bundessozialgericht) zu tragen. Für Anwaltshonorare gilt die eingangs erwähnte Regelung. Solange ein endgültiges und damit rechtsverbindliches Urteil aussteht, bleibt auch die Frage der Aufrechnung bisheriger Verfahrenskosten offen.

Wirtschaftliche Folgen des Verfahrens

Für jeden Zahnarzt stellen Regresse allein schon höchst ärgerliche Sanktionen dar, welche nicht selten eine tiefgreifende Zäsur hinsichtlich der Wirtschaftskraft der betroffenen Einrichtung mit sich bringen und möglicherweise gar zu einer nachhaltigen existenziellen Bedrohung führen können. Allein schon deshalb sollten die Mittel und Möglichkeiten zur Abwehr von Rückforderungen sorgfältig abgewogen und letztlich auch ausgeschöpft werden.

Disziplinarische Maßnahmen und strafrechtliches Verfahren

Disziplinarische Verfahren

Über die bisher besprochenen Maßnahmen hinaus sind die KZVen auch berechtigt, unter gewissen Umständen disziplinarische Verfahren gegen auffällig gewordene Praxen einzuleiten. Im äußersten Fall können sogar strafrechtliche Ermittlungen ausgelöst werden.

!

Dabei stellt eine unökonomische Behandlungs- und Verordnungsweise allein noch lange keine Straftat dar.

Voraussetzungen

Erst bei fortgesetzten Verstößen gegen das Wirtschaftlichkeitsgebot wäre an eventuelle Disziplinarmaßnahmen (aber noch lange nicht an weitergehende staatsanwaltliche Untersuchungen) zu denken. Die Frage, ab wann eine dauerhaftes Fehlverhalten unterstellt werden muss, ist indes nicht eindeutig geklärt. Verschiedene Quellen gehen diesbezüglich bereits von vier aufeinanderfolgenden Kalendervierteljahren aus, für die eine Unwirtschaftlichkeit bestandskräftig festgestellt werden konnte. Bedenkt man aber, dass eine Prüfung regelmäßig mindestens ebendieses Intervall umfassen soll, lässt sich eine solche Auffassung freilich kaum nachvollziehen.

Ablauf des Disziplinarverfahrens

Um die Einleitung eines entsprechenden Verfahrens anzuregen, können die Prüfungsgremien die Verwaltungsakte an den Vorstand der jeweiligen KZV übergeben. Nur dieser kann dann einen entsprechenden Antrag an den Disziplinarausschuss stellen. Dieses Gremium informiert nachfolgend den beschuldigten Zahnarzt, welchem nunmehr das Recht zusteht, sich zu den gegen ihn erhobenen Vorwürfen zu äußern. Aber auch Sachverständige und Zeugen können in der Angelegenheit gehört werden. Letztlich ergeht ein schriftlicher Bescheid über die erlassene Sanktion, welche abhängig vom Schweregrad der vermeintlichen Verfehlung von einer Verwarnung über empfindliche Geldbußen bis hin zu einer vorübergehenden oder gar dauerhaften Aberkennung der Zulassung reichen kann.

Aberkennung der Zulassung

Vor allem Letzteres stellt eine besonders einschneidende Maßnahme dar, kommt sie doch für den betroffenen Zahnarzt de facto einem Berufsverbot gleich. Zur Rechtfertigung eines derart gravierenden Eingriffs, welcher sowohl auf Antrag der KZV als auch der Krankenkassen möglich ist, glücklicherweise aber eine höchst seltene Exzeption verkörpert, bedarf es allerdings nachhaltiger und verifizierbarer Beeinträchtigungen des gegenseitigen Vertrauensverhältnisses aufgrund schwerwiegender Pflichtverletzungen. Höchstrichterlicher Auffassung zufolge wäre dies vor allem dann in Betracht zu ziehen, wenn über mehrere Jahre anhaltende und in ihrer Intensität weiter ausufernde Verstöße gegen das Gebot der Wirtschaftlichkeit nachzuweisen sind. Allerdings ist eine solch harte Sanktion erst dann als verhältnismäßig anzusehen, wenn es ausgeschlossen erscheint, durch andere Mittel eine ordnungsgemäße vertragszahnärztliche Tätigkeit zu erwirken.

Strafrechtliches Verfahren

Bei vermuteten Unregelmäßigkeiten und dem Anfangsverdacht auf strafbare Handlungen von Zahnärzten – insbesondere im Zusammenhang mit der Nutzung von Finanzmitteln der gesetzlichen Kostenträger – ist es Aufgabe der sogenannten Stelle zur Bekämpfung von Fehlverhalten, von diesem Umstand möglichst unverzüglich die Staatsanwaltschaft in Kenntnis zu setzen. Oft lässt sich jedoch nur schwer differenzieren, ob einfach nur ein unökonomisches Handeln aus Unwissen oder tatsächlich gezielte Falschabrechnungen vorliegen. So können schnell auch seriöse Praxen nahezu unverschuldet in eine solche Bredouille geraten und sich plötzlich mit strafrechtlichen Ermittlungen wegen vermeintlicher Untreue beziehungsweise Abrechnungsbetruges konfrontiert sehen. Vor allem in derart gelagerten Fällen kann und sollte der betroffene Zahnarzt gegen etwaige Sanktionen mittels einer Klage vor dem zuständigen Sozialgericht vorgehen, wobei auch dessen Urteil gegebenenfalls durch die bereits an anderer Stelle erwähnten Rechtsmittel anfechtbar ist.

10
Strategien zur Vermeidung von Wirtschaftlichkeitsprüfungen

Anspruch und Wirklichkeit der kassenzahnärztlichen Versorgung

Grundsätzlich wird durch die bestehenden gesetzlichen Regelungen und Vereinbarungen zwischen Kassenverbänden und KZVen impliziert, dass es den Zahnmedizinern nahezu ungehindert möglich sei, alle im Bema gelisteten Leistungen – solange diese nur notwendig, zweckmäßig, ausreichend und wirtschaftlich sind – zu erbringen und mit den gesetzlichen Kostenträgern abzurechnen. Diese wiederum suggerieren ihren Mitgliedern stets, dank regelmäßiger Beitragszahlungen de facto ein zahnärztliches Rundum-Sorglos-Paket ohne jedwede Limitierung erworben zu haben. In manch einem Prüfverfahren bleibt von diesen blumigen Verlautbarungen dann allerdings kaum noch etwas übrig, und die hochgelobte angebliche Therapiefreiheit verkommt oft zu einer leeren Worthülse.

Prüfung meist unerwartet

Wie bereits zu erfahren war, ist eine Überprüfung wegen vermeintlich unwirtschaftlicher Behandlungs- und Verordnungsweise für die betroffene Praxis mit zahlreichen Unannehmlichkeiten verbunden. Diese beginnen mit der sogenannten Erstinformation über die Einleitung eines entsprechenden Verfahrens, welche den kujonierten Zahnarzt oftmals wie der sprichwörtliche Blitz aus heiterem Himmel trifft. Die meisten Kollegen waren bis dato schließlich davon ausgegangen, ihrer Tätigkeit seriös und ordnungsgemäß nachgegangen zu sein und so der damit verbundenen Verantwortung als Heilberufler weitestgehend entsprochen zu haben. Auf einmal wird man nun aber mit dem Vorwurf angeblich unökonomischer Handlungen konfrontiert. Viele Kollegen befassen sich bei dieser Gelegenheit erstmals näher mit KZV-Statistiken und ähnlichen bislang unbeachteten Erhebungen.

Arbeitsaufwand in der Prüfung

Einmal derart attackiert, wird der niedergelassene Zahnarzt sogleich mit Nachdruck auf seine Pflicht zur Mitwirkung hingewiesen und für den Fall einer Unterlassung mit deftigen Sanktionen bedroht. Doch auch im weiteren Verlauf ist für reichlich Beschäftigung des Geprüften gesorgt. So sind oft schiere Unmengen von Karteikarten herauszusuchen, diverse Aufzeichnungen beziehungsweise Computereinträge bis ins kleinste Detail zu recherchieren und unter Umständen vor langer Zeit erbrachte Leistungen bezüglich ihrer medizinischen Notwendigkeit zu analysieren.

!

Bis zu einer endgültigen Entscheidung über die Wirtschaftlichkeit längst erbrachter Vornahmen sind mitunter mehrere Ausschuss-Sitzungen oder gar sozialgerichtliche Instanzen zu durchlaufen, an deren Ende erfahrungsgemäß nur in seltenen Ausnahmen ein für die ins Visier geratene Praxis akzeptables Ergebnis steht.

Nichts zu gewinnen

Um es an dieser Stelle in aller Deutlichkeit zu sagen: Für den Zahnarzt gibt es in einem Prüfverfahren niemals etwas zu gewinnen. Ganz im Gegenteil: Unter dem Strich steht erfahrungsgemäß immer ein vor allem finanzielles Minus, und zwar meist ein erhebliches. Schließlich bedarf eine solche Auseinandersetzung – will man Forderungen erfolgreich abwehren – zwangsläufig umfassender Zuarbeit des belangten Praktikers. Darüber hinaus kommt es in der Regel zu nicht unerheblichen Sprechstunden- und damit verbundenen Einnahmeausfällen.

Finanzielle Aufwendungen

Weiterhin entstehen dem erst einmal in die Bredouille geratenen Kollegen zahlreiche teils erhebliche pekuniäre Aufwendungen, welche ihm im Falle seines Obsiegens in der Regel nicht erstattet werden, wie beispielsweise Fahrt- und gelegentlich Unterbringungskosten sowie diverse sonstige Auslagen.

Lässt sich eine Konfrontation zu Fragen der Wirtschaftlichkeit auf außergerichtlicher Ebene beilegen, so bleiben diese Kosten üblicherweise an dem betroffenen Zahnmediziner hängen. Aber auch bei einer Fortführung des Verfahrens vor judiziären Instanzen kann der Geprüfte nicht mit einer vollständigen Erstattung seiner Aufwendungen rechnen. Selbst im denkbar günstigsten Fall eines uneingeschränkten Freispruchs wird er auf einem beträchtlichen Teil seiner Kosten sitzen bleiben.

Disziplinarisches und strafrechtliches Risiko

Schließlich sind insbesondere auch die disziplinarischen beziehungsweise strafrechtlichen Aspekte einer Wirtschaftlichkeitsprüfung und die damit verbundenen Risiken nicht zu unterschätzen. Immerhin kann allein durch eine Verquickung unglücklicher Umstände letztlich sogar die Existenz der kujonierten Praxis in ihren Grundfesten erschüttert werden. Selbst eine staatsanwaltliche Verfolgung lässt sich nicht vollständig ausschließen. Für den praktizierenden Zahnarzt kann es daher von großem Vorteil sein, entsprechende Vorkehrungen zu treffen, um

Wirtschaftlichkeitsprüfungen nach Möglichkeit bereits im Vorfeld zu vermeiden.

Zufälligkeitsprüfung

Da infolge der bestehenden gesetzlichen Vorgaben regelmäßig mindestens zwei Prozent der Praxen stichprobenartig zu kontrollieren sind (Zufälligkeitsprüfung), ist die Chance, solch einer Unbill gänzlich zu entgehen, aus naheliegenden Gründen von vornherein erheblich limitiert. Dennoch kann die Beachtung einiger wichtiger Richtlinien helfen, unnötigen Konfrontationen mit den Prüfgremien aus dem Wege zu gehen. Hierzu gehört insbesondere eine Optimierung alltäglicher Praxisabläufe, welche sich unbedingt am Wirtschaftlichkeitsgebot ausrichten sollten. Die umfassende Kenntnis geltender Abrechnungsbestimmungen ist dafür aus naheliegenden Gründen unentbehrlich.

Ausrichtung am Wirtschaftlichkeitsgebot

Kontrolle von Zahnarzt-Statistiken

Auch der gelegentliche Blick in Zahnarzt-Statistiken vergangener Abrechnungszeiträume kann zur Vermeidung unnötiger Ärgernisse hilfreich sein, erlauben diese doch gewisse Rückschlüsse auf die im jeweiligen KZV-Bereich üblichen Durchschnittsmengen bestimmter Vornahmen. Als grober Anhaltspunkt darf dabei ohne Weiteres unterstellt werden, dass beispielhaft die Leistungszahlen sowohl hinsichtlich der einzelnen Gebührenpositionen als auch des Fallwertes im ersten Quartal 2006 etwa dem analogen zeitlichen Intervall des Vorjahres entsprechen. Ein an Richtgrößen orientiertes Arbeiten mag für den Therapeuten zwar wenig befriedigend sein, kann aber maßgeblich dazu beitragen, Auseinandersetzungen mit den Prüfinstanzen zu umgehen.

!

Hierzu sollten die entsprechenden zahlenmäßigen Aufbereitungen in regelmäßigen Abständen von der zuständigen Kassenzahnärztlichen Vereinigung angefordert und in die Überlegungen zum eigenen Handeln einbezogen werden.

Notfallbehandlungen

Sicher lassen sich zwingend erforderliche Maßnahmen, wie etwa eine Hilfestellung bei Ohnmacht oder Kollaps, die notwendige Inzision von Abszessen, die unerlässliche plastische Deckung einer eröffneten Kieferhöhle oder andere notfallspezifische Eingriffe in der Regel nicht aufschieben. Diese und ähnliche Verrichtungen sind bei entsprechendem

Bedarf stattdessen umgehend vorzunehmen, selbst wenn der Therapeut diesbezüglich quantitativ womöglich schon weit über dem vermeintlichen Durchschnitt der Vergleichsgruppe liegen sollte. Aber es gibt auch eine ganze Reihe zahnärztlicher Leistungen, welche sich längerfristig planen und gegebenenfalls aufschieben lassen, um so auch den statistischen Erhebungen Genüge zu tun. Dies trifft zum Beispiel auf verschiedene operative Eingriffe (Frenektomie, Vestibulum-Plastik, Diasthema-OP und zahlreiche andere) zu. Hier lassen sich durch geeignete Strategien überhöhte Mengen hinsichtlich einzelner Bema-Ziffern ebenso vermeiden wie auch eine nachteilige Beeinflussung des Gesamtfallwertes.

Langfristige Planung

All dies schließt ein erhöhtes Aufkommen bestimmter Positionen aufgrund objektiv gegebener Praxisbesonderheiten natürlich nicht aus. So sollten derart gelagerte wie auch extrem kostenintensive Behandlungsfälle bereits frühzeitig namentlich und inhaltlich dokumentiert werden, um für eine spätere Überprüfung entsprechend gewappnet zu sein. Werden in einer Einrichtung zum Beispiel komplexe Sanierungen unter Intubationsnarkose oder Hypnose vorgenommen, so ergibt sich hieraus eine unbedingt zu berücksichtigende Spezifität, welche fast zwangsläufig eine punktuelle Leistungsanhäufung zur Folge hat.

Dokumentation bei Praxisbesonderheiten

Generell wäre es eigentlich sinnvoll, umfangreiche Behandlungen auf *mehrere* Quartale zu verteilen; vor dem Hintergrund der 2004 eingeführten Praxisgebühr allerdings ein wenig erfolgsverheißendes Unterfangen. Andererseits ist es durchaus nachvollziehbar, dass die meisten Versicherten als Gegenleistung für ihr einmal entrichtetes „Eintrittsgeld" eine möglichst umfängliche zahnärztliche Betreuung erwarten und sich für die aus Sicht des Zahnarztes erstrebenswerte Ausdehnung auf verschiedene Abrechnungsintervalle nur wenig zugänglich zeigen dürften. Insbesondere gegen Ende eines Kalendervierteljahres wird es in der Regel immer schwieriger, neue Patienten zum Zwecke der Fallwertverdünnung zu gewinnen. Stattdessen kommt es gehäuft zu wiederholten Konsultationen durch „Altfälle", welche letztlich eher den gegenteiligen Effekt bewirken.

Folgen der Praxisgebühr

Mehr Begleitleistungen bei aufgegliederten Behandlungen

In diesem Kontext offenbart das Prüfverfahren jedoch eine recht merkwürdige Perfidie: Bei detaillierter Betrachtung nämlich handelt ein Zahnmediziner eigentlich umso *un*ökonomischer, je länger er eine notwendige Behandlung hinzieht. Schließlich zieht eine Aufgliederung erforderlicher Maßnahmen auf mehrere Quartale auch regelmäßig ein Mehr an begleitenden Leistungen nach sich. Hierzu können neben sich unter Umständen wiederholenden Untersuchungs- und Beratungsleistungen auch vermehrte Vitalitätsprüfungen, Anästhesien und dergleichen gehören. So gesehen muss es schon einigermaßen bizarr anmuten, dass gerade der behäbig arbeitende Praktiker unter den Prämissen der Wirtschaftlichkeitsprüfung in der Regel weniger Repressalien zu befürchten hat als derjenige, welcher dieselben fachlich indizierten Vornahmen in einer einzigen Sitzung beziehungsweise in kurzer zeitlicher Abfolge ausführt und dabei unter Umständen sogar tangierende Maßnahmen einspart.

Gesundheitliche Folgen verschobener Eingriffe

Darüber hinaus vermag eine unnötige Prolongation indizierter therapeutischer Eingriffe mitunter auch gesundheitliche Folgen haben, welche letztlich aufwendigere Behandlungen bedingen und somit weitere Kosten auslösen können. Zudem begibt sich der Behandler hier gelegentlich auch unter strafrechtlichen Aspekten auf dünnes Eis. Beispielhaft ist hier an die Obstruktion bei der Versorgung einer profunden kariösen Läsion zu denken. Wäre bei zeitnahem Einschreiten anfänglich womöglich noch eine Vitalerhaltung durch Überkappung (CP/P) möglich gewesen, so können einige Wochen später bereits komplizierte und kostspielige endodontische Vornahmen erforderlich sein. Im ungünstigsten Fall aber lässt sich der betreffende Zahn schlussendlich gar nicht mehr erhalten und muss unter Umständen später auch noch ersetzt werden.

Effizienz bei höheren Fallwerten

Welcher Kollege handelt denn nun eigentlich wirtschaftlicher? Ist es derjenige, welcher durch schnelles beherztes Eingreifen vital- und zugleich zahnerhaltend therapiert, dadurch aber einen höheren Fallwert erzeugt? Oder ist es der Zögerliche, dem am Ende nur noch eine teure prothetische Versorgung bleibt, der seine Leistungsstatistik aber unauffällig hält? In vielen Prüfverfahren wird widersinnigerweise häufig der in Summe deutlich sparsamer (und in dem diskutierten Beispiel zudem eindeutig erfolgreicher) arbeitende Zahnarzt massiv benachteiligt. Dieser wird daher zukünftig eventuell dazu tendieren, den entgegengesetzten Weg zu beschreiten. Somit wird er durch die bestehenden Regularien zu einem weniger ökonomischen Handeln animiert, welches aber im statistischen Vergleich verdeckt bleibt. Ganz nebenbei kann er so auch gleich noch seine eigenen Einnahmen maximieren.

!

Prinzipiell sollte man allerdings im eigenen Interesse vorsorglich versuchen, eine Häufung allzu üppiger Behandlungsfälle zu umgehen, und möglichst eine gewisse Streckung der erforderlichen Leistungen anstreben.

Zeitliche Planung

Dies dürfte zum Beispiel bei endodontischen Verrichtungen leicht praktikabel und dem Patienten auch gut vermittelbar sein. Da hier oft mehrere Sitzungen vonnöten sind, kann sich eine Ausdehnung in das Folgequartal von ganz allein ergeben. Unter Umständen könnte der Patient dann zugleich auch wieder zur Verjüngung des neuen Fallwertes beitragen. Auch bei größeren beziehungsweise komplexen prothetischen Sanierungen bieten sich dem Zahnarzt diesbezüglich gewisse Möglichkeiten zu einer gezielten Einflussnahme. So sollte durch entsprechende terminliche Intervalle zwischen den einzelnen Behandlungsschritten quartalsübergreifend gedacht und geplant werden.

Verdünnungseffekte

Unter statistischen Gesichtspunkten wäre es durchaus wünschenswert, wenn im Laufe eines Kalendervierteljahres stets auch eine gewisse Anzahl wenig oder unbezahnter Personen die Praxis aufsuchen würde. Erfahrungsgemäß fallen bei diesen oft nur spärliche Abrechnungspositionen an, woraus sich ein gewisser Verdünnungseffekt bezüglich des Fallwertes ergeben kann. Auch ein erhöhtes Aufkommen von Kindern und Jugendlichen vermag dies betreffend Vorzüge mit sich zu bringen. Durch die in dieser Altersgruppe erhöhte Karies-Aktivität und dem daraus resultierenden verstärkten Beobachtungs- und Betreuungsbedarf, aber auch durch regelmäßig durchzuführende individualprophylaktische Maßnahmen sind oft quartalsweise Zahnarztkonsultationen indiziert. Hier kann auch ein gut angelegtes Recall-System von großem Nutzen sein.

Kenntnis der eigenen Praxis

Generell sollte der niedergelassene Zahnmediziner versuchen, in seinem Abrechnungsgebaren jedwede größere Auffälligkeit zu umgehen, welche sich nicht nachweislich durch etwaige Praxisbesonderheiten begründen beziehungsweise durch kompensatorische Ersparnisse auffangen lässt. Es ist daher stets notwendig, die Spezifika der eigenen Einrichtung und die sich daraus abzuleitenden therapeutischen Möglichkeiten zu kennen. So dürfte ein vermehrtes Aufkommen an Füllungen und diese tangierenden Verrichtungen bei einem großen Anteil junger Patienten geradezu auf der Hand liegen. Auch erhöhte Leistungszahlen auf dem individualprophylaktischen Sektor sind bei einer so gearteten Klientel eine logische Konsequenz.

Fachliche Umorientierung

Anders verhält es sich bei einem von älteren Menschen dominierten Patientengut. Hier kann es zur Vermeidung von Konflikten mit den Prüfungsgremien durchaus von Vorteil sein, die eigene fachliche Orientierung zunehmend in Richtung anderer Leistungsbereiche (insbesondere Parodontose-Behandlung oder Zahnersatz) zu verlagern. Werden dem Prüfling etwa wiederholt überhöhte Abrechnungszahlen hinsichtlich mehrflächiger Restaurationen (F3/13a und F4/13b) sowie damit verbundener Maßnahmen (unter anderem bMF/12 und St/16) zur Last gelegt, kann ein zunehmender Rückgriff auf prothetische Alternativen durchaus zu erwägen sein. Dabei ist durch zahlreiche Quellen – nicht zuletzt einschlägige Bema-Bestimmungen – unterlegt, dass eine konservierende Versorgung gegenüber der Überkronung von Zähnen die eindeutig wirtschaftlichere Variante ist. Nicht selten werden Zahnärzte erst durch die Ausschüsse selbst zu einem Verhalten getrieben, welches eigentlich weit unökonomischer ist als ihr ursprüngliches therapeutisches Gebaren.

!

Um unnötigen Ärger mit den Prüfungsgremien zu vermeiden, ist allerdings nicht nur der Blick auf die Quantität der einzelnen Leistungsziffern, sondern auch deren zahlenmäßige Relation untereinander von großer Bedeutung.

Verhältnis U + Ä1 zur Fallzahl

So sollte beispielsweise die Summe der Untersuchungen (U/01) und Beratungen (Ä1) nicht allzu wesentlich über der Fallzahl des betrachteten Abrechnungsintervalls liegen. Üblicherweise wird diesbezüglich ein Verhältnis von 1,15 zu 1 ohne Vorbehalte toleriert. Der vorsichtige Praktiker ist also gut beraten, seine eigene Statistik regelmäßig diesbezüglich zu kontrollieren und gegebenenfalls frühzeitig regulierend eingreifen.

Verhältnis Zuschläge zu notfallspezifischen Verrichtungen

Auch ein überdurchschnittlicher Ansatz der – vor allem im Zusammenhang mit Wochenend- und Feiertagsdiensten in Betracht kommenden – Bema-Nummer 03 (Zuschlag für Leistungen außerhalb der Sprechstunde/Zu) sollte sich in einem Prüfverfahren durch ein vermehrtes Aufkommen damit verbundener notfallspezifischer Verrichtungen (insbesondere Beratungen, Vitalitätsprüfungen, Röntgen, Anästhesien, Trepanationen, Devitalisierungen, Inzisionen und ähnlichen Maßnahmen) erklären lassen oder anderenfalls nach Möglichkeit vermieden werden.

Verhältnis Sensibilitätskontrolle zu nachgeordneten Maßnahmen

Ähnlich verhält es sich mit der Abrechnung von Sensibilitätskontrollen (Vipr). Solche kommen in der Regel im Kontext mit Überkappungen, endodontischen Behandlungen oder der Planung von Zahnersatz in Betracht und sind daher im Wesentlichen auch hierauf zu beschränken. Darüber hinaus wird ein wiederholter Ansatz dieser Gebührenposition innerhalb eines Quartals von den Ausschüssen meist sehr kritisch gesehen und sollte daher eine seltene und zudem im Einzelfall begründbare Ausnahme darstellen. Gelegentlich kann eine gewisse Zurückhaltung bei der Berechnung dieser eher geringwertigen Bema-Ziffer Konfrontationen mit den Prüfungseinrichtungen vermeiden.

Verhältnis Röntgenleistungen zu anderen Maßnahmen

Hinsichtlich der Röntgenleistungen ist nicht nur aus Gründen des Strahlenschutzes, sondern auch unter wirtschaftlichen Aspekten auf eine strenge Indikationsstellung zu achten. Grundsätzlich muss eine Aufnahme immer begründbar sein. Dies ist beispielsweise im Zusammenhang mit Extraktionen und anderen chirurgischen Verrichtungen sowie bei endodontischen Behandlungen der Fall, bei denen üblicherweise die Einzelbilder im Vordergrund stehen dürften. Auch ein hohes Aufkommen an Parodontaltherapien und prothetischen Versorgungen kann vermehrt radiologische Maßnahmen nach sich ziehen. Hier wäre dann jedoch vor allem an Status beziehungsweise Panoramatechniken zu denken. Dasselbe gilt für komplexe KFO-Behandlungen sowie die Diagnostik der Kiefergelenke oder Untersuchungen nach traumatischen Ereignissen. Um Auseinandersetzungen hinsichtlich dieser Positionen zu vermeiden, sollten die eigenen Leistungsziffern regelmäßig analysiert und mit den KZV-Werten abgeglichen werden. Aus naheliegenden Gründen empfiehlt es sich ohnehin, auf unnötige Röntgenaufnahmen unter allen Umständen zu verzichten.

Verhältnis Überkappungen zur Füllungstätigkeit

Relativ häufig werden in Prüfverfahren Auffälligkeiten bei den Überkappungen (CP/Bema-Nummer 25 und P/26) festgestellt. Dabei genügt es nicht, allein jeweils die eigenen Leistungsmengen beider Positionen mit denen der zugehörigen Zahnarzt-Statistik zu vergleichen; vielmehr ist auch das quantitative Verhältnis zur Füllungstätigkeit von eminenter Bedeutung. Für den Praktiker ist daher die Kenntnis der von den Ausschüssen tolerierten zahlenmäßigen Relationen von Wichtigkeit, um Unannehmlichkeiten möglichst zu vermeiden. Allgemein sind diesbezüglich bei etwa dreißig indirekten beziehungsweise sechs direkten Überkappungen auf einhundert Füllungen keine Probleme zu erwarten.

!

Für endodontische Maßnahmen gelten seit Anfang des Jahres 2004 strenge Richtlinien, welche die vertragszahnärztlichen Möglichkeiten diesbezüglich stark einschränken.

Wurzelbehandlung von Molaren

Dies hat dazu geführt, dass insbesondere die Wurzelbehandlung von Molaren äußerst kritisch gesehen wird. Es empfiehlt sich daher dringend, hier die Indikation besonders eng zu stellen, da Regresse bei derart aufwendigen Leistungen für den Betroffenen finanziell extrem schmerzhaft sein können. Eine auffällige Häufung solcher Eingriffe an Backenzähnen dürfte eher Überprüfungen auslösen als eine dezente Zurückhaltung des Therapeuten in dieser Richtung. Allerdings lässt sich den üblichen Zahnarzt-Statistiken nicht entnehmen, wie hoch der Anteil wurzelbehandelter Molaren im Durchschnitt der Vergleichsgruppe tatsächlich ist. Der einzelne Praktiker kann sich daher nur auf sein Gefühl verlassen und für den Fall einer Konfrontation mit den Ausschüssen die richtliniengetreue Indikationsstellung und Ausführung der jeweiligen Behandlungen dokumentieren. Dies sollte insbesondere den röntgenografischen Nachweis der letztendlich korrekt erbrachten Wurzelfüllung beinhalten.

Auch eine angemessene Erfolgsquote dieser kostenaufwendigen Verrichtungen ist wünschenswert. Kommt es nach zuvor umfänglichen endodontischen Vornahmen allzu häufig doch noch zu einer Zahnentfernung, so dürfte dieser Umstand nahezu zwangsläufig die Prüfer auf den Plan rufen. Wichtig ist darüber hinaus das mengenmäßige Verhältnis zwischen einzelnen Teilleistungen. So sollte die Relation zwischen Aufbereitung (WK/Bema-Nummer 32) und Wurzelfüllung (WF/35) günstigstenfalls bei maximal 1,5 zu 1 liegen, wobei für ein faires Verfahren allerdings eine quartalsübergreifende Betrachtung vonnöten ist. Im Zusammenhang mit der Vitalexstirpation (VitE/28) muss unbedingt beachtet werden, dass maximal *eine* medikamentöse Einlage (Med/34) – und diese auch nur in Ausnahmefällen – zulasten der Kassen liquidiert werden darf. Auch nach einer Trepanation (Trep1/28) oder Devitalisierung (Dev/29) sollte die Abrechnung dieser Ziffer – wenngleich hier mehrfach zulässig – eher moderat erfolgen.

Verhältnis der Teilleistungen

Um die Wirtschaftlichkeit der Füllungstätigkeit der jeweiligen Praxis näher beurteilen zu können, orientieren sich die Prüforgane einerseits an der Anzahl der einzelnen Gebührenziffern (F1 bis 4/Bema-Nummern 13a ff.) in ihrer Relation zur entsprechenden Vergleichsgruppe, andererseits aber auch an der Fallzahl im fraglichen Quartal. Dabei gilt als Richtwert ein Verhältnis von etwa 1:1 zwischen dieser und der Gesamtsumme aller im betreffenden Zeitraum erbrachten Restaurationen als absolut unbedenklich und eine Konfrontation mit den Ausschüssen muss nicht befürchtet werden. Allerdings hängt die Menge dieser Leistungsziffern maßgeblich von der Struktur des betreuten Patientenguts ab. So ist bei einer von Kindern und Jugendlichen dominierten Klientel aus naheliegenden Gründen mit einem erhöhten Aufkommen der Gebührenpositionen 13a bis d zu rechnen, welches in der Regel jedoch von erkennbaren kompensatorischen Einsparungen bezüglich der Versorgung mit Kronen begleitet wird. Schließlich bietet sich eine solche Alternative im Milch- beziehungsweise Wechselgebiss de facto nie. Somit sollte auch eine Relation gegenüber der Fallzahl von bis zu 1,5:1 noch Akzeptanz finden. Demgegenüber gibt es bei der Behandlung von Erwachsenen häufig auch prothetische Optionen, welche dem Therapeuten die Möglichkeit geben, die Leistungszahlen seiner Füllungen in einem gewissen Rahmen zu regulieren. Insbesondere bei der notwendigen Versorgung mehrerer Kavitäten an

Verhältnis Füllungen zur Fallzahl

Starke Abhängigkeit von der Klientel

einem Zahn kann es zur Vermeidung eines Prüfverfahrens ratsam sein, im Zweifelsfall häufiger auf eine Überkronung auszuweichen.

Wiederholte Füllungen

Darüber hinaus stehen die Ausschüsse der Abrechnung in kürzeren Intervallen wiederholt an derselben Stelle gelegter Füllungen sehr kritisch gegenüber. Dies ist selbst dann zu befürchten, wenn gewährleistungsbefreiende Ausnahmetatbestände (wie etwa Bruxismus, Eckenaufbau oder Milchzahnbehandlung) vorliegen, welche eine erneute Vornahme im Einzelfall gestatten würden. Die den Gremien zugänglichen Statistiken sagen über derartige Umstände schließlich nichts aus, sodass der Zahnarzt sich hierzu gegebenenfalls erst im Prüfverfahren erklären müsste; doch genau dieses soll ja nach Möglichkeit vermieden werden. Demnach kann nur empfohlen werden, diesen Sonderregelungen des Bema mit größter Zurückhaltung zu begegnen.

Sonderregelungen des Bema

!

Stattdessen sollten regelmäßig auch prothetische Alternativen erwogen werden, da hierdurch die konservierenden Leistungszahlen beträchtlich gesenkt werden können.

Materiell schwache Patienten

Auch das gelegentlich durchaus nachvollziehbare Argument, viele Versicherte könnten sich Zahnersatz aufgrund des damit verbundenen Eigenanteils finanziell nicht leisten, findet seitens der Prüfungsinstanzen in aller Regel nur wenig Anerkennung. Schließlich, so deren durchaus nachvollziehbare Argumentation, berechtige dieser Tatbestand noch lange nicht zu einer unwirtschaftlichen Handlungsweise. Der Schwarze Peter wird so allerdings wieder einmal dem Therapeuten untergeschoben. Dieser muss sich daher wohl oder übel die Frage stellen, ob und wie weit er noch bereit sein kann, sozial beziehungsweise materiell schwache Patienten wiederholt mit Füllungen zu versorgen, welche er letztendlich nicht vergütet bekommt. Hier kann es betriebsökonomisch vereinzelt sinnvoll sein, solche Personen vor die Alternative zu stellen, entweder die fachlich indizierte und zumindest anteilig von der Kasse getragene prothetische oder wahlweise eine konservierende Behandlung vornehmen zu lassen, welche dann aber privat berechnet werden müsste. In Zeiten, in denen vielen Praxen existenziell das Wasser förmlich bis zum Halse steht, können es sich schließlich nur wenige erlauben, fortgesetzt Material und Leistungen zu verschenken.

Alternative Füllungswerkstoffe

Ein weiteres Spannungsfeld ergibt sich aus dem möglichen Einsatz alternativer Füllungswerkstoffe im Seitenzahnbereich. Für Fälle nachgewiesener Amalgam-Allergie oder schwerer Niereninsuffizienz wurden die Gebührenziffern 13e bis g in den Bema aufgenommen, welche den Einsatz von Composites in dieser Region zulassen. Allerdings wird davon ausgegangen, dass die entsprechenden Voraussetzungen bei maximal einem Prozent aller zu legenden Füllungen erfüllt sind. Der Zahnarzt tut also gut daran, diesen Grenzwert möglichst nicht wesentlich beziehungsweise permanent zu überschreiten, da ihm ansonsten diesbezügliche Auseinandersetzungen mit den Prüfungseinrichtungen gewiss sein dürften. Diese werden dann regelmäßig danach fahnden, ob die Indikation zum Ansatz der Positionen 13e bis g entsprechend streng gestellt worden ist und gegebenenfalls die zugehörigen Nachweise einfordern. Keineswegs sollte man sich etwa dazu hinreißen lassen, den Austausch intakter Amalgam-Restaurationen durch Composites oder die Versorgung mit Kunststofffüllungen auf Wunsch des Patienten nach diesen Ziffern abzurechnen. Diese Vornahmen sind grundsätzlich *keine* Kassenleistungen und daher generell privat zu vergüten. Es sollte deshalb im ureigensten Interesse des Zahnarztes liegen, diese Regularien strikt zu beachten und so unnötige Konfrontationen mit den Ausschüssen zu vermeiden.

Verhältnis Füllungen zu besonderen Maßnahmen

Zur Einschätzung der Wirtschaftlichkeit der beurteilten Praxis ist neben den vorerwähnten Kriterien vor allem die mengenmäßige Relation der erbrachten Füllungen zu verschiedenen tangierenden Maßnahmen für die Ausschüsse von Interesse. So gilt hinsichtlich der Gebührenziffer 12 (besondere Maßnahmen/bMF) gegenüber den im maßgeblichen Intervall abgerechneten Füllungen ein Verhältnis von etwa 1:4 als ohne weiteres tolerabel. Dabei sollte der Praktiker darauf bedacht sein, durch Quadranten- oder ähnliche abschnittsweise Sanierungen das Aufkommen dieser Leistung nach Möglichkeit einzuschränken. Eine parallele Versorgung nebeneinander liegender Kavitäten – sofern sich diese planen lässt – kann daher maßgeblich zu einem ökonomischen Einsatz der bMF beitragen.

Verhältnis Füllungen zu Stiftverankerungen

Ebenso muss die Bema-Nummer 16 (St/parapulpäre Stiftverankerung) im Kontext mit der Füllungstätigkeit der analysierten Praxis gesehen werden. Generell sollte darauf geachtet werden, dass sich der zulässige Ansatz dieser Gebühr auf drei- und mehrflächige konservierende Restaurationen beschränkt. Hier ist im statistischen Mittel etwa auf jede zwanzigste Füllung (F3 und F4) eine solche retentionsverstärkende Maßnahme üblich. Im Zusammenhang mit einer F1 oder F2 (13a und b beziehungsweise 13 e und f) sind dagegen nur die Materialkosten, nicht aber die Bema-Ziffer 16 (St) liquidabel. Solange der Zahnmediziner diese Grundregeln beachtet, dürfte sich die Gefahr einer Auseinandersetzung mit den Ausschüssen in Grenzen halten.

!

Recht problematisch gestalten sich in einer Wirtschaftlichkeitsprüfung die sogenannten weichen Positionen.

Weiche Positionen

Hierunter sind vor allem wenig kontrollierbare und leicht zu vermehrende Leistungen wie die Beseitigung scharfer Kanten (sK/106), die lokale Schleimhautbehandlung (Mu/105) oder die Touchierung hypersensibler Zahnflächen (üZ/10) zu verstehen. In den Gremien wird vor allem eine unverhältnismäßige Häufung solcher Maßnahmen ohne weitere zahnärztliche Eingriffe in Verbindung mit einer Untersuchung (U/01) oder Beratung (Ä1) kritisch gesehen. Besonders argwöhnisch stehen die Prüfinstanzen der als therapeutische Trias bezeichneten gleichzeitigen Abrechnung der Ziffern 01, 105 und 106 gegenüber, welche daher nur vereinzelt erfolgen sollte.

Entfernung von Kronen oder Brückenankern

Auch bezüglich des Ansatzes der Gebührennummer 23 (EKr) für die Entfernung von Kronen oder Brückenankern beziehungsweise das Abtrennen eines Zwischengliedes sollten die Regularien des Bema unbedingt angemessene Berücksichtigung finden. So ist diese für einen zur anschließenden Entfernung auserkorenen Zahn nur in seltenen Ausnahmefällen zulässig. Will man ein Prüfverfahren umgehen, sollte eine zeitnahe Parallel-Liquidation dieser Position mit einer Extraktion oder Osteotomie weitestgehend vermieden werden.

Anästhesien

Ebenso kann bei den Anästhesien allein schon die angemessene Beachtung der hierfür geltenden Abrechnungsbestimmungen ausreichen, um eine Wirtschaftlichkeitsprüfung zu umgehen. So sieht der Bema für die oberen Quadranten hauptsächlich die Gebührenziffer 40 (Infiltration/I), im Unterkiefer dagegen zumeist eine Leitung (L1 und 2/41a und b) vor. Es sei dahingestellt, inwieweit diese Bestimmungen mit den tatsächlichen Gegebenheiten und/oder anerkannten fachlichen Auffassungen im Einklang stehen. Will der praktizierende Zahnarzt unnötigen Konfrontationen mit den Prüfungseinrichtungen aus dem Wege gehen, bleibt ihm gar nichts anderes übrig, als sich mit diesen diskutablen Regularien zu arrangieren.

Extraktionen

Im Zusammenhang mit Extraktionen schreiben die Richtlinien für sämtliche Frontzähne sowie die Prämolaren, mit Ausnahme der Zähne 14 und 24, den Ansatz der Gebührenziffer 43(X1) vor, während für letztere sowie für die Molaren die Bema-Nummer 44(X2) indiziert ist. Diese Festlegungen gelten – anders als bei verschiedenen endodontischen Behandlungen – unabhängig von der tatsächlichen Wurzelanzahl. Muss so zum Beispiel ein ausnahmsweise zweiwurzliger Eckzahn entfernt werden, so lässt sich hierfür lediglich die erstgenannte Position berechnen. Für die oberen ersten Prämolaren hingegen gilt immer die X2, selbst dann, wenn nur eine Radix vorhanden ist.

Tieffrakturierte Zähne

Bei einer tiefen Fraktur lässt sich dagegen (ungeachtet der Wurzelzahl) auf die Bema-Ziffer 45 (X3) zurückgreifen. Ob die Voraussetzungen für deren Ansatz im Einzelfall objektiv vorliegen oder nicht, liegt üblicherweise nicht in der Macht des Therapeuten und hängt mitunter maßgeblich vom Verlauf des Eingriffs ab. Dennoch kommt es bei einer auffälligen Häufung dieser Leistung oft zur Einleitung eines Prüfverfahrens, in dessen Ergebnis mitunter eine pauschalisierte Kürzung ursprünglich erarbeiteter Honorare droht. Vorbeugend kann man sich an einem allgemein anerkannten zahlenmäßigen Verhältnis zwischen den „normalen“ Extraktionen (X1 und X2) einerseits und den abgerechneten Vornahmen nach X3 andererseits von etwa 6:1 orientieren. Wird der Therapeut mit unverhältnismäßig vielen tieffrakturierten Zähnen beziehungsweise Radizes konfrontiert, empfiehlt sich eine detaillierte Röntgendiagnostik, aus welcher jeweils die Notwendigkeit für einen entsprechenden Eingriff ersichtlich ist.

Verhältnis „normale“ Extraktionen zu X3

Verhältnis operatives Vorgehen zu Extraktionen

Unter Umständen kann für eine fachgerechte Zahnentfernung aber auch ein operatives Vorgehen erforderlich sein. Ein solches ist mitunter von vornherein geplant (prophylaktische Osteotomie), kann sich aber auch während der laufenden Behandlung ergeben. Die Ausschüsse sehen übermäßige Abrechnungszahlen der zugehörigen Gebührenposition (Ost1/Bema-Nummer 47a) äußerst kritisch. Solange deren quantitative Relation zu den Extraktionsleistungen (X1 bis X3) bei etwa 1:8 bleibt, dürfte der Durchschnittspraktiker allerdings kaum etwas zu befürchten haben.

Praxen mit chirurgischer Ausrichtung

Für Einrichtungen mit einer vornehmlich chirurgischen Therapieausrichtung sollten hingegen andere Maßstäbe gelten. Bei diesen ist ein erhöhtes Aufkommen diverser operativer Leistungen naheliegend. Hierzu gehören zum Beispiel die Entfernung retinierter oder impaktierter Zähne beziehungsweise Wurzeln (Ost2/Bema-Ziffer 48), Hemisektionen (Hem/47b), Resektionen (WR1 bis 3/54a bis c), Zystektomien/Zystostomien (Zy1 bis 4/56a bis d) sowie auch Reimplantationen (RI/55).

!

Liegen die Abrechnungszahlen chirurgischer Verrichtungen deutlich über dem jeweiligen Vergleichsgruppenschnitt, kann dieser Umstand gegebenenfalls als Praxisbesonderheit Anerkennung finden, wodurch sich ein Mehraufkommen der entsprechenden Positionen begründen lässt.

In solchen Fällen kommt es regelmäßig auf eine exakte Dokumentation (insbesondere in röntgenologischer Hinsicht) an.

Begleitende operative Maßnahmen

Ein gewisser Spielraum eröffnet sich dem Praktiker bei der gleichzeitigen Abrechnung von Zahnentfernungen und diese mitunter tangierenden operativen Maßnahmen. So gestattet eine Extraktion nach den Bema-Nummern 43 bis 45 (X1 bis X3) im Falle einer Antrum-Perforation den Ansatz der Gebührenposition Pla1 (51a) beziehungsweise bei nachgewiesenem Vorliegen einer Zyste die Berechnung der Ziffern 56a und b (orale Zystektomie beziehungsweise Zystostomie). In Fällen hingegen, in denen zunächst eine Osteotomie erforderlich ist, sind für weiterreichende Verrichtungen dann gegebenenfalls die 51b (Pla0) beziehungsweise 56c/d (Zy3/4) anzuwenden. Um unnötigen Ärgernissen mit den Prüfungsinstanzen zu entgehen, kann es in Grenzfällen vereinzelt überlegenswert sein, eine niedriger benotete Gebührenkombination einer höherwertigen vorzuziehen, selbst wenn man dadurch hin und wieder ein paar Bema-Punkte einbüßt.

Wiederholte Anästhesien

Da es sich bei diesen umfangreichen Verrichtungen häufig um länger andauernde Eingriffe handelt, sind des Öfteren wiederholte Betäubungen an derselben Stelle vonnöten. Hierfür gestatten die Abrechnungsbestimmungen erforderlichenfalls den nochmaligen Ansatz der entsprechenden Gebühr. Auch eine Leitungsanästhesie im Oberkiefer ist dann ausnahmsweise zulässig. Dennoch sollte der Praktiker darauf achten, solche zusätzlichen Injektionen nicht routinemäßig bei jeder größeren Operation vorzunehmen, da dies wiederum die Gremien auf den Plan rufen könnte.

Kleinere chirurgische Eingriffe

Zu den kleineren chirurgischen Eingriffen gehören die Exzision von Granulationsgewebe oder störender Gingiva (Exz1/Bema-Nummer 49) oder umschriebener Schleimhautwucherungen, wie zum Beispiel von Fibromen oder Epuliden (Exz2/50). Da derartige Leistungen schwer kontrollierbar sind und sich somit leicht vermehren lassen, werden sie anhand der vergleichenden Statistik üblicherweise sehr kritisch beurteilt. Eine maßvolle Zurückhaltung kann hier helfen, Auseinandersetzungen mit den Ausschüssen zu vermeiden. Auch sollte auf eine korrekte Abgrenzung zur Gebührenposition Ä161 (Inzision/Inz1) geachtet werden. Bei einem merklich erhöhten Aufkommen der Ziffer 50 (Exz2) wäre zudem eine histologische Absicherung zu erwägen. Für parodontal-chirurgische Maßnahmen sollte diese lediglich in Ausnahmen für einzelne isolierte Zähne angesetzt, anderenfalls besser eine Systematische PAR-Behandlung beantragt werden.

!

Zur Beurteilung der Häufigkeit von Nachbehandlungen (N/Bema-Nummer 38) orientieren sich die Gremien an deren quantitativer Relation gegenüber den im entsprechenden Zeitraum insgesamt durchgeführten chirurgischen Eingriffen.

Verhältnis chirurgische Eingriffe zu Nachbehandlungen

Solange zwischen der Gesamtzahl der chirurgischen Maßnahmen einerseits und den Leistungen nach Ziffer 38 andererseits eine Relation von etwa 2,5:1 gewahrt ist, muss eine Praxis kaum Konsequenzen fürchten. Es sollte freilich keineswegs nach jeder Extraktion oder Operation routinemäßig eine N abgerechnet werden; andererseits kann im Einzelfall aber auch deren mehrfacher Ansatz vonnöten sein. Demgegenüber kommt die Gebührenposition 46 (XN) statistisch gesehen wesentlich seltener vor. Allgemein wird davon ausgegangen, dass lediglich auf jede dreißigste bis vierzigste chirurgische Behandlung eine solche Vornahme indiziert sei. Sollte im Zuge der Nachsorge zum Beispiel zur Beseitigung scharfer Knochenkanten eine Aufklappung erforderlich sein, so käme hierfür alternativ auch der Ansatz der Bema-Ziffer 62 (Alveolotomie/Alv) in Betracht.

Verhältnis operative Eingriffe zu Blutungsstillung

Eine weitere mit Extraktionen und anderen operativen Verrichtungen im Zusammenhang stehende Leistung ist die Stillung übermäßiger Blutungen (Bema-Ziffern 36 und 37/Nbl1 und 2). Derartige Maßnahmen können sowohl während beziehungsweise unmittelbar nach einem chirurgischen Eingriff als auch in einer späteren Sitzung notwendig sein. Der umsichtige Therapeut sollte beide Positionen zusammen bei nicht mehr als 15 bis 16 Prozent der in Betracht kommenden Vornahmen zum Ansatz bringen. Anderenfalls dürfte Ungemach durch die Prüfgremien drohen. Da jedoch eine Abgrenzung zwischen den Bema-Ziffern 36 bis 38 sowie 46 oder auch 62 im Einzelfall mitunter recht schwierig sein kann, verbleibt hier ein gewisser Ermessens- und Handlungsspielraum.

!

Der Vertragszahnarzt sollte prinzipiell darauf bedacht sein, dass die von ihm zulasten der gesetzlichen Kostenträger liquidierten Verrichtungen stets ausreichend, zweckmäßig und wirtschaftlich sind und das Maß des Notwendigen nicht übertreffen.

Therapeutisches Gebaren und Statistiken

Dieser ehrenwerte Grundsatz allein reicht jedoch nicht immer aus, um letztlich einem Prüfverfahren und den damit verbundenen Unannehmlichkeiten zu entgehen. Vielmehr ist hierzu eine regelmäßige Befassung mit vergleichenden KZV-Statistiken wie auch dem individuellen therapeutischen Gebaren vonnöten. Unter Umständen kann es, um den Fängen der Wirtschaftlichkeitsdetektive zu entgehen, durchaus hilfreich sein, vor allem kostenintensive Fälle zeitlich zu strecken oder bestimmte Leistungen unter Wert oder auch gar nicht abzurechnen.

Ein solches Verhalten führt in der Summe jedoch zu einer fortgesetzten Absenkung der im Prüfverfahren relevanten Durchschnittszahlen, wodurch die Gefahr, diese zu überschreiten und damit schmerzliche Sanktionen zu riskieren, für den Einzelnen zunehmend wächst.

!

Schlussbemerkung

Seit vielen Jahren gehört die Wirtschaftlichkeitsprüfung zu den unliebsamsten Begleiterscheinungen der vertragszahnärztlichen Tätigkeit. Ein Großteil der Kollegenschaft hat bereits einschlägige Erfahrungen mit diesem berüchtigten und gefürchteten Steuerungsinstrument zur Leistungsregulierung sammeln müssen. Und wer sich derzeit selig schätzen darf, bislang noch nicht zum Kreis der diesbezüglich kujonierten Praktiker zu gehören, sollte sich ob dieses vermeintlichen Glücksumstandes besser nicht zu früh freuen. Denn hierbei dürfte es sich mit großer Wahrscheinlichkeit lediglich um eine beneidenswerte Momentaufnahme handeln.

Schließlich hat sich gezeigt, dass erst einmal mit teilweise schmerzhaften Regressen belegte Zahnärzte – allein schon aus reinem Selbstschutz – zumeist das Volumen der missbilligten Leistungen gezielt herunterfahren. Infolge dessen gelangen systematisch immer geringere Mengen der betreffenden Bema-Ziffern zur Abrechnung, sodass sich deren KZV-Durchschnitt schlussendlich in einer kontinuierlichen Abwärtsspirale befindet. Allein schon deshalb ist es beinahe unausweichlich, dass selbst in höchstem Maße ökonomisch arbeitende Praxen eines Tages Opfer beständig fallender Vergleichszahlen werden und dadurch ins Visier der Prüfer geraten können. Darüber läuft der Zahnarzt latent Gefahr, sich wegen wie auch immer gearteter Abweichungen von der Fachgruppe verantworten zu müssen oder zur Stichprobenkontrolle auserkoren zu werden. Um es an dieser Stelle noch einmal in aller Deutlichkeit zu formulieren: Fast jeden dürfte es irgendwann einmal treffen!

Geht man bei bundesweit etwa 55.000 niedergelassenen Zahnärzten von jährlich etwa 30.000 Prüfverfahren aus, so wird deutlich, dass die statistische Wahrscheinlichkeit, in ein solches hineinzugeraten, nicht allzu gering ist. Werden dabei Regresse im fünf- oder mehrstelligen Eurobereich verhängt, kann dies die Liquidität des sanktionierten Kollegen hochgradig gefährden. Für viele Zahnärzte sind die Regularien der Abrechnungskontrolle dennoch ein Buch mit sieben Siegeln. Schließlich verfügen zumeist weder sie noch ihre Praxisteams über tiefgreifende Kenntnisse bezüglich dieser Problematik. Daher könnte es durchaus hilfreich sein, diese in geeigneter Form bereits in die universitäre beziehungsweise fachschulische Ausbildung einzubeziehen.

Die Überprüfung einer wirtschaftlichen Behandlungs- und Verordnungsweise findet stets erst lange Zeit nach Ablauf der betreffenden Quartale statt und kommt somit einer Leichenschau gleich. Da die hierzu herangezogenen KZV-Statistiken erst im Nachhinein zur Verfügung stehen und deren Trend aufgrund sich ständig ändernden Abrechnungsverhaltens der Vergleichsgruppe kaum abschätzbar ist, muss der einzelne Praktiker hinsichtlich seines therapeutischen Gebarens zwangsläufig im Trüben fischen.

In einem entsprechenden Prüfverfahren wird dann die Beweislast zu allem Überfluss auch noch nahezu vollständig auf den kujonierten Zahnarzt übertragen. Nicht also dem eines unökonomischen Handelns Bezichtigten ist sein vermeintliches Vergehen nachzuweisen, vielmehr muss der Angefeindete belegen, dass er sich ebendieses nicht zuschulden hat kommen lassen.

Viele Kollegen erleben, wenn sie sich erst einmal mit einer Wirtschaftlichkeitsprüfung konfrontiert sehen, in dieser sprichwörtlich ihr Blaues Wunder. Zu den schwerwiegendsten Sünden aufseiten des Geprüften gehören dabei eine unzureichende inhaltliche Auseinandersetzung mit den ihm vorgeworfenen Sachverhalten, insbesondere mangelhafte Kenntnis des Verfahrensrechtes und anderer relevanter gesetzlicher Regularien, aber auch ein allzu dürftiges Wissen über geltende Abrechnungsbestimmungen. Durch eine übertriebene Gehemmtheit gegenüber den Prüfinstanzen (insbesondere in etwaigen Ausschuss-Sitzungen), unterlassene oder allzu oberflächliche Darstellung der eigenen Spezifika (vor allem maßgeblicher Praxisbesonderheiten und kompensatorischer Einsparungen) oder auch durch zu großzügige Vergleichsbereitschaft (nur um seine Ruhe zu haben), endet so manches Verfahren für die betroffene Praxis geradewegs in einem materiellen Desaster. Die jeweiligen Entscheidungsträger hingegen empfinden derartige Fauxpas seitens des Geprüften oftmals förmlich als Einladung, exorbitant hohe Regresse zu verhängen, welche nicht selten geeignet sind, die Liquidität der kujonierten Praxis in höchstem Maße zu gefährden. Um ebendies möglichst zu vermeiden, bedarf es erheblicher Anstrengungen und vor allem Schreibtischarbeit, welche viele Kollegen in einer Zeit, in der sie mehr und mehr zu Zähne bohrenden Buchhaltern verkommen, scheuen.

Nicht zuletzt deshalb ist es erstrebenswert, durch geeignete Strategien ein Prüfverfahren nach Möglichkeit von vornherein zu vermeiden. Wenn es auch noch so lästig sein mag, kann die Beachtung allgemein akzeptierter quantitativer Relationen zwischen verschiedenen Bema-Positionen (wie zum Beispiel das mengenmäßige Verhältnis von WK zu WF) diesbezüglich äußerst hilfreich sein. Weiterhin sollte sich der Rückgriff auf vorliegende Statistiken aus annähernd vergleichbaren Intervallen (beispielsweise dem jeweiligen Vorjahresquartal) für eine grobe Orientierung nutzen lassen, wobei freilich der erwähnten Änderung des Abrechnungsgebarens Rechnung zu tragen ist.

Vor dem Hintergrund einer zunehmenden Regulierung und Beschneidung des vertragszahnärztlichen Handlungsspielraumes kommt vor allem den sogenannten Individuellen Gesundheitsleistungen (IGeL) eine steigende Bedeutung zu. Aus Sicht des Praktikers liegen auf diesen privat zu honorierenden Verrichtungen Fluch und Segen gleichermaßen. Einerseits mutiert der studierte Mediziner hierdurch allmählich vom Akademiker zum Dienstleister und Verkäufer in eigener Sache. Andererseits liegt in diesem Tätigkeitsbereich – gerade weil er frei von jedweden Restriktionen ist – für viele der Schlüssel zum eigenen betrieblichen Überleben. Der Vertragszahnarzt kann sich indes nicht völlig auf derartige Verrichtungen zurückziehen. Vielmehr nehmen die zulasten der gesetzlichen Kostenträger abrechenbaren Leistungen den bei weitem größten Teil des therapeutischen Spektrums ein, sodass es auch künftig von existenzieller Bedeutung sein dürfte, allzu ausufernde Einbußen auf diesem Sektor durch geeignete Abwehr- beziehungsweise Vorsorgemaßnahmen zu vermeiden.

Anhang

Literatur

Bücher

Argyrakis, N.: Erfolgreiche Strategien bei Wirtschaftlichkeitsprüfungen in Zahnarztpraxen. Merching: Forum (2005)

Bahner, B.: Wirtschaftlichkeitsprüfung bei Zahnärzten. Berlin, Heidelberg: Springer (2006)

Esser, P.: Die neuen Analogtafeln Bema/GOZ. Balingen: Spitta (1995)

Liebold, R., Raff, A., Wissing, K. H.: DER Kommentar BEMA-Z. Sankt Augustin: Asgard (2006)

Emmerich, W.: Hinweis-Bema – erfolgreiche Abrechnung bei Kassenpatienten. Bad Kissingen: VPS (2008)

Emmerich, W.: Hinweis-GOZ – erfolgreiche Abrechnung bei Privatpatienten. Bad Kissingen: VPS (2007)

Oehler, K.: Der Zahnarzt in der Wirtschaftlichkeitsprüfung. Argumentationen, Strategien, Rechtsgrundlagen. Köln: Deutscher Zahnärzteverlag (2000)

Ries, H. P., Schnieder, K. H., Althaus, J., Großbölting, R. et al.: Arztrecht – Praxishandbuch für Mediziner. Berlin, Heidelberg: Springer (2004)

Ries, H. P., Schnieder, K. H., Althaus, J., Großbölting,R ., Voß, M. et al.: Zahnarztrecht – Praxishandbuch für Zahnmediziner. Berlin, Heidelberg: Springer (2008)

Schönfeld, R.: Das Abrechnungsbuch für die zahnärztliche Praxis. Hannover: Schlütersche Verlagsgesellschaft (1999)

Tiemann, S.: Das Recht in der Zahnarztpraxis. Berlin: Quintessenz (2007)

Zieringer, A.: Bema-Kurzverzeichnis +. Balingen: Spitta (2005)

Zeitschriften

Braun, R., Futh, T.: Der Zahnarzt. Was Deutschlands Zahnmediziner gut können – und wo es hakt. Stern 4/06: 116–127 (2006)

Bücherl, S.: Auch Sie kann es treffen! Bayerisches Zahnärzteblatt 1/02: 14 (2002)

Eberhard, S.: Angst vor der Wirtschaftlichkeitsprüfung? Wie Sie eine Honorarkürzung vermeiden können. ZMK 12/07: 851–855 (2007)

Eberhard, S.: Honorarkürzungen und Regresse? Neues zur Wirtschaftlichkeitsprüfung. ZMK 3/08: 132–133 (2008)

Firla, M. T.: Qualitätsmanagement bei Fissurenversiegelungen. DZW 12/04: 24–27 (2004)

Flören, G.: Wer nicht dokumentiert, verliert. KZVB Transparent 4/05: 7 (2005)

Frankenberger, R., Behr, M.: Aufbaufüllungen für einen vitalen Zahn. Zahnärztl Mitt 95: 34–35 (2005)

Gorski-Goebel, M.: Zulassungsentzug nach Abrechnungsbetrug. Thüringer Zahnärzteblatt 4/03: 36 (2003)

Hickel, R., Reich, E.: Fissuren- und Grübchenversiegelung. Zahnärztl Mitt 97: 60–61 (2007)

Hülsmann, M., Schäfer, E. et al.: Good clinical practice: Wurzelkanalbehandlung. ZM 95: 56–58 (2005)

Ihde, F.: Alles vorbringen, was nur irgendwie eine Praxisbesonderheit sein könnte. DZW 13/06: 8 (2006)

Ihde, F.: Wann und wie der Prüfungsausschuss dem Zahnarzt Unwirtschaftlichkeit nachweist. DZW 9/06: 8 (2006)

Ihde, F.: Wirtschaftlichkeitsprüfung. ZWP 11/04: 49 (2004)

Müller, A., Krause, L.: Die KZV im Wandel der Zeit und die Verantwortung der Mandatsträger. Zahnärzteblatt Sachsen 1/08: 8–9 (2008)

Muschallik, T.: Die GKV-Gesundheitsreform – zurück ins nächste Jahrtausend. Zahnärztl Mitt 90: 71–73 (2000)

Neumann, B.: Die 3 Säulen in Sachsen – beginnen sie zu wackeln? Zahnärzteblatt Sachsen 4/05: 9–10 (2005)

Pfaller, G.: Zahnärztliche Statistiken. KZVB Transparent 4/05: 6–7 (2005)

Pfaller, G.: Zahnärztliche Statistiken – Teil II. KZVB Transparent 5/05: 10–11 (2005)

Rat, J.: Schutzfront der Zahnärzte. Bayerisches Zahnärzteblatt 7/07: 8–9 (2007)

Raue, U.: Prophylaxe in der Pubertät. Beilage für das Praxisteam im Zahnärzteblatt Sachsen 6/07: 3 (2007)

Rohpeter, S.: Wirtschaftlichkeitsprüfung und ärztliche Therapiefreiheit. Hessisches Ärzteblatt 10/05: 672–674 (2005)

Schäfer, G.: Zahnerhaltung oder Praxiserhaltung. ZWP 7–8/07: 32 (2007)

Schediwy, N.: Der Grundsatz der Verhältnismäßigkeit. Bayerisches Zahnärzteblatt 10/07: 14–15 (2007)

Schediwy, N.: Die 50-Prozent-Hürde. Bayerisches Zahnärzteblatt 4/01: 20–21 (2001)

Schediwy, N.: Kampf mit ungleichen Waffen. Bayerisches Zahnärzteblatt Mai/02: 54–56 (2002)

Schediwy, N.: Kleine Praxen in der Wirtschaftlichkeitsprüfung. Bayerisches Zahnärzteblatt 1/02: 54–55 (2002)

Schediwy, N.: Sozialgericht München bestätigt Auffassung der KZBV. Bayerisches Zahnärzteblatt April/00: 20–21 (2000)

Schediwy, N.: Verstoß gegen Wirtschaftlichkeitsgebot als strafbare Untreue. Bayerisches Zahnärzteblatt Juli/August/07: 21–22 (2007)

Schmidt, T.: Neue Wirtschaftlichkeitsprüfvereinbarung. Zahnärzteblatt Brandenburg 3/06: 13–14 (2006)

Schnieder, K. H.: Tipps und Tricks im Umgang mit der Wirtschaftlichkeitsprüfung. Dental-Barometer 6/08: 68–69 (2008)

Schnieder, K. H.: Tipps und Tricks im Umgang mit der Wirtschaftlichkeitsprüfung – Teil 2, Dental-Barometer 8/08: 74–75 (2008)

Schüßler, T.: Wirtschaftlichkeitsprüfung – ein notwendiges Instrument der Kontrolle. Zahnärzteblatt Sachsen 9/05: 5 (2005)

Stelzl, S.: Parodontose- und Zahnersatzbehandlungen als Praxisbesonderheiten im Rahmen der Wirtschaftlichkeitsprüfung zu berücksichtigen. DZW 41/02: 18 (2002)

Stelzl, S.: So können Sie Wirtschaftlichkeitsprüfungen vermeiden oder bestmöglich überstehen. Zahnärzte Wirtschaftsdienst 5/06: 2–5 (2006)

Stelzl, S.: Vorsicht bei Vergleichen in Wirtschaftlichkeitsprüfungsverfahren. DZW 34/04: 19 (2004)

Stelzl, S.: Wirtschaftlichkeitsprüfung im kons.-chir. Bereich. DZW 39/04: 20 (2004)

Stelzl, S.: Wirtschaftlichkeitsprüfung in der vertragszahnärztlichen Parodontosebehandlung. MedR 4/99: 173–178 (1999)

Stelzl, S.: Wirtschaftlichkeitsprüfungen vermeiden oder bestmöglich überstehen – Teil 2. Zahnärzte Wirtschaftsdienst 6/06: 4–8 (2006)

Stelzl, S.: Wirtschaftlichkeitsprüfungen vermeiden oder bestmöglich überstehen – Teil 3. Zahnärzte Wirtschaftsdienst 7/06: 5–9 (2006)

Stößer, L., Hickel, R., Reich, E. et al.: Die Leitlinie „Fissurenversiegelung". Zahnärztl Mitt 96: 28–33 (2006)

Weber, A.: Mehrheit der Ärzte hält KVen für alternativlos. Berliner Ärzteblatt (Rotes Blatt) 1/2/07: 11–12 (2007)

Zugal, W.: Die intraligamentäre Anästhesie in der zahnärztlichen Praxis. Zahnärztl Mitt 91: 46 (2001)

Sonstige Quellen

ARD: Plusminus, Sendung vom 20.11.2007

Beck-Texte: Bürgerliches Gesetzbuch. 64. Aufl., München: dtv (2009)

Beck-Texte: Grundgesetz. 41. Aufl., München: dtv (2007)

Beck-Texte: Sozialgesetzbuch. 34. Aufl., München: dtv (2007)

Beck-Texte: Strafgesetzbuch. 43. Aufl., München: dtv (2007)

Gesetz zur Modernisierung der gesetzlichen Krankenversicherung. BGBl Teil I Nr. 55, 19.11.2003. Köln: Bundesanzeiger (2003)

Gesetz zur Stärkung des Wettbewerbs in der gesetzlichen Krankenversicherung. BGBl Teil I Nr. 11, 30.03.2007. Köln: Bundesanzeiger (2007)

Halbe, B.: Ärztliche Sorgfaltspflicht und wirtschaftliche Leistungserbringung – ein unlösbarer Widerspruch? Beitrag vom 08.10.2002. www.arztrecht-aktuell.de (2002) [zuletzt eingesehen am 19.10.2009]

Ihde, F.: Prüfvereinbarungen heranziehen, wenn Kürzung des Gesamtfallwertes droht. Beitrag vom 15.03.2006. www.dzw.de (2006) [zuletzt eingesehen am 19.10.2009]

Ihde, F.: Über den Umgang mit dem Prüfbescheid. Beitrag vom 15.08.2006. www.dzw.de (2006) [zuletzt eingesehen am 19.10.2009]

Verordnung zur Geschäftsführung der Prüfungs- und Beschwerdeausschüsse sowie der Geschäftsstellen nach §106 Abs. 4a des Fünften Buches SGB. BGBl Teil I Nr. 1, 09.01.2004. Köln: Bundesanzeiger (2004)

KZBV: Bundesmantelvertrag/Zahnärzte, www.kzbv.de

KZBV: Ersatzkassenvertrag/Zahnärzte, www.kzbv.de

KZBV: Jahrbuch 2008 – Statistische Basisdaten zur vertragszahnärztlichen Versorgung. Köln: KZBV (2008)

WIdO: IGeL-Markt wächst – Zusatzangebote beim Arzt erfolgen nicht immer korrekt. Pressemitteilung vom 10.07.2007. www.wido.de (2007) [zuletzt eingesehen am 19.10.2009]

www.daserste.de/plusminus/beitrag.asp?uid=vhtrqeogigu7ahw3&cm.asp [Seite nicht mehr verfügbar]

Sachverzeichnis

Q

R

S

T

U

Sammeln Sie Zertifizierungspunkte im Internet!

Unter **http://zahnmedizin.spitta.de/fortbildung** finden Sie für alle Neuerscheinungen einen entsprechenden Fragebogen. Für die richtigen Antworten erhalten Sie eine Urkunde im PDF-Format und 3 **Fortbildungspunkte gemäß den Richtlinien der BZÄK und der DGZMK**.

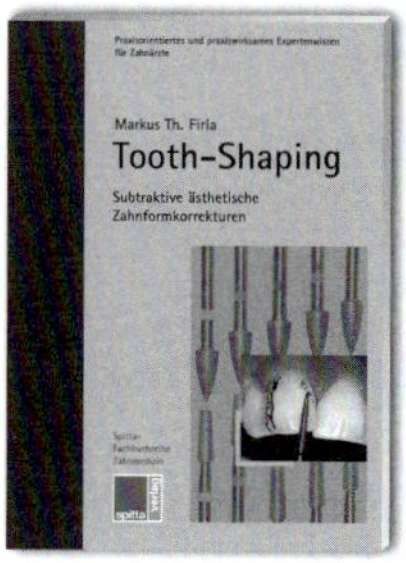

Markus Th. Firla

Tooth-Shaping

Subtraktive ästhetische Zahnformkorrekturen

Broschur, 126 Seiten, 117 Farbabbildungen, Fallbeispiele
ISBN 978-3-938509-02-9, € 19,90

Die erste deutschsprachige Darstellung von Theorie und Praxis der schonenden und ästhetischen Zahnhartsubstanz-Abtragung. Das richtige Vorgehen wird Schritt für Schritt anhand zahlreicher klinischer Bilder erläutert. Dabei wird der Instrumenteneinsatz ebenso berücksichtigt wie die anschließende Rechnungslegung.

Thomas Mayer

Kompromisse und Grenzen in der Endodontologie

Broschur, 206 Seiten, 158 Abbildungen
langjährig dokumentierte Fallbeispiele
ISBN 978-3-934211-84-1, € 19,90

Eine intensive Auseinandersetzung mit den Schwierigkeiten der endodontischen Behandlung – unter dem Blickwinkel des medizinisch Möglichen und den Bedingungen unseres Gesundheitssystems.
Der Leitfaden unterstützt den Zahnarzt, besondere Fälle der endodontischen Behandlung noch besser abzuwägen, vorzubereiten und durchzuführen.

Jens Johannes Bock, Johannes Bock

Grundwissen Kieferorthopädie

Interdisziplinäre Zusammenarbeit, Diagnostik, Therapie

Broschur, 222 Seiten, ausführliche bildliche Dokumentation
ISBN 978-3-938509-08-1, € 19,90

Ein Vademekum für die optimale Zusammenarbeit von Zahnarzt und Kieferorthopäden, das die Grundlagen der Kfo erläutert, diagnostische und therapeutische Möglichkeiten aufzeigt und die rechtliche Situation praxisnah darstellt: für die bestmögliche Betreuung Ihrer kieferorthopädisch behandelten Patienten.

spitta

Spitta Verlag GmbH & Co. KG
Ammonitenstraße 1
72336 Balingen
Telefon: 07433 952-0
Fax: 07433 952-111

Mehr Informationen und Leseproben finden Sie im Internet unter
www.spitta.de/fachbuecher

Ihre individuelle Bibliothek der praktischen Zahnheilkunde!

Die kompakten Spitta-Fachbücher greifen aktuelle Themen der Zahnmedizin praxisnah auf und bringen sie zielgerichtet auf den Punkt. Lösungsorientiert unterstützen sie den Zahnarzt in seinem beruflichen Alltag – durch praxisorientiertes und praxiswirksames Expertenwissen.

Rainer Seemann

Halitosismanagement in der zahnärztlichen Praxis

Mit Beiträgen von Cyrus Djamchidi, Benjamin Schüz und Kirsten Tostmann
Broschur, 176 Seiten, 62 Abbildungen
ISBN 978-3-938509-30-2, € 19,90

Eine praxisnahe Anleitung, Patienten mit Mundgeruch zahnmedizinisch zu helfen. Mit einer ausführlichen Darstellung der diagnostischen und therapeutischen Möglichkeiten. Neben der Vermittlung grundlegenden Wissens setzt sich der Praxisleitfaden vor allem mit Diagnostik und Therapie auseinander.

Karsten Heidemann

Haftpflichtrecht für Zahnärzte

Broschur, 152 Seiten, zahlreiche Beispiele aus der Rechtsprechung auf CD-ROM
ISBN 978-3-938509-35-7, € 19,90

Ein Ratgeber, der dem Zahnarzt das notwendige Handwerkszeug gibt, um Haftpflichtansprüche erfolgreich abzuwehren und die Risiken eines Haftungsfalls von vornherein zu minimieren. In knapper und verständlicher Form – auch für den juristischen Laien gut nachvollziehbar – wird dargelegt, wie der Zahnarzt sich gegenüber seinem Patienten absichert und wie er im Haftungsfall den Schaden begrenzt.

Dietrich Volkmer

Homöopathie und Phytotherapie in der zahnärztlichen Praxis

März 2007
Broschur, 296 Seiten, 42 Abbildungen
ISBN 978-3-938509-45-6, € 19,90

Das Praxishandbuch wird der immer stärkeren Nachfrage der Patienten nach nebenwirkungsfreier und ganzheitlicher Therapie gerecht. Der Autor bietet einen Überblick über Therapiekonzepte in der Homöopathie und Phytotherapie. Tipps für die praktische Anwendung der Heilmittel in der Zahnmedizin ermöglichen die relativ einfache Umsetzung in der Praxis.

spitta

Spitta Verlag GmbH & Co. KG
Ammonitenstraße 1
72336 Balingen
Telefon: 07433 952-0
Fax: 07433 952-111

Mehr Informationen und Leseproben finden Sie im Internet unter www.spitta.de/fachbuecher

Fundiertes Expertenwissen zum günstigen Preis!

Die Spitta-Fachbücher sind für die Praxis übersichtlich gegliedert, reich bebildert und mit hilfreichen Randnotizen versehen. Seite für Seite liefern sie fundiertes Fachwissen, das sich schnell und einfach im Praxisalltag umsetzen lässt.

Bernd Sandock u.a.

Gelebtes Qualitätsmanagement

April 2007

Broschur, 240 Seiten, 25 Abbildungen und Tabellen

ISBN 978-3-938509-31-9, € 39,80

Für ein effektives und patientenorientiertes Terminmanagement ist ein funktionierendes Zusammenwirken von Behandler, Behandlungsassistenz und Rezeption unabdingbar. Unter dieser Prämisse erläutert der Autor prägnant die Voraussetzungen für eine reibungslose Organisation in der zahnärztlichen Praxis.

Georg Bach

Laserzahnheilkunde

Mai 2007

Broschur, 282 Seiten, über 70 Abbildungen

ISBN 978-3-938509-46-3, € 42,80

Ein praxisnahes Arbeitsbuch, das sowohl die für die Zahnmedizin relevanten Lasersysteme und Wellenlängen vorstellt, als auch die konkrete Integration monochromatischen Lichtes in die tägliche Praxisarbeit berücksichtigt. Anschauliche Tipps und wichtige Aspekte zur Patientengewinnung für die neue Technik runden das Werk ab.

Hans H. Sellmann

Risikountersuchungen in der Zahnarztpraxis

September 2007

Broschur, 250 Seiten, 150 Abbildungen

ISBN 978-3-938509-50-0, € 42,80

Eine Aussage über das individuelle Risiko des Patienten wird durch mikrobiologische und molekulare Methoden möglich. Behandelt werden Kariologie, Parodontologie, Verfahren für die Tumordiagnostik, Nachweistests auf Pilze (Candida), Helicobacter-pylori sowie Laktoseintoleranz – inkl. CD-ROM mit editierbaren Patienteninformationsblättern und Vergütungsvereinbarungen.

Spitta Verlag GmbH & Co. KG
Ammonitenstraße 1
72336 Balingen
Telefon: 07433 952-0
Fax: 07433 952-111

Mehr Informationen und Leseproben finden Sie im Internet unter www.spitta.de/fachbuecher

Sammeln Sie Zertifizierungspunkte im Internet!

Unter **http://zahnmedizin.spitta.de/fortbildung** finden Sie für alle Neuerscheinungen einen entsprechenden Fragebogen. Für die richtigen Antworten erhalten Sie eine Urkunde im PDF-Format und 3 **Fortbildungspunkte gemäß den Richtlinien der BZÄK und der DGZMK**.

C. H. Splieth, R. Grabowski, T. Gedrange, J. Fanghänel

Kieferorthopädische Frühbehandlung in der Praxis

November 2007

Broschur, 239 Seiten, 209 Abbildungen

ISBN 978-3-938509-48-7, € 42,80

Beschrieben werden in diesem Fachbuch die derzeit auch von den Krankenkassen getragenen Problembereiche Lutsch-Habit bzw. offener Biss, Kreuzbiss, frühzeitiger Milchzahnverlust und Lückenhalter ebenso wie die Progenie in ihrer Ausprägung. Vorteile und Prinzipien der Frühbehandlung werden eingehend erläutert und exemplarisch an Fallbeispielen demonstriert.

Jörg Hendriks, Bernd Kaiser

Erfolgreiche Prophylaxe

fachlich – wirtschaftlich – organisatorisch

2., überarbeitete und erweiterte Auflage Januar 2008

Broschur, 191 Seiten, 29 zweifarbige Abbildungen, 22 Tabellen

ISBN 978-3-938509-51-7, € 34,80

Der Leitfaden vermittelt fachliches Hintergrundwissen und Konzepte zur betriebswirtschaftlichen sowie organisatorischen Umsetzung. Prophylaxeleistungen können so nachhaltig erfolgreich in den Praxisablauf integriert werden. In der 2. Auflage wurde das Werk aktualisiert und um Ausführungen über patientenzentrierte Kommunikation ergänzt.

Egbert J. Körperich, Hans-Joachim Maiwald

Grundlagen der Kinderzahnheilkunde

2., überarbeitete und erweiterte Auflage April 2008

Broschur, 191 Seiten, 104 Abbildungen

ISBN 978-3-938509-68-5, € 34,80

Der bewährte Ratgeber informiert über Füllungstherapie und Endodontie bei Kindern, die Behandlung von Unfallverletzungen und vorzeitigem Milchzahnverlust. Psychologische Tipps und Empfehlungen zur Schmerzvermeidung erleichtern dem behandelnden Zahnarzt den Aufbau einer Behandlungskooperation.

spitta

Spitta Verlag GmbH & Co. KG
Ammonitenstraße 1
72336 Balingen
Telefon: 07433 952-0
Fax: 07433 952-111

Mehr Informationen und Leseproben finden Sie im Internet unter
www.spitta.de/fachbuecher

Ihre individuelle Bibliothek der praktischen Zahnheilkunde!

Die kompakten Spitta-Fachbücher greifen aktuelle Themen der Zahnmedizin praxisnah auf und bringen sie zielgerichtet auf den Punkt. Lösungsorientiert unterstützen sie den Zahnarzt in seinem beruflichen Alltag – durch praxisorientiertes und praxiswirksames Expertenwissen.

Wolfram Hahn, Stephan Klotz, Rudolf M. Gruber

Knochenaufbau in der zahnärztlichen Implantologie

Band 1: Allgemeine und operative Grundlagen

Februar 2008

Broschur, 226 Seiten, 116 Abbildungen

ISBN 978-3-938509-49-4, € 39,80

Die Autoren ermöglichen ein grundlegendes Verständnis der Knochenregeneration. Zudem werden Faktoren erläutert, die den Implantaterfolg beeinflussen können, und mögliche Ersatzmaterialien vorgestellt. Bilderreich wird der Leser in Membrantechnik sowie in Schnittführung und Naht eingeführt.

Wolfram Hahn, Stephan Klotz, Rudolf M. Gruber

Knochenaufbau in der zahnärztlichen Implantologie

Band 2: Weiterführende operative Techniken

März 2008

Broschur, 263 Seiten, 419 Abbildungen und Grafiken

ISBN 978-3-938509-67-8, € 42,80

Modifizierende und optimierende Techniken wie Bonespreading oder Bonesplitting, die Augmentation mithilfe intraoral gewonnener Knochentransplantaten und die Sinusliftoperation werden Schritt für Schritt erläutert. Vorhandene Grundlagen können praxisnah und anschaulich vertieft werden.

Siegfried Leder

Funktionsstörungen erkennen und behandeln

2., überarbeitete und erweiterte Auflage Juli 2008

Broschur, 236 Seiten, 89 Abbildungen

ISBN 978-3-938509-78-4, € 44,80

Schwerpunkte des Werkes liegen auf Diagnose und Therapie der craniomandibulären Dysfunktion durch praxiserprobte und evidenzbasierte Methoden. Ausführlich erläutert der Autor Grundlagen und Einsatzgebiete. Mit den auf CD-ROM beigefügten Formularen können Anamnese, Klinische Funktionsanalyse und Schmerzdiagnostik leicht in den Praxisablauf integriert werden.

spitta

Spitta Verlag GmbH & Co. KG
Ammonitenstraße 1
72336 Balingen
Telefon: 07433 952-0
Fax: 07433 952-111

Mehr Informationen und Leseproben finden Sie im Internet unter www.spitta.de/fachbuecher

Fundiertes Expertenwissen zum günstigen Preis!

Die Spitta-Fachbücher sind für die Praxis übersichtlich gegliedert, reich bebildert und mit hilfreichen Randnotizen versehen. Seite für Seite liefern sie fundiertes Fachwissen, das sich schnell und einfach im Praxisalltag umsetzen lässt.

Frank Halling

Zahnärztliche Pharmakologie

August 2008

Broschur, 243 Seiten, 47 Abbildungen und 23 Tabellen

ISBN 978-3-938509-60-9, € 42,80

Ausführlich beschrieben werden die Arzneimittelgruppen Analgetika, Antibiotika und Lokalanästhetika. Weitere Kapitel widmen sich der Behandlung von Risikopatienten, rechtlichen Aspekten der Pharmakotherapie und der Selbstmedikation mit Arzneimittelkauf im Internet – so fundiert wie notwendig und so praktisch wie möglich.

Roland Frankenberger

Adhäsiv-Fibel

Adhäsive Zahnmedizin – Wege zum klinischen Erfolg

September 2008

Broschur, 252 Seiten, 263 Abbildungen

ISBN 978-3-938509-69-2, € 39,80

Der Praxisleitfaden erläutert Begrifflichkeiten, Grundlagen und das schrittweise Vorgehen bei Kompositfüllungen im Seiten- wie Frontzahnbereich. Der Autor beantwortet die meistgestellten Fragen zu Hypersensitivitäten, Approximalkontakt, Farbauswahl und Haltbarkeit. Plus Hinweise für die ZFA.

Peter Wöhrl

Einfluss der Ernährung auf orale Strukturen und Erkrankungen

Dezember 2008

Broschur, 301 Seiten, 79 Abbildungen, 50 Tabellen

ISBN: 978-3-938509-84-5, € 44,80

Zahngesunde Ernährung zählt zu den vier Säulen der Prophylaxe. Das Fachbuch vermittelt Hintergrundwissen, stellt Nährstoffe, Zuckeraustausch- und Zuckerersatzstoffe vor und beleuchtet deren Einflüsse auf orale Strukturen. Zudem werden Ernährungsempfehlungen für eine breite Palette an Erkrankungen und Essgewohnheiten gegeben.

spitta

Spitta Verlag GmbH & Co. KG
Ammonitenstraße 1
72336 Balingen
Telefon: 07433 952 0
Fax: 07433 952-111

Mehr Informationen und Leseproben finden Sie im Internet unter www.spitta.de/fachbuecher

Sammeln Sie Zertifizierungspunkte im Internet!

Unter **http://zahnmedizin.spitta.de/fortbildung** finden Sie für alle Neuerscheinungen einen entsprechenden Fragebogen. Für die richtigen Antworten erhalten Sie eine Urkunde im PDF-Format und 3 **Fortbildungspunkte gemäß den Richtlinien der BZÄK und der DGZMK**.

Heike Rudolph, Sebastian Quaas
CAD/CAM-gefertigte Restaurationen
Grundlagen und Technologien für die zahnärztliche Praxis
Januar 2009
Broschur, 204 Seiten, 93 Abbildungen
ISBN 978-3-938509-70-8, € 39,80

Auch für Leser ohne Vorkenntnisse geeignet, erläutert das Buch Hintergründe, Behandlungsabläufe, Indikationen und Werkstoffe. Die Datenerfassung und-aufbereitung, Design und Herstellung mit dem Computer werden detailliert erläutert. Inklusive Checkliste zum individuell passenden CAD/CAM-System.

Hans Sellmann
Der ältere, multimorbide Patient in der Zahnarztpraxis
Band 1: Allgemeinerkrankungen mit zahnärztlicher Relevanz
Februar 2009
Broschur, 228 Seiten, 28 Abbildungen
ISBN 978-3-938509-87-6, € 35,80

Ältere Patienten sind häufig von Allgemeinerkrankungen betroffen, die Einfluss auf zahnärztliche Behandlungen nehmen. Dieser Grundlagenband bietet dem Zahnarzt praxisnahe Lösungskonzepte für zahlreiche Krankheitsbilder. Patienteninformationsblätter stehen als Download zur Verfügung.

Hans Sellmann
Der ältere, multimorbide Patient in der Zahnarztpraxis
Band 2: Alterszahnheilkunde konkret
März 2009
Broschur, 249 Seiten, 125 Abbildungen
ISBN 978-3-938509-88-3, € 35,80

Aufgrund demografischer Entwicklungen stellen alte Patienten in der Zahnarztpraxis eine zunehmende Klientel dar. Eine seniorenfreundliche Praxis ist hier klar im Vorteil. Die fachlichen, organisatorischen und örtlichen Herausforderungen der Alterszahnheilkunde erläutert dieses Handbuch.

spitta

Spitta Verlag GmbH & Co. KG
Ammonitenstraße 1
72336 Balingen
Telefon: 07433 952-0
Fax: 07433 952-111

Mehr Informationen und Leseproben finden Sie im Internet unter www.spitta.de/fachbuecher

Ihre individuelle Bibliothek der praktischen Zahnheilkunde!

Die kompakten Spitta-Fachbücher greifen aktuelle Themen der Zahnmedizin praxisnah auf und bringen sie zielgerichtet auf den Punkt. Lösungsorientiert unterstützen sie den Zahnarzt in seinem beruflichen Alltag – durch praxisorientiertes und praxiswirksames Expertenwissen.

Wolfram Hahn
Weichgewebemanagement und Weichgewebeästhetik in der Implantologie
2., überarbeitete und erweiterte Auflage April 2009
Broschur, 210 Seiten, 197 Abbildungen
ISBN 978-3-938509-47-0, € 34,80

Ein unentbehrliches Praxishandbuch, das Grundlagen, Techniken, prothetische und orthodontische Verfahren, aber auch die Grenzen des Weichgewebemanagements und Ursachen möglicher Misserfolge aufzeigt. Die Darstellung langfristigen Weichgewebeverhaltens unterstützt Ihre Therapieentscheidung.

Gerhard Hieber
Akupunktur in der Zahnarztpraxis
2., überarbeitete Auflage Mai 2009
Broschur, 320 Seiten, 113 Abbildungen und Grafiken
ISBN 978-3-938509-64-7, € 34,80

Eine umfassende, praxisnahe Darstellung der Akupunktur, die der komplexen Beziehung von Zähnen und Körper Rechnung trägt. Im Mittelpunkt stehen für den Zahnarzt geeignete Mikroakupunktursysteme. Zahlreiche ganzseitige Grafiken ermöglichen eine präzise Umsetzung.

Sönke Müller
Notfallmanagement in der Zahnarztpraxis
Ein praktischer Ratgeber für jeden Zahnarzt
2., überarbeitete und erweiterte Auflage September 2009
Broschur, 219 Seiten, 66 Abbildungen
ISBN 978-3-941964-00-6, € 34,80

Der kompakte Leitfaden ist speziell auf die Situation des Zahnmediziners zugeschnitten. Mithilfe von Basismaßnahmen, Therapieschemata zum Nachschlagen und einem effektiven Notfall-QM kann er auch in Ausnahmesituationen souverän handeln.

spitta

Spitta Verlag GmbH & Co. KG
Ammonitenstraße 1
72336 Balingen
Telefon: 07433 952-0
Fax: 07433 952-111

Mehr Informationen und Leseproben finden Sie im Internet unter
www.spitta.de/fachbuecher

Fundiertes Expertenwissen zum günstigen Preis!

Die Spitta-Fachbücher sind für die Praxis übersichtlich gegliedert, reich bebildert und mit hilfreichen Randnotizen versehen. Seite für Seite liefern sie fundiertes Fachwissen, das sich schnell und einfach im Praxisalltag umsetzen lässt.

Tina Rödig, Michael Hülsmann,
Sabine Nordmeyer, Steffi Drebenstedt

Grundlagen der modernen Endodontie
Juli 2009
Broschur, 280 Seiten, 184 Abbildungen
ISBN 978-3-938509-91-3, € 39,80

Mit moderner Endodontie können Zähne vorhersagbar therapiert und langfristig erhalten werden. Sie bewegt sich jedoch im Spannungsfeld zwischen tradierten Grundsätzen und komplexer Wissenschaft, Hightech-Therapie und einem inzwischen unüberschaubaren Material- und Geräteangebot.

Das Fachbuch stellt Grundlagen der orthograden Endodontie praxistauglich dar, ohne eine Spezialisierung und immensen apparativen Aufwand vorauszusetzen. Es weckt grundlegendes Verständnis, erläutert die Abschnitte des Arbeitsprozesses detailliert und gibt einen Überblick über klassische Arbeitsmittel wie auch moderne Nickel-Titan-Instrumente.

spitta

Spitta Verlag GmbH & Co. KG
Ammonitenstraße 1
72336 Balingen
Telefon: 07433 952-0
Fax: 07433 952-111

Mehr Informationen und Leseproben finden Sie im Internet unter
www.spitta.de/fachbuecher